Staatssekretär Prof. Dr. Dr. h.c. Franz Schlegelberger. 1876-1970

Rechtshistorische Reihe

Band 59

Peter Lang
Frankfurt am Main · Bern · New York · Paris

Arne Wulff

Staatssekretär Prof. Dr. Dr. h.c. Franz Schlegelberger 1876-1970

Peter Lang
Frankfurt am Main · Bern · New York · Paris

Die Deutsche Bibliothek - CIP-Einheitsaufnahme

Wulff, Arne:

Staatssekretär Prof. Dr. Dr. h.c. Franz Schlegelberger : 1876 - 1970 / Arne Wulff. - Frankfurt am Main ; Bern ; New York ; Paris : Lang, 1991
(Rechtshistorische Reihe ; Bd. 59)
Zugl.: Kiel, Univ., Diss., 1991
ISBN 3-631-44243-2

NE: GT

Die vorliegende Arbeit wurde von
Prof. Dr. H. Hattenhauer zur Aufnahme
in die Reihe empfohlen.

D 8
ISSN 0344-290X
ISBN 3-631-44243-2

Printed in Germany 1 2 3 5 6 7

Quidquid agis, prudenter agas et respire finesse.

Franz Schlegelberger
in seiner Abhandlung "Gesetz und Recht"
vom 5. April 1949 während der Haft in der
Festung Landsberg.

Vorwort

Diese Arbeit lag der Rechtswissenschaftlichen Fakultät der Christian-Albrechts-Universität zu Kiel im Wintersemester 1990/91 als Dissertation vor.

Den Hinweis auf das Thema, welches sich ursprünglich mit den Nürnberger Juristenurteilen im ganzen befassen sollte, sich aber als zu umfangreich erwies, verdanke ich meinem verehrten Lehrer Prof. Dr. Hans Hattenhauer. Seine väterliche Betreuung der Arbeit und die Gespräche mit ihm waren für mich sowohl Zuflucht als auch Anreiz. Herrn Prof. Dr. Schubert danke ich für die Durchsicht und Begutachtung der Dissertation.

Danken will ich ebenfalls dem Institut für Zeitgeschichte in München, dem Bundesarchiv in Koblenz, dem Berlin Document Center, der Universitätsbibliothek in Kiel und den National Archives of the United States in Washington D.C.. Ein besonderer Dank gebührt meiner Freundin Bianka Janssen-Adams: gerade die Arbeit mit dem Archiv in Amerika wäre ohne ihre liebenswerte Hilfe nur schwer zu verwirklichen gewesen. Ein herzliches Dankeschön möchte ich schließlich Rechtsanwältin R. Kubuschok in Bad Honnef sagen. Sie stellte wertvolle Privatbestände ihres verstorbenen Mannes zum Nürnberger Juristenprozeß zur wissenschaftlichen Bearbeitung bereit.

Ohne Carola, meine liebe Frau, hätte ich viele Stunden des Zweifelns alleine verbringen müssen. Ihre Unterstützung war für mich ständiger Rückhalt. Ihre Aufgeschlossenheit gegenüber dem Thema half mir ebenso wie der Gedankenaustausch mit Mathias, Arno, Frank, Jörn und vielen anderen Freunden.

Meinen Eltern schließlich verdanke ich so vieles, daß es den Rahmen des Vorworts sprengen würde. Es ist an der Zeit, Ihnen an dieser Stelle einfach Dank für alles zu sagen.

Die Anfertigung der Arbeit wurde durch ein Stipendium der Konrad-Adenauer-Stiftung (Institut für Begabtenförderung) gefördert. Ich bin der Stiftung dafür sehr verbunden.

Kiel/Schwerin, im Mai 1991

Gliederung

I. Einleitung

Franz Schlegelberger war die führende Figur der deutschen Justiz von der Monarchie bis zur Demokratie der Bundesrepublik. Er wurde unter dem Kaiser Richter und erlebte als Staatssekretär die Wirren und Unruhen der Weimarer Republik. Im Totalitarismus des Dritten Reiches zeitweise geschäftsführend mit der Aufgabe des Justizministers betraut, kämpfte er als Verurteilter des Nürnberger Juristenprozesses nach dem Krieg um Wiederherstellung des Ansehens und Wiedergewährung der Versorgungsbezüge. Fast jeder Jurist oder Historiker, der sich wissenschaftlich mit der Justiz des Dritten Reiches befaßt hat, weiß um die Position Schlegelbergers während dieser Zeit und seine Verurteilung in Nürnberg. Viele Werke und Beiträge haben in diesem Zusammenhang seine Funktion und umstrittene Stellung im Dritten Reich beschrieben. Hubert Schorn bezog in seinem Buch "Der Richter im Dritten Reich" Stellung für die Richter, wandte seine Maßstäbe aber nicht bei Schlegelberger an. Hermann Weinkauff setzte mit seiner Arbeit "Die deutsche Justiz und der Nationalsozialismus"(1968) diese noch unter dem Schatten der Ereignisse stehende Betrachtungsweise fort. Freimachen konnte sich davon Hans Hattenhauer in seinem Beitrag "Vom Reichsjustizministerium zum Bundesministerium der Justiz"(1977) oder Lothar Gruchmann in seiner umfassenden Beschreibung der "Justiz im Dritten Reich"(1988). Veröffentlichungen jüngerer Autoren neigen dagegen dazu, Schlegelbergers Tätigkeit politisch zu beurteilen. Hierfür kann Ingo Müllers Buch "Furchtbare Juristen"(1987) genannt werden. Laufbahn und Leben Schlegelbergers sind bis heute nicht nachgezeichnet worden. Lediglich der erst kürzlich veröffentlichte Aufsatz Eli Nathans "Franz Schlegelberger"(1990) setzt sich ausführlicher mit der Person des ehemaligen Staatssekretärs auseinander. Allerdings ist diese Schrift, in der nicht alle die Quellen Verwendung fanden, die für eine sachgerechte Erforschung Schlegelbergers Biographie erforderlich sind, mehr von einem moralischen als historischen Interesse bestimmt. Das Ergebnis ist die schwerpunktmäßige Herausstellung eines besonderen Lebensabschnittes. Nicht beschrieben wird die berufliche Karriere des Juristen Schlegelberger eingebunden in sein Leben und seine Umgebung. Hierzu soll die vorliegende Arbeit einen Beitrag leisten.

II. Schlegelbergers Laufbahn

A. Der Weg in das Reichsjustizministerium

1. Jugend und Zuhause

Der Stammbaum des am 23. Oktober 1876 geborenen Louis Rudolph Franz Schlegelberger[1] reicht bis in das Salzburger Land. Dort lebten seine Vorfahren unter dem Namen Schlögelberger. Auf Patent des Erzbischofs von Salzburg mußte Balthasar Schlögelberger, der Ururgroßvater von Franz, im Jahre 1731 wegen seines Bekenntnisses zum protestantischen Glauben das Land verlassen. In welchen Teil Preußens Balthasar damals verschlagen wurde, ist unbekannt[2]. Franz Schlegelberger wurde in der Theaterstraße 10 im damaligen Königsberg in Ostpreußen geboren. Er war das zweite der drei Kinder in der Kaufmannsfamilie. Diese war wohlhabend, weil der Getreidehandel mit Rußland blühte.
Die Familie galt als freisinnig. Das hatte zur Folge, daß Franz seine Schulzeit nicht auf der staatlichen Schule, sondern auf dem altstädtischen Gymnasium verbrachte, obwohl erstere als die bessere Schule galt[3]. Neun Jahre, davon zwei Jahre in der Prima, hatte Schlegelberger auf dem altstädtischen Gymnasium verbracht, als ihm die achtköpfige königliche Prüfungskommission am 12. Februar 1894 das Zeugnis der Reife zuerkannte und ihn "mit den herzlichsten Wünschen für sein ferneres Wohlergehen" entließ[1]. Schlegelbergers Noten waren ausgeglichen: "gut" und "genügend" bestimmten das Zeugnisbild. Dem Sport war er wie auch im späteren Leben abgeneigt: eine Turnnote konnte die Prüfungskommission nicht vergeben, da er vom Sportunterricht auf Grund einer ärztlichen Bescheinigung befreit gewesen war.

Jurist zu werden war eigentlich nicht Schlegelbergers Berufsziel, schenkt man seinem Abiturzeugnis Glauben. Als Berufswunsch gab dieses den "Forstberuf" an[5]. Hierzu entschied er sich, nachdem klar war, daß die Kaufmannsnachfolge durch den älteren Bruder

---

1 Personalakte Schlegelberger (PA Schl.), Prüfungsheft Bl.2, Bundesarchiv Koblenz (BAK)

2 Der Sohn von Franz Schlegelberger, Hartwig Schlegelberger, nennt den Ort Antnantjeningken im Kirchspiel Budnethen, kann aber diesen Ort geographisch nicht festlegen. Quelle: Gedenkrede Franz Schlegelberger

3 Gedenkrede Franz Schlegelberger; PA Schl. Prüfungsheft Bl.2, BAK

1 PA Schl. Prüfungsheft Bl.4, BAK

5 PA Schl. Prüfungsheft Bl.4, BAK

besetzt werden würde. Fortan sollten die zum Forstberuf gehörenden Anfangskenntnisse der Jurisprudenz Schlegelbergers weiteres Leben bestimmen[6].

2. Studium, erstes juristisches Staatsexamen und Promotion

Das Studium der Forstwirtschaft hat Franz Schlegelberger wahrscheinlich nie begonnen. Bereits am 9. April 1894 immatrikulierte er an der Königlichen Albertus-Universität zu Königsberg in Preußen für das Studium der Rechte[7]. In seinen ersten beiden Semestern studierte er bei den Professoren Gareis, Gerlach, Salkoroski und Schirmer in der Hauptsache römische und deutsche Rechtsgeschichte, ehe er sich dann am 24. April 1895 an der Königlichen Friedrich Wilhelms Universität zu Berlin einschrieb[8]. Die Studienbescheinigung dieser Universität weist aus, daß Schlegelberger in dem Zeitraum von April 1895 bis März 1896 19 verschiedene Fächer studierte. Von Politik über Verwaltungslehre und Verwaltungspraxis bis zum Urheber- und Patentrecht bei Professor Dambach eignete sich der junge Student umfassende juristische Grundlagen an. Sein späterer Werdegang läßt den Schluß zu, daß ihn die Lehren des Handelsrechts bei Professor Gierke mehr interessierten als das römische Familienrecht bei Professor Dernburg. Schlegelbergers späterer Hang zur staatsübergreifenden Wirtschaftspolitik liegt zudem in dem Studium der Theoretischen Nationalökonomie bei Professor Schmoller begründet[9]. Sein darüberhinausgehendes Interesse für andere Themen beweist die Teilnahme an der Vorlesung von Professor Schmidt mit dem Thema "Das deutsche Drama im 19. Jahrhundert".

Nur ein Jahr dauerte sein Aufenthalt in Berlin. Am 9. April 1896 schrieb sich Schlegelberger wieder an der Königlichen Albertus-Universität zu Königsberg in Preußen ein[10]. Im sechsten Semester belegte er zusätzlich eine Seminarübung zum Staatsrecht. Der

---

6 Gedenkrede Franz Schlegelberger

7 PA Schl. Prüfungsheft Bl.5, BAK; Hartwig Schlegelberger führt in seiner Gedenkrede aus, daß Franz zuerst nach Berlin ging und dort das Studium der Forstwirtschaft aufnahm. Diese Informationen lassen sich durch die Akten nicht belegen und erscheinen auch im zeitlichen Zusammenhang als unwahrscheinlich.

8 PA Schl. Prüfungsheft Bl.7, BAK

9 PA Schl. Prüfungsheft Bl.7 RS, BAK

10 PA Schl. Prüfungsheft Bl.9, BAK

bekannte Königsberger Professor Zorn bescheinigte dem stud. jur. Franz Schlegelberger am 8. März 1897 an dieser Übung

"mit ununterbrochenem Fleiße u. gutem Erfolge teilgenommen"

zu haben. Die Seminararbeit über die Immunität der Volksvertreter bewertete Zorn gar als "vorzüglich"[11].

Weniger erfolgreich erwies sich dagegen Schlegelbergers erste juristische Prüfung, zu der er am 12. März 1897 zugelassen wurde. Die ihm gestellte Aufgabe "Inwiefern ist ein Verzicht wegen Irrtums anfechtbar", zu deren Bearbeitung er sechs Wochen Zeit hatte, begutachteten alle vier Prüfer mit "nicht ausreichend"[12]. Dennoch muß es Schlegelberger in der mündlichen Prüfung am 21. Juni 1897 unter dem Vorsitz von Dr. Caspar[13] gelungen sein, sowohl in der Befragung zu obligatorischen wie dinglichen Rechten als auch zum Zivil- und Strafprozeß zu überzeugen. Anders läßt es sich nicht erklären, daß er die Prüfung mit der Gesamtnote "ausreichend" bestand.

Ob Schlegelberger direkt nach dem Examen die Arbeiten zu seiner staatsrechtlichen Dissertation aufnahm, ist nicht bekannt. Auf keinen Fall jedoch widmete er der Promotion seine ganze Zeit, denn am 1. Juli 1897, also 10 Tage nach der ersten juristischen Staatsprüfung, begann Schlegelberger bereits das Referendariat[14]. Die Promotionsurkunde trägt das Datum vom 1. Dezember 1899. An diesem Tage erhielt der "Baccalaureus Iuris" Franz Schlegelberger mit seiner Arbeit über die im Kampfe um die Mittellandkanal-Vorlage die Öffentlichkeit bewegende Frage, ob Abgeordnete wegen ihrer Abstimmung als Beamte zur Disposition gestellt werden dürfen, von der Universität Königsberg die Doktorwürde mit dem Prädikat "Cum Laude" verliehen2. Rektor der Universität war Guilelmo Kirchner, als Dekan der Juristischen Fakultät fungierte Karl Binding.

---

11 PA Schl. Prüfungsheft Bl.14, BAK

12 PA Schl. Prüfungsheft Bl.22 ff., BAK

13 PA Schl. Band I Bl.2, BAK

14 PA Schl. Band I Bl.35, BAK

2 Festschrift Schlegelberger S.VIII; PA Schl. Band I, BAK

3. Der juristische Vorbereitungsdienst bis zum zweiten Staatsexamen

Der "Referendarienliste N°948"3 läßt sich Schlegelbergers Werdegang als Rechtsreferendar in Einzelheiten entnehmen. Am 1. Juli 1897 begann er seine erste Station beim Amtsgericht in Zinten, die genau acht Monate und sieben Tage dauerte. Hieran schloß sich als längste Ausbildungsphase mit über 11 Monaten Dauer die Tätigkeit beim Landgericht Königsberg an. Stationen bei der Staatsanwaltschaft Königsberg, dem Rechtsanwalt Molkwitz und dem Amtsgericht Königsberg folgten. Schließlich beendete der Referendar Franz Schlegelberger den Vorbereitungsdienst zur großen juristischen Staatsprüfung mit einer sechsmonatigen Ausbildung beim Oberlandesgericht Königsberg vom 16. Dezember 1900 bis zum 15. Juni 1901. Vier Jahre war Schlegelberger somit als Referendar tätig, bevor der Präsident des Oberlandesgerichts Königsberg, v. Plehwe, am 2. Juli 1901 in einem an den Herrn Justizminister in Berlin gerichteten Schreiben das Gesuch auf Zulassung zur großen Staatsprüfung weiterreichte[17]. Den Inhalt der von dem Referendar beigebrachten Zeugnisse bewertete der Präsident mit "gut"; nicht ohne Bedeutung, aber durchaus üblich war darüberhinaus die Aussage, daß die

> "dienstliche und außerdienstliche Führung tadelfrei"

war[18].

Am 10. Dezember 1901 bescheinigte der Präsident der Justizprüfungskommission in Berlin, Stolzel, in einem Schreiben an das Justizministerium unter Bezugnahme auf "den Auftrag vom 8. Juli d.J.", der Referendar Dr. jur. Franz Schlegelberger habe einen Tag zuvor die Prüfung mit "gut" bestanden. Im Namen des Königs erhielt er vom Justizminister in Berlin das 1. Patent zum Gerichtsassessor, verbunden mit der Erwartung,

> "daß derselbe Seiner Majestät dem König und dem Königlichen Hause in unverbrüchlicher Treue ergeben bleiben und die ihm obliegenden Amtspflichten gewissenhaft erfüllen werde."[19]

Im direkten Anschluß daran wurde Schlegelberger dem Amtsgericht Königsberg zur unentgeltlichen Beschäftigung überwiesen. Diese Praxis stellte die jungen Juristen oft vor

---

3 PA Schl. Band I Bl.35, BAK

17 PA Schl. Band I Bl.36, BAK

18 siehe Fn.17

19 PA Schl. Band IIac Bl.8, BAK

erhebliche finanzielle Probleme[20], zumal sie selbst oder ihre Familien bereits das Studium und die vierjährige Ausbildung während der Referendarzeit finanziert hatten. Schlegelberger konnte allerdings der Unterstützung durch das Elternhaus gewiß sein und erhielt trotz der großen elterlichen Wohnung während dieser Zeit sogar eigene Räumlichkeiten zur Verfügung gestellt[21].

Am 21. Dezember 1901 trat Schlegelberger sein Amt als Gerichtsassessor in Königsberg an[22].

20 Vergl. hierzu Kolbeck S.87 ff.. Zur Frage der Juristenausbildung in Preußen: Hattenhauer, JuS 1989, S. 513 ff.

21 Gedenkrede Franz Schlegelberger

22 PA Schl. Band Sch.14 Personalbogen, BAK

4. Die Tätigkeit als Richter

Die Zeit beim Amtsgericht in Königsberg währte nicht lange. Bereits vom 17. März 1902 an nahm Schlegelberger auf Geheiß des OLG-Präsidenten v.Plehwe kommissarisch die Tätigkeit als Hilfsrichter beim Landgericht in Königsberg wahr[23]. Der Auftrag, der unter dem Vorbehalt einer früheren Abberufung stand, reichte bis zum 31. Mai 1903.

In dieser Zeit heiratete Schlegelberger. Er nahm - wie ein Vermerk von OLG-Präsident v.Plehwe für den Justizminister bezeugt - im Mai des Jahres 1902 Fräulein Olga Kloth zur Frau[24]. Auch sie entstammte einem freisinnigen Königsberger Kaufmannshaus, dessen familiäre Wurzeln vertriebene Salzburger und Hugenotten waren[25].

Unterdessen verlängerte sich Schlegelbergers Zeit am Landgericht, da die Personalsituation eine Zurückversetzung nicht zuließ[4]. Bis in das Jahr 1904 erfüllte er die unentgeltliche Hilfsrichtertätigkeit. Erst durch königliche Bestallung vom 16. September 1904 erhielt Schlegelberger die Ernennung zum Landrichter, verbunden mit einem entsprechenden Dienstposten beim Landgericht in Lyck[5]. Knapp drei Jahre war er also Gerichtsassessor - eine für die damaligen Verhältnisse im Justizdienst kurze Zeit[6]. Der Grund hierfür liegt sicherlich in der guten Beurteilung, die Schlegelberger während seiner Zeit als Gerichtsassessor erhielt. Ein vom Landgerichtspräsidenten am 5.April 1904 über ihn abgegebenes Zeugnis stellte fest[7]:

---

23 PA Schl. Band I Bl.42, BAK

24 PA Schl. Band I Bl.43, BAK

25 Gedenkrede Franz Schlegelberger

4 PA Schl. Band I Bl.53, BAK

5 PA Schl. Band I Bl.75a, BAK

6 Kolbeck a.a.O bemißt die Dauer der Wartezeit Ende des 19. Jahrhunderts für den Justizdienst auf ca. 6-7 Jahre. Dagegen erhielten Regierungsassessoren bereits nach 2-3 Jahren eine feste Anstellung. In die Verwaltung wurden allerdings in der Regel nur sogenannte "Prädikatsassessoren" übernommen, also solche, die das Assessorexamen mit "gut" oder "Auszeichnung" bestanden hatten.

7 PA Schl. Band IIac Bl.14 RS, BAK

"Er besitzt eine recht gute Qualifikation, ist recht begabt, sehr kenntnisreich und verwendet seine Fähigkeiten mit großem Interesse, regem Fleiß und anerkennenswerter Pflichttreue bei Erledigung seiner Geschäfte. Insbesondere ist noch hervorzuheben, daß er die Übungskurse der Referendare mit großem Geschick leitet. Führung tadellos."

Der Oberlandesgerichtspräsident v.Plehwe ergänzte diese Ausführungen noch, indem er Schlegelbergers gute wissenschaftliche Bildung hervorhob und ihm bescheinigte, daß er ihn für jede Amts- und Landrichterstelle für hervorragend geeignet halte. Unter diesen Umständen ist die Ernennung des Gerichtsassessors zum Landrichter in überdurchschnittlich kurzer Zeit nicht verwunderlich. Schlegelberger war auch aus anderen Gründen froh, nach Lyck versetzt zu werden: für ihn und seine Frau war es eine Möglichkeit, die Großfamilien in Königsberg verlassen zu dürfen[8]. Zu sehr war ihre Allmacht ein Schrecken der jungen Generation.

Damit ließ es der junge Landrichter nicht bewenden: sein Ziel war Berlin[9]. Vergeblich schrieb er mehrere Gesuche um Versetzung an die Landgerichte I,II und III in Berlin. Er war sogar bereit, nach Frankfurt am Main zu wechseln[10]. Schließlich scheint das Versetzungsgesuch vom 5. Februar 1908 erfolgreich gewesen zu sein, denn ab dem 1. Mai 1908 war Schlegelberger als Landrichter beim Landgericht I in Berlin tätig[11]. OLG-Präsident v.Plehwe, der nach dem Versetzungsgesuch die Beurteilung abgab, schloß sich dem Urteil des Landgerichtspräsidenten in Lyck an, welches Schlegelberger als einen Richter mit in allen Bereichen guten Leistungen charakterisiert hatte. Seine früheren Ausführungen ergänzte v.Plehwe dahingehend, daß sich Schlegelberger über seine Richtertätigkeit hinaus auch schriftstellerisch mit Erfolg betätige[12]. Zu dieser Zeit hatte er nämlich bereits Schriften zum Zurückbehaltungsrecht und zum Landarbeiterrecht in Preußen veröffentlicht[13].

---

8 Gedenkrede Franz Schlegelberger

9 Gedenkrede Franz Schlegelberger

10 PA Schl. Band I Bl.91, BAK

11 PA Schl. Band Sch.14 Personalbogen, BAK

12 PA Schl. Band IIac Bl.18 RS, BAK

13 Das Zurückbehaltungsrecht, Jena 1904; Das Landarbeiterrecht in Preußen, Berlin 1907

Berlin bedeutete Schlegelberger mehr als reine Richtertätigkeit. Die Stadt war voll von Theatern und gelungenen Inszenierungen. Zum erstenmal seit seiner Studienzeit konnte der Landrichter wieder diese "andere Welt" genießen. Neben den deutschen Autoren hinterließ bei Schlegelberger die Reise des "Peer Gynt" des norwegischen Dramatikers Hendrik Ibsen den größten Eindruck[14]. Auch in beruflicher Hinsicht bot die Hauptstadt des Deutschen Reiches dem kundigen Juristen viel. Nach nur eineinviertel Jahren Tätigkeit als Richter beim Landgericht I wurde Schlegelberger zum 1. Oktober 1909 Hilfsrichter beim Kammergericht. Am 9. Februar 1914 führte der Präsident des Kammergerichts in der sogenannten "Personal- und Qualifikations-Nachweisung" über Schlegelberger aus[15]:

> "Der Präsident des Landgerichts I in Berlin hat sich dahin geäußert, daß Schlegelberger recht gute Kenntnisse und ein zutreffendes Urteil besitzt und sehr fleißig und pünktlich ist, und seine Leistungen als recht gut bezeichnet.
> Demnächst hat der Präsident des Senats, in dem Schlegelberger zuerst als Hilfsrichter tätig war, bemerkt, daß er sich in die schwierigen Materien des - mit Sachen des gewerblichen Rechtsschutzes befaßten - Senats schnell hineingefunden habe und seine Gutachten präzis und treffend seien, er auch seine Ansicht bei der Debatte in geschickter und angemessener Weise zu verteidigen wisse, so daß er in jeder Beziehung empfohlen werden könne.
> Auch nach dem Urteil des Präsidenten des Senats, in dem er später beschäftigt worden ist, haben seine Leistungen durchweg den zu stellenden Anforderungen entsprochen; in dieser Hinsicht ist hervorgehoben worden, daß er bei hervorragender Begabung sehr tüchtige Kenntnisse mit praktischem Geschick verbinde, besonders die Schnelligkeit seiner Auffassung und seine Gabe, ohne alle Weitschweifigkeit erschöpfend zu arbeiten, hervorgetreten seien und er unbedenklich voll qualifiziert sei, zum Kammergerichtsrat befördert zu werden.
> Mit diesen Beurteilungen, auch in Bezug auf die Qualifikation zum Kammergerichtsrat, bin ich einverstanden. Ich habe Schlegelberger, als für diese Stelle geeignet, in die Beförderungsliste eingestellt.
> Er ist auch literarisch tätig.
> Seine Führung ist tadellos. Gegen seinen Gesundheitszustand bestehen keine Bedenken."

Die Einstellung in die Beförderungsliste sollte sich bald bemerkbar machen. Bereits im Juli des Jahres 1914, kurz nachdem er wieder an das Landgericht I in Berlin gewechselt war, wurde der zu diesem Zeitpunkt 37-jährige Schlegelberger zum Kammergerichtsrat ernannt[16]. Am 16. September 1914 trat er sein Amt beim Kammergericht an; von diesem Zeitpunkt an erhielt er ein jährliches Gehalt von 6000 Mark, 600 Mark Zulage sowie den

---

14 Gedenkrede Franz Schlegelberger

15 PA Schl. Band IIac Bl.23, BAK

16 PA Schl. Band Sch.14 Personalbogen, BAK

gesetzlichen Wohnungsgeldzuschuß[17]. Bis zum März 1918 konnte der als dauernd militärdienstuntauglich[18] eingestufte Schlegelberger somit während des 1. Weltkrieges beim Kammergericht wirken. Vom 1. April 1918 an jedoch wurde er an das Reichsjustizamt versetzt. Auf besonderen Wunsch dieser Behörde wurde die Dauer der Versetzung vorläufig auf drei Monate und widerrufbar festgelegt. Sein Aufgabengebiet war die Vornahme gesetzgeberischer Arbeiten, die auf Grund der Geschäfts- und Personalverhältnisse nicht mehr ausreichend wahrgenommen werden konnten. Nur schweren Herzens gab der Kammergerichtspräsident Schlegelberger frei,

> "denn Dr. Schlegelberger ist das am besten eingearbeitete Mitglied des mit besonders wichtigen und schwierigen Aufgaben betrauten 1. Zivilsenats, der unter anderem die weiteren Beschwerden in Grundbuch- und Nachlaßsachen bearbeitet. Er ist ein besonders hervorragender Richter, der durch eine auch nur einigermaßen gleichwertige Kraft kaum ersetzt und um so schwerer entbehrt werden kann, als ein Teil der übrigen im 1. Zivilsenat tätigen Richter noch nicht voll eingearbeitet ist und einen guten Durchschnitt nicht erheblich überragt..."[19]

Entscheidend für die Freigabe war letztlich, daß der Kammergerichtspräsident Schlegelberger, dem zu Beginn des Krieges die Genehmigung zum Übertritt in die Rechtsabteilung des Kriegsamtes versagt worden war, in seiner erwünschten Laufbahn nicht weiter behindern wollte[20]. Nach Verlängerung seiner Tätigkeit beim Reichsjustizamt wurde Schlegelberger von seiner Majestät dem Kaiser am 15. August 1918 zum Geheimen Regierungsrat und vortragenden Rat im Reichsjustizamt ernannt[21]. Damit endete die Richtertätigkeit des Königlich Preußischen Kammergerichtsrates Dr. Schlegelberger. Eine Karriere in der Verwaltung begann.

---

17 PA Schl. Band I Bl.162, BAK

18 PA Schl. Band IIac Bl.23, BAK

19 PA Schl. Band IIac Bl.26, BAK

20 Vergl. Fn.41

21 PA Schl. Band IIac Bl.29; Reichsjustizamt p1 Bl.9, BAK

B. Auf derLaufbahn zum Staatssekretär

Ab dem 1. Oktober 1918 erhielt Schlegelberger unter Wegfall der ihm als kommissarischem Hilfsarbeiter im Reichsjustizamt bewilligten Bezüge ein Gehalt von 8000.- Mark brutto und den gesetzlichen Wohnungsgeldzuschuß von 1600.-Mark[22]. Den damit verbundenen Titel des Geheimen Regierungsrates und vortragenden Rates empfand Schlegelberger wie einen Orden: schließlich wurden 6 Wochen später mit der Verkündigung der Republik solche Titel abgeschafft[23].

Als Ministerialrat[24] leitete Schlegelberger in seiner Hauptfunktion seit dem 15. November 1921 die neugegründete Abteilung III des Reichsjustizministeriums. Dieser oblag die Bearbeitung des Handels- und Wirtschaftsrechts, insbesondere der Valuta- und Aufwertungsfragen sowie des Gewerbe- und Arbeitsrechts. Ferner befaßte sich die Abteilung III mit dem Völkerrecht und den die Friedensverträge und das besetzte Gebiet betreffenden Rechtsfragen[25].

Einem Urlaubsgesuch Schlegelbergers vom 28. April 1922 ist zu entnehmen, daß er von seiner nunmehr Reichsjustizministerium genannten Behörde mit der Führung von Verhandlungen zur oberschlesischen Frage beauftragt war[26]. Obwohl sich bei einer Volksabstimmung am 20. März 1921 60 Prozent der Bevölkerung Oberschlesiens für einen Verbleib beim Deutschen Reich ausgesprochen hatten, erzwangen die Franzosen im Oktober desselben Jahres die Teilung Oberschlesiens zwischen Polen und Deutschland. Auf Beschluss der Botschaftskonferenz vom 28. Oktober 1921 wurde daraufhin zur endgültigen Regelung noch vorhandener Streitfragen eine gemischte Kommission eingesetzt. Wie sehr sich die Zeiten nach dem 1. Weltkrieg geändert hatten, verdeutlicht die Tatsache, daß der in dieser Kommission als Gegenspieler Schlegelbergers auftretende Pole Prachinsky ein ehemaliger preußischer Referendar war. Schlegelberger selbst befaßte sich in der Hauptsache mit der Redaktion der Kommissionsberichte. Es gelang ihm, über das Redaktionelle hinaus wichtige inhaltliche Verbesserungen zu erreichen. Den ihm zum Dank

---

22 PA Schl. Reichsjustizamt p1 Bl.11, BAK

23 Gedenkrede Franz Schlegelberger

24 PA Schl. Band Sch.14 Personalbogen, BAK; Schlegelbergers Ernennung zum Ministerialrat datiert vom 28. Juni 1920

25 PA Schl. Reichsjustizamt p1 Bl.84, BAK

26 PA Schl. Reichsjustizamt p1 Bl.36, BAK

hierfür verliehenen Schlesischen Adler I. und II. Stufe erkannte die damalige Reichsregierung allerdings wegen des Ordensverbotes in Artikel 109 der Weimarer Reichsverfassung nicht an[27].

Für die Fortsetzung seiner wissenschaftlichen Arbeiten fand Schlegelberger auch in dieser sehr schwierigen Periode der noch jungen Republik die Zeit. Er veröffentlichte Gesetzessammlungen und Nachschlagewerke[28] und ließ immer wieder sein Interesse für wirtschaftliche Fragen erkennen. Darin lag auch der Grund, daß ihm als 46-jährigem eine Honorarprofessur verliehen wurde. Der "Deutsche Reichs- und Staatsanzeiger" Nr. 184 vom 19. August 1922 meldete:

> "Ministerium für Wissenschaft, Kunst und Volksbildung.
> Der Ministerialrat im Reichsjustizministerium Dr. Schlegelberger ist zum Honorarprofessor der juristischen Fakultät in Berlin ernannt worden. Gleichzeitig ist ihm ein Lehrauftrag über Industrie- und Wirtschaftsrecht sowie über freiwillige Gerichtsbarkeit übertragen."

Die Währungs- und Wirtschaftskrisen der Weimarer Republik dürften zudem Schlegelbergers Interesse für Wirtschafts- und Finanzpolitik gesteigert haben. Durch die sich ständig ändernden Mitteilungen der Reichshauptkasse mußte dem Ministerialrat zwangsläufig deutlich werden, in welche Nöte das Volk geriet. So erhöhten sich Schlegelbergers eigene Bezüge zum 1. Januar 1923 auf 57.000 Mark monatlich. Zusätzlich erhielt er eine Teuerungszulage von 81.600 Mark[29]. Nur acht Monate später wurden alleine an Teuerungs-, Sonder- und Frauenzuschlägen für den Zeitraum vom 1.-16. August 1923 22.703.700 Mark nachgezahlt[30]. Die Fahrkarte aus dem Urlaubsort Landeck/Schl. konnte nicht mehr bezahlt werden, weil sich stündlich die Kurse änderten[31]. Erst durch die Einführung der Rentenmark am 15. November 1923 konnte die Inflation gestoppt werden. Die Tatsache, daß Schlegelberger zusammen mit dem damaligen Reichsernährungsminister

27 Gedenkrede Franz Schlegelberger; Freund S.1102

28 Zum Beispiel: Die Einführungsgesetze zum Friedensvertrag v. 30.8.1919 usw., 2.Aufl. Berlin 1920;
Das Recht der Neuzeit. Ein Führer durch das geltende Recht Deutschlands aus der Zeit von 1914-1921, 2. verm. Aufl. Berlin 1922. Ein vollständiges Verzeichnis der Werke Schlegelbergers ist im Anhang A abgedruckt.

29 PA Schl. Reichsjustizamt p1 Bl.53, BAK

30 PA Schl. Reichsjustizamt p1 Bl.73, BAK

31 Gedenkrede Franz Schlegelberger

Luther die Vorbereitungen dazu getroffen hatte, wurde in der Öffentlichkeit kaum registriert. Das politische Lob nahm der damalige Reichswährungskommissar Hjalmar Schacht entgegen[32].

Von nun an galt Schlegelbergers Interesse dem vorzubereitenden Aufwertungsgesetz. Er brachte seine juristischen Fertigkeiten nicht nur bei der Konzeption dieses Gesetzes innerhalb des Ministeriums ein, sondern setzte sich auch in der Fachliteratur mit den dazugehörigen Fragen auseinander[33]. Schon zuvor hatte Schlegelberger an der für die Wirtschaft so wichtigen Verordnung über Goldbilanzen vom 28. Dezember 1923 mitgearbeitet. Im Unterschied zur Einführung der Rentenmark sollte jedoch sein Einsatz für das Aufwertungsgesetz nicht ungehört bleiben. Das höchste Organ des Reiches, Reichspräsident von Hindenburg, erfuhr von Schlegelbergers Können und teilte diesem am 6. August 1925 in einem persönlichen Brief mit[34]:

> "Sehr verehrter Herr Ministerialrat!
> Durch das Inkrafttreten des am 16. v.M. von mir unterzeichneten Aufwertungsgesetzes hat eine der gegenwärtig meist umstrittenen Fragen unseres Wirtschaftslebens ihre gesetzliche Regelung und damit die unerträgliche Rechtsunsicherheit auf dem Gebiet unseres Kreditwesens ihr Ende gefunden.
> An dem Zustandekommen des Gesetzes und der Lösung der darin entschiedenen schwierigen und zum Teil völlig neuartigen Fragen haben Sie einen hervorragenden Anteil. Es ist mir daher ein lebhaftes Bedürfnis, Ihnen für Ihre wertvolle Mitarbeit namens des Reiches zu danken und meine besondere Anerkennung auszusprechen."

Zwei Tage später teilte auch der damalige Staatssekretär im Reichsjustizministerium, Dr. Curt Joel, Schlegelberger seinen Dank über die geleistete Arbeit in einem persönlichen Schreiben mit. Er gab seiner Freude darüber Ausdruck, daß die Arbeit am

32 Gedenkrede Franz Schlegelberger; Hjalmar Schacht wurde danach Präsident der Reichsbank (1923-30 und 1933-39). In den Jahren 1934-37 war er zugleich Reichswirtschaftsminister, geriet aber bald zu Hitler in Opposition und konspirierte nachweislich seit 1938 mit Kreisen der Widerstandsbewegung. Das Kriegsende im Konzentrationslager erlebend wurde Schacht im Oktober 1946 vom Internationalen Militärgerichtshof in Nürnberg freigesprochen.

33 Erschienen sind neben Gesetzessammlungen:
Die Aufwertung. Die Vorschriften der 3. Steuernotverordnung vom 14.11.1924 über die Aufwertung von Geldforderungen. Berlin 1924;
Die Aufwertung der Ansprüche aus Lebensversicherungen, Berlin 1924;
Die Aufwertung der Pfandbriefe, Berlin 1924.

34 PA Schl. Reichsjustizamt p1 Bl.80, BAK

Aufwertungsgesetz von höchster Stelle gelobt worden war[35]. Bemerkenswert an diesem Brief ist die Anrede Schlegelbergers mit "An den Herrn Abteilungsleiter im RJM, Herrn Geheimen Regierungsrat Professor Dr. Schlegelberger, Hochwohlgeboren - Mein lieber Herr Geheimrat!". Deutlich läßt sich daraus die alte Verbundenheit zu Preußen und dem Kaiserreich entnehmen - die Amtsbezeichnungen der Republik scheinen bei beiden nicht auf große Beliebtheit gestoßen zu sein. Auch im dienstlichen Bereich verwendete Dr. Joel häufig die alte Amtsbezeichnung. Selbst in einem Schreiben an die Staatskanzlei, in dem es um die Gewährung einer zusätzlichen Dirigentenzulage ging, schlug er den Ministerialrat Schlegelberger unter der Bezeichnung "Geheimer Regierungsrat" vor[36].

In privater Hinsicht mußte sich Schlegelberger wie fast alle anderen Bürger durch die Einführung der Rentenmark mit neuen Gegebenheiten abfinden. Abgesehen davon , daß sein Gehalt auf 1.350.- RM im Monat fiel, war das alterworbene väterliche und mütterliche Vermögen verloren. Nur noch von den Dienstbezügen lebend, mußte die Familie Schlegelberger die große Wohnung in der Pariser Straße in Berlin aufgeben und sich etwas Kleineres suchen[37].

Am 23. Oktober 1926 feierte Schlegelberger seinen 50. Geburtstag. Schon einen Tag zuvor erschien die Deutsche Allgemeine Zeitung mit einer Laudatio für den Geheimrat[38]:

> "....Er gehört seit Jahren zu denjenigen Persönlichkeiten der Juristengemeinschaft, die am laufenden Spinnrad der Rechtsschöpfung stehen, und für manche Nummer des Reichsgesetzblattes muß er als geistiger Urheber in Anspruch genommen werden. Seine zahlreichen literarischen Kinder haben sich stets einen Platz an der Sonne buchhändlerischen Erfolges erobert..."

Letzteres führte zur Verleihung der Ehrendoktorwürde an Schlegelberger durch die Staatswissenschaftliche Fakultät der Universität Königsberg im Dezember 1926. Diese besondere Ehrung seiner Heimatuniversität hatte er seinen Fähigkeiten als Gelehrter und Praktiker zu verdanken. Sowohl in seinen wissenschaftlichen Veröffentlichungen wie bei der Vorbereitung und Durchführung der Gesetze habe er ständig ein juristisches Verständnis den wirtschaftlichen Bedürfnissen der Gegenwart gegenüber gezeigt[39].

---

35 PA Schl. Reichsjustizamt p1 Bl.89f., BAK

36 Pa Schl. Reichsjustizamt p1 Bl.81, BAK

37 Gedenkrede Franz Schlegelberger

38 PA Schl. Reichsjustizamt p1 Bl.93, BAK

39 Vergl. Notiz der "Deutsche Allgemeine Zeitung" v. 20.12.1926

Wissenschaftlich hatte sich Schlegelberger zu dieser Zeit bereits dem Aktienrecht zugewandt[40]. Wieder nutzte er die Wissenschaft zur Vorbereitung für die von ihm mitgetragene Gesetzgebung. So begannen die praktischen Reformarbeiten an dem Aktiengesetz ein Jahr, nachdem Schlegelberger zum erstenmal mit diesem Thema 1926 in wissenschaftlicher Form an die Öffentlichkeit getreten war. Nach einem von Schmölder entworfenen Arbeitsprogramm unter Leitung von Schlegelberger und Quassowski befaßte man sich zuerst mit einer Bestandsaufnahme des ausländischen Aktienrechts. Nach Abschluß einer Fragebogenaktion wurde im Sommer 1930 unter Mitverantwortung Schlegelbergers der durch das Reichsjustizministerium aufgestellte "Entwurf eines Gesetzes über Aktiengesellschaften und Kommanditgesellschaften auf Aktien" veröffentlicht[41]. Parallel dazu gehörte er zu den Mitverfassern einer Aufsatzreihe in der "Juristischen Wochenschrift", die den Bedarf für ein neues Aktiengesetz und dessen Entwurf erläuterte[42]. Auf ministerieller Ebene fanden sodann Beratungen mit den Vertretern der Ministerien des Reichs, Preußens und der Länder statt, die der Fertigstellung einer Kabinettsvorlage dienten und deren Vorsitz Schlegelberger innehatte. Verzögerte sich die endgültige Fertigstellung des Gesetzes schließlich durch die Machtübernahme der Nationalsozialisten, so war es doch wiederrum Schlegelberger, der auf Vortragsveranstaltungen[43] den Gesetzentwurf von 1935 der Öffentlichkeit erläuterte und damit maßgeblich zur Verabschiedung des Aktiengesetzes vom 30. Januar 1937 beitrug. Daß das Gesetz selbst nur wenig von dem damals herrschenden Zeitgeist durchdrungen war[44], ist dabei sicherlich auch dem immer an der Sache selbst orientierten Schlegelberger zu verdanken.

Zwei Monate, nachdem am 29. Januar 1927 das vierte Kabinett Marx ernannt und Reichsjustizminister Bell von seinem Amt entbunden worden war[45], unterrichtete der neue

---

40 Im Jahre 1926 veröffentlichte Schlegelberger in den Schriften der Studiengesellschaft für Währungs-und Finanzreform in Heft 1 einen Beitrag zu den Problemen des Aktienrechts.

41 Schubert/Hommelhoff S.29 ff.

42 "Juristische Wochenschrift" 1930, S.2617 ff.; 1931, S.2913 ff.

43 Z.B. am 15.8.1935 vor der Industrie- und Handelskammer zu Hamburg, vergl. "Berliner Börsen-Courier" v. 16.8.1935

44 Zeiß, S.11

45 Godau-Schüttke S.90 m.w.Nw.

Reichsjustizminister und Vizekanzler Hergt das Kabinett darüber, er beabsichtige, Schlegelberger dem Reichspräsidenten zur Ernennung zum Ministerialdirektor vorzuschlagen[46]. Dies war nötig, weil gemäß §18 der Geschäftsordnung der Reichsregierung ein derartiger Vorschlag durch den Ressortminister der Zustimmung des Reichskabinettes bedurfte. Die Reichsregierung billigte den Vorschlag Hergts und mit Schreiben vom 7. April 1927 schlug er Schlegelberger dem Reichspräsidenten zur Ernennung vor. Ob und inwiefern Staatssekretär Dr. Joel dem Reichsjustizminister diesen Vorschlag nahegelegt hatte, ist nicht bekannt. Der Vorschlag bezog sich auf eine im Haushalt des Reiches für das Rechnungsjahr 1927 zu besetzende Ministerialdirektorenstelle und stellt Schlegelbergers bisherige Tätigkeiten in keiner Weise außerordentlich heraus[47]. Die zu unterzeichnenden Anstellungsurkunden waren beigefügt und so wurde der "Geheime Regierungsrat" am 9. April 1927 rückwirkend zum 1. April zum Ministerialdirektor ernannt[48].

Die Vorbereitung der Aktiengesetzreform lenkte Schlegelbergers Blick in den nächsten Jahren auf die allgemeinen Fragen und Probleme der Gesetzgebung[49]. Er wurde von den verschiedensten Seiten zu Vortragsveranstaltungen eingeladen. Einer Hervorhebung bedarf dabei die Einladung des Präsidenten der Institución Cultural Argentino-Germana aus Buenos Aires. Ihr Inhalt zeigt, mit welcher Erwartung eine derartige Einladung erging[50]:

> "Sehr verehrter Herr Ministerialdirektor!
> Hierdurch beehre ich mich, als Präsident der Institución Cultural Argentino-Germana Sie in deren Namen für den südamerikanischen Winter des Jahres 1929 zur Abhaltung von wissenschaftlichen Vorträgen nach Buenos Aires einzuladen. Dabei würde es sich, entsprechend den vorangegangenen Verhandlungen, um zwei Vorträge über die allgemeine Entwicklung des deutschen Privatrechts und um vier weitere Vorträge über Fragen des internationalen Privatrechts, sämtlich in spanischer Sprache, handeln.... Auf Grund der Erfahrungen der letzten Jahre bitte ich, eine

---

46 PA Schl. Reichsjustizamt pl Bl.97, BAK

47 PA Schl. Reichsjustizamt pl Bl.98, BAK

48 PA Schl. Reichsjustizamt pl Bl.99 BAK; die Rückwirkung der Ernennung läßt sich Schlegelbergers Personalbogen entnehmen, denn dort ist festgehalten, daß er seit dem 1.4.1927 die Amtsbezeichnung "Ministerialdirektor" trug: PA Schl. Band Sch 14 Personalbogen, BAK

49 "Zur Rationalisierung der Gesetzgebung", Berlin 1928

50 PA Schl. Reichsjustizamt pl Bl.111ff., BAK

> kurze Charakteristik der Kreise geben zu dürfen, an welche sich ihre Vorträge hauptsächlich wenden würden. Die argentinischen Fachkreise sind gewöhnt, die europäische Literatur ihrer Sondergebiete genau zu verfolgen. Außerdem werden regelmäßig in Buenos Aires von hervorragenden ausländischen, das heißt sowohl deutschen wie französischen und italienischen Fachleuten Vorträge über die wichtigsten Fragen auf wissenschaftlichem Gebiete gehalten. Vorträge haben deshalb eine um so stärkere Aussicht auf Erfolg, je weniger sie sich auf eine zusammenfassende Wiedergabe der bereits bekannten und veröffentlichten Ergebnissen von wissenschaftlichen Forschungen beschränken und je mehr Eigenes sowie Neues sie enthalten. Vor allen Dingen ist es nicht ratsam, Vorträge zu wiederholen, die bereits an anderer Stelle gehalten worden sind. In Bezug auf die Form der Vorträge ist das hiesige Fach-Publikum bis zu einem gewissen Grade verwöhnt. Es legt namentlich Wert auf eine möglichst klare und übersichtliche Disposition, auf eine möglichst scharfe Formulierung der Gedanken und auf eine flüssige, literarisch gepflegte Darstellungsweise..."

Schlegelberger, der für diese Vorträge als Honorar die Schiffsreise erster Klasse beim Norddeutschen Lloyd, den Aufenthalt in Buenos Aires sowie 2000 argentinische Papierpesos erhielt, wurde den Erwartungen mehr als gerecht. So berichtete Herr von Keller dem Auswärtigen Amt in Berlin am 28. September 1929 aus Buenos Aires[51]:

> "...Der Aufenthalt Herrn Schlegelbergers hat sich gleich nach der ersten persönlichen Fühlungnahme mit den in Betracht kommenden Kreisen und noch mehr nach der ersten Vorlesung über <Die ewige Jugend des Rechts> zu einem vollen Erfolge entwickelt. Unter den zahlreichen Zuhörern befanden sich die hervorragendsten Persönlichkeiten der Rechtsfakultät, deren Dekan allen vier Vorträgen anwohnte, die der Richterschaft und der Anwaltschaft, und haben starke Beachtung gefunden. Die Zuhörer standen unverkennbar unter dem Eindruck, daß sie es mit einem Juristen ersten Ranges zu tun hatten, der nicht nur die Materie wissenschaftlich beherrschte, sondern auch durch sein Mitwirkung in der praktischen Gesetzgebung besonders qualifiziert war, über die von ihm behandelten Themen zu sprechen....Zu dem Erfolg der Vorträge trug wesentlich bei, daß sie in spanischer Sprache gehalten wurden."

Die Tatsache, daß Schlegelberger über die Vorträge hinaus auch bei den führenden Repräsentanten der Gastländer in einem guten Ruf stand, macht der Brief von Dr. Olshausen aus Santiago de Chile vom 16. Oktober 1929 an das Auswärtige Amt deutlich[52]:

> "Über die Vorträge hinaus kam dem Besuch des Herrn Schlegelberger eine besondere Bedeutung dadurch zu, daß der Staatspräsident von seinem Schwiegersohn, dem Justizminister Koch, auf den Ruf und die Bedeutung des Gastes

51 PA Schl. Reichsjustizamt p1 Bl.125f., BAK

52 PA Schl. Reichsjustizamt p1 Bl.130ff., BAK

> hingewiesen, den Wunsch äußerte, ihn kennen zu lernen. Ich habe Herrn Schlegelberger daraufhin in einer besonderen Audienz dem Präsidenten vorgestellt. Dieser zeigte großes Interesse für die Arbeitsgebiete Schlegelbergers, und bat ihn, die chilenische Regierung bei der erwähnten Strafrechtsreform zu beraten. Herr Schlegelberger hat sich dieser mühevollen und delikaten Aufgabe unterzogen und dem Justizminister ein eingehendes Memorandum überreicht, in dem er zu dem chilenischen Entwurf kritisch Stellung nimmt...."

Nach den Aufenthalten in Argentinien und Chile führte die Reise Schlegelberger schließlich noch nach Brasilien, wo er in Rio de Janeiro vor den dort niedergelassenen Rechtsanwälten sprach. Seine Reise hatte auch in der deutschen Presse ein gutes Echo und wurde von allen Beteiligten als Erfolg gewertet[53]. Für den früher auch in praktischer Hinsicht mit dem Völkerrecht befaßten Honorarprofessor bot sie Gelegenheit, die Resonanz auf seine Rechtsvorstellungen auch außerhalb Deutschlands zu überprüfen - ein Umstand, auf den er noch in späteren Jahren Wert legte.

Schlegelberger stand inzwischen in einem guten Ruf und verfügte über ein hervorragendes juristisches Können[54]. Als der am 10. Oktober 1931 parteilose Dr. Curt Joel zum Reichsjustizminister im zweiten Kabinett Brüning ernannt wurde, beantragte dieser noch am gleichen Tage in der Kabinettssitzung,

> "dem Herrn Reichspräsidenten den ältesten Ministerialdirektor im Reichsjustizministerium, Professor Dr. Schlegelberger, zur Ernennung zum Staatssekretär vorzuschlagen"[55].

Die Reichsregierung stimmte diesem Vorschlag zu. Mit Wirkung vom 11. Oktober 1931 wurde Schlegelberger durch Reichspräsident von Hindenburg zum Staatssekretär ernannt[56]. Er sollte dieses Amt über 11 Jahre, bis zum 20. August 1942, innehaben.

---

53 Z.B. "Berliner Börsen-Courier" v. 7.2.1930

54 So z.B. Godau-Schüttke, S. 150, unter Berufung auf eine Auskunft von G.Joel v. 1.10.1977

55 Akten der Reichskanzlei R 43 I Bd.943 Bl.59, BAK

56 PA Schl. Band Sch 14 Personalbogen, BAK

C. Die Ära Gürtner (1932 - 1941)

1. Staatssekrtär und Minister

Am Abend des 1. Juni 1932 erreichte den Bayrischen Justizminister Franz Gürtner während einer Diät- und Erholungskur in Feldafing am Starnberger See ein Ferngespräch des neuen Reichskanzlers von Papen, in dem dieser ihm die Übernahme des Reichsjustizministeriums anbot[57]. Von Papen, der an diesem Tage zum Reichskanzler ernannt worden war, löste mit seiner neuen Regierung das Kabinett Brüning II ab. Grund für diese Entwicklung war ein Demissionschreiben Brünings vom 30. Mai 1932, der erkannt hatte, daß er nicht mehr das Vertrauen des Reichspräsidenten von Hindenburg genoß[58]. Mit Brüning verließ die politische Bühne auch Dr. Curt Joel, der das Angebot von Papens, im Amt zu bleiben, abgelehnt hatte[59].

Franz Gürtner galt als kluger, abwägender Jurist von hoher Integrität und Kultur[60]. Mitglied der Deutschnationalen Volkspartei, war Gürtner während seiner Ministertätigkeit in Bayern ein eher unpolitischer Fachminister, der sich von den inneren Rivalitäts- und Richtungskämpfen in der Partei fernhielt[61]. Schon als Assessor war ihm die Abneigung gegen den Pluralismus widerstreitender Interessengruppen und seine Vorliebe für autoritär strukturierte Ordnungen eigen, wie sie Staatsverwaltung, Justiz und Militär darstellten[62]. Seine Auffassung, daß "Ein Wille" herrschen müsse, wurde durch die Ereignisse der

---

57 Gruchmann S.57 m.w.Nw.

58 Godau-Schüttke S.207 m.w.Nw.; der Vertrauensschwund von Hindenburgs in die Regierung Brüning beruht nach Freund in dem Verlangen des Reichspräsidenten nach einer "richtigen Regierung mit einer sicheren und beständigen Mehrheit, nach einem richtigen Reichstag mit einer klaren Scheidung der politischen Gruppen und nach einem richtigen Gesetz, daß ordnungsgemäß angenommen wurde." Von Hindenburg mißtraute dem gebrechlichen, künstlichen und wurzellosen Dasein des rein autoritären Regiments. Vergl. Freund S.1151

59 So die Ergebnisse von Gruchmann (S.57) und Godau-Schüttke (S.212); für die Auffassung, Joel habe auf eine Berufung zum Reichsjustizminister durch von Papen vergeblich gewartet, wie es Radbruch in einem Schreiben an G. Joel vom 10.1.1949 (Nachlaß Joel) unter Bezugnahme auf eine Information durch Schlegelberger mitteilte, gibt es bei den vom Verfasser gesichteten Quellen keinen Nachweis.

60 Heintzeler S.56

61 Gruchmann S.48

62 Gruchmann S.13

Weimarer Republik bestärkt. Daraus aber zu schließen, daß Gürtner einen Hang zur totalitären Diktatur, wie sie die Nationalsozialisten nach 1933 aufbauten, gehabt habe[63], entspricht nicht den Tatsachen und über Gürtner existierenden Beschreibungen[64]. Daß er, der schon vor 1933 die höchste Sprosse der juristischen Karriere im Kabinett von Papen erreicht hatte, sein Leben als Justizminister immer mehr als Leidensweg empfand, diesen aber in Kauf nahm, damit kein "Parteigenosse" das Amt erhalten würde, ist vielfältig belegbar[65]. Wenn Schlegelberger in seiner Ansprache beim Staatsakt zum Tode Gürtners im Jahre 1941 davon sprach

> "Bei aller Güte fehlte ihm nicht die innere Härte, wenn es galt, die Wohlfahrt des deutschen Volkes zu schützen gegen Menschen, denen ihr eigenes Wohl höher stand als das Wohl der Gemeinschaft"[66],

dann ist diesen Worten zu entnehmen, daß mit der inneren Härte insbesondere auch der Kampf gegen die Intrigen und Machenschaften nationalsozialistischer Parteiführer gemeint war.

Schlegelberger stand dem nationalkonservativen Lager nahe[67] und wurde mit Wirkung vom 30. Januar 1938 auf Anordnung Hitlers und ohne seine vorherige Befragung in die NSDAP aufgenommen[68]. Sehr schnell baute sich ein Vertrauensverhältnis zwischen ihm und Franz Gürtner auf. So schrieb er am 28. Juni 1932 an seinen vorherigen Minister Curt Joel[69]:

---

63 So zumindest ist der Eindruck, den die Beschreibung Müllers erzeugt: Vergl. Müller S. 295

64 Beispielhaft erwähnt seien hier die umfassenden Biographien von Gruchmann, von Reitter sowie die Beschreibungen durch Heintzeler.

65 Heintzeler S. 57; vergl. auch die unter Fn. 86 angegebenen Quellen.

66 Deutsche Justiz 1941, S.181

67 Verhör Schlegelberger Protokoll S.4315f.

68 Vergl. Schreiben Bormanns als Chef der Kanzlei des Führers v. 9.2.1938 an den Reichsschatzmeister Schwarz (Akten des Berlin Document Center in der Sache Schlegelberger); Protokoll S.198; Anklagedocument NG-704

69 Nachlaß Joel, zitiert bei Godau-Schüttke S.213f.

"...Die Einführung des neuen Ministers vollzog sich in betont anspruchsloser Form. Ich sprach etwa vier Sätze und der M. erwiderte in der gleichen - vereinbarten - Kürze. Er brachte zum Ausdruck, daß er nur ein Bestreben habe, Ihre Arbeit fortzusetzen. In wiederholten Unterredungen mit mir hat er dann diesen Gedanken immer wieder aufgenommen und ich kann es mit großer Genugtuung sagen, es wird auch danach gehandelt. Ich könnte mir kaum eine Maßnahme denken, die nicht ihre Billigung gefunden hätte. Das macht uns allen natürlich den Übergang, an den wir uns nun doch wohl oder übel gewöhnen müssen, leichter. Sie sind unser Gewissen, mein lieber, hochverehrter Minister! Sehr zutreffend haben Sie aus intimster Kenntnis der Dinge heraus hervorgehoben, wieviel Arbeit die unselige Entwicklung im Innern unserem Amt bringt....Das Zusammenarbeiten mit unserem neuen Chef gestaltet sich für mich sehr angenehm. Ich habe den Eindruck, Vertrauen zu genießen und lasse es mir angelegen sein, rückhaltlos alle Aufklärung und Ratschläge zu geben, gerade auch, wenn ich Widerstand erwarte, was aber bisher selten geschehen ist. Im übrigen beschränken wir uns nur auf Dringendes..."

Die sich damals gründende vertrauensvolle Zusammenarbeit sollte sich bis zum überraschenden Tode Gürtners[70] fortsetzen. So beschreibt Wolfgang Heintzeler, der von 1934 bis 1936 Schlegelbergers persönlicher Referent im Reichsjustizministerium war, den Staatssekretär als eine

"starke loyale Stütze für Gürtner in dessen à la longue aussichtslosem Kampf"[71].

---

70 Gürtner starb 59jährig am 29.1.1941. Er kam von einer Dienstreise in das Generalgouvernement Polen krank nach Berlin zurück und wurde ins Westsanatorium gebracht. Die genaue Todesursache ist nicht bekannt; vermutet wurde eine Erkrankung des Stoffwechselsystems, die eine Zersetzung des Blutes verursachte. Die Angehörigen hegten den Verdacht, daß er in Polen von der SS vergiftet oder infiziert worden sei; Beweise für diese These gibt es aber nicht. In seinem Verhör (Protokoll S.4333) vermutete Schlegelberger, Freisler habe mit zu dem frühen Tod Gürtners beigetragen, weil er "die Arbeit und Lebnskraft Gürtners zermürbt hat." Gürtner war durch die ständigen Versuche, Freisler zu zügeln, aufs "höchste in Anspruch genommen". In einem Gedenken an ihn vom 22.8.1941 in der "Deutschen Justiz" schrieb Schlegelberger, daß "der Verstorbene bis zur Grenze der Selbstvernichtung sich der Erfüllung der ihm vom Führer anvertrauten gewaltigen Aufgaben hingegeben und sich bis zum letzten Atemzuge in soldatischer Treue für das Recht und seine Pflege eingesetzt hat." Diese Worte lassen Spielraum für beide Vermutungen: am wahrscheinlichsten ist aber die dritte von Gruchmann und Heintzeler vertretene Auffassung, daß Gürtners Eindrücke der Zustände im Generalgouvernement zusätzlich zu den ohnehin vorhandenen Belastungen ihn seelisch haben zerbrechen lassen und damit seine Abwehrkräfte geschwächt waren. Vergl. Gruchmann S.82f.; Heintzeler S.57; Reitter S.217f.; Deutsche Justiz 1941, S.849

71 Heintzeler S.57

Dieser Kampf fand nicht nur in der Auseinandersetzung mit der nationalsozialistischen Parteiführung statt, sondern auch innerhalb des Ministeriums, nachdem durch die Vereinheitlichung von Reichsjustizministerium und Preußischem Justizministerium im Oktober 1934 der preußische Ministerialdirektor Roland Freisler[72] als zweiter Staatsekretär neben Schlegelberger übernommen worden war. Der ehemalige Rechtsanwalt Freisler galt als absoluter Garant nationalsozialistischer Gesinnung[73] und sah in der Verpflichtung zur Treue gegenüber Hitler eine logische Folge des Führerprinzips[74], wie er es bereits 1935 in einem Beitrag der "Deutschen Justiz" zum Ausdruck brachte und später als Präsident des Volksgerichtshofes in seinen Urteilen niederlegte[75]:

> "Treue kann man nur einem Mann geloben und halten. Treue schwört jeder Amtswalter der Bewegung dem Führer. Treue schwört jeder Beamte des Dritten Reiches dem Führer. Treue schwört jeder Soldat dem Führer. Jeder, einerlei in welcher Stellung er sich befindet - und mag die Reihe der Vorgesetzten von ihm bis zum Führer auch noch so groß sein -, jeder schwört die Treue dem Führer. Nur ihm!"

Freisler war der für den Aufbau einer nationalsozialistischen Justiz wichtige Aufgabenbereich der Strafrechtspflege übertragen worden[76]. Er bildete mit Schlegelberger zusammen ein Gespann, das nach Aussage Heintzelers heterogener nicht hätte sein können[77]. Daß es dennoch immer wieder gelang, Freisler "einigermaßen zu lenken und in Schach zu halten"[78], ist auf das gute Verständnis und die reibungslose Zusammenarbeit

---

72 Vergl. den Werdegang bei Johe S.50ff.

73 Buchheit S.35;

74 Koch S.140ff.

75 Deutsche Justiz 1935, S.312

76 Als Staatssekretär unterstanden Freisler die Abteilungen II (Strafgesetzgebung und bäuerliches Recht unter Ministerialdirektor Schäfer), III (Strafrechtspflege und Strafvollzugsverwaltung unter Ministerialdirektor Crohne), VI (Preußische Haushalts- und Verwaltungssachen unter Ministerialdirigent Schneller) sowie das Reichsjustizprüfungsamt mit Präsident Palandt an seiner Spitze. Quelle: Geschäftsverteilungsplan des Reichsjustizministeriums v.22.10.1934, abgedruckt als Anlage I bei Gruchmann, S.1149; Akten des Reichsfinanzministeriums R 2/23901 BAK

77 Heintzeler S.58

78 Heintzeler a.a.O.

zwischen Gürtner und Schlegelberger zurückzuführen. So bekundete der Rechtsanwalt Dr. Rudolf Dix in einer Eidesstattlichen Versicherung[79] anläßlich der Anklage gegen den Bischof von Meissen wegen Devisenvergehens und dessen von Milde getragener Verurteilung:

"...Ich habe dieserhalb öfter mit Minister Gürtner und bei dessen Behinderung mit dem Staatssekretär Schlegelberger verhandelt. An sich war Schlegelberger nach meiner Erinnerung für Strafsachen nicht zuständig. Der hierfür zuständige Staatssekretär war meines Erachtens Freisler, der spätere Präsident des Volksgerichtshofs. Von diesem als einem wilden Nazi konnte ich aber keine Unterstützung, sondern höchstens eine Sabotage des Wunsches meinerseits erwarten. Ich verhandelte deshalb nicht mit ihm, sondern mit Schlegelberger, der hierzu auch jede Hilfsbereitschaft und Unterstützung gewährte und sich um so mehr exponierte, als eigentlich diese Frage gar nicht in sein Ressort fiel. Wenn schon das milde Urteil den Zorn der Partei und insbesondere des stark interessierten Propagandaministers erregt hatte (es war ein Beobachter des Propagandaministeriums in der Hauptverhandlung), so wäre dieser Zorn natürlich um so größer geworden, wenn diese Tätigkeit des Ministers und des Staatssekretärs im Interesse des Angeklagten bekannt geworden wäre. Gürtner sowohl als auch Schlegelberger zogen die Verhandlungen lange hin, bis der Zorn und die Aufregung der kirchenfeindlichen Nazikreise über dieses Urteil verraucht war. Beide waren gute Taktiker. Wie formell dieses Verfahren liquidiert worden ist, weiß ich nicht mehr. Jedenfalls ist es liquidiert worden und der Bischof hat niemals seine Gefängnisstrafe angetreten und hat meiner Erinnerung nach auch keinen Pfennig Strafe gezahlt..."

Das Vertrauen zwischen Gürtner und Schlegelberger war auch in den Kreisen des späteren Widerstands bekannt, wie die Ehefrau von Carl Goerdeler, Anneliese Goerdeler, vor dem Nürnberger Gerichtshof in einer Eidesstattlichen Versicherung bekundete[80]:

"...Mein Ehemann hat den früheren Justizminister Dr. Gürtner gut und vertraut gekannt. Ich weiß von vielen Besprechungen, die mein Mann mit Minister Gürtner gehabt hat. Hierbei sind von beiden ganz offen die verschiedenen Mißstände erörtert

---

79 Eidesstattliche Versicherung vom 7.7.1947, Document Nr.36 im Nachtrag Nr.1 zum Dokumentenbuch Schlegelberger, Nachlaß Dr. Kubuschok

80 Document Nr.49, Exhibit Nr.104; Protokoll S.4703; Carl Friedrich Goerdeler war von 1920-30 zweiter Bürgermeister in Königsberg und von 1930-37 Oberbürgermeister von Leipzig, bis er wegen bestehender Differenzen mit der NSDAP das Amt freiwillig abgab. Von Seiten des Widerstandes war er für die politsche Führung eines Putsches vorgesehen, der im gescheiterten Attentat vom 20. Juli 1944 sein vorzeitiges Ende fand. Goerdeler wurde nach seiner Verhaftung am 2.2.1945 in Berlin-Plötzensee hingerichtet. Vergl. Höhne S.370 sowie Graf Thun-Hohenstein S.68f.,221

worden. Die Besprechungen waren beiderseits völlig vertraulich. Verschiedene Mißstände konnten gemildert werden. Mein Mann hat Gürtner als Mensch sehr geschätzt und hat mit Gürtner die Meinung geteilt, daß dieser im Amte bleiben müsse, um ein völliges Abgleiten der Justiz in die Hände Himmlers zu vermeiden. Mein Mann wußte, wie schwer das Opfer für Gürtner war, das er damit bringen mußte. Mein Mann war, wie er beim Tode Gürtners sagte, der Überzeugung, daß Gürtner am gebrochenen Herzen gestorben sei. Ebenso wie Gürtner schätzte mein Mann aus Jahrzehnte langer Bekanntschaft auch Staatssekretär Dr. Schlegelberger, mit dem er auch in gleicher Weise wie mit Gürtner persönliche und amtliche Rücksprachen hatte. Er war auch zu Schlegelberger völlig vertraut, an dessen Integrität er niemals gezweifelt hat. Mein Mann hat Gürtner und Schlegelberger als letzte Zuflucht betrachtet, die bemüht waren, dem Rechtsprinzip trotz aller dagegen gerichteten Angriffe Geltung zu verschaffen."

Diese Übereinstimmung zwischen Gürtner und Schlegelberger bezüglich der Aufrechterhaltung rechtsstaatlicher Verfahrensweisen kennzeichnete ihr Verhältnis zueinander ebenso wie die Sorge, durch Aufgabe ihrer Tätigkeit nationalsozialistisch gesonnenen Juristen den Weg an die Macht zu ebnen. Schlegelberger umschrieb dies während seiner späteren Landsberger Haft[81]:

"Mir stand immer vor Augen, daß nach meinem Ausscheiden aus dem Amte mein Amt durch Hitler von einer ihm durchaus hörigen Persönlichkeit besetzt werden würde und daß die Bestrebungen Himmlers, mehr oder minder die Aufgaben der Justiz zu übernehmen, dadurch zur Erfüllung kommen würde".

Gürtner charakterisierte in einem Gespräch mit Hans Frank im Dezember 1940 die Aufgabe der Justiz und ihrer Personen im "Führerstaat" mit den Worten[82]:

"Hitler liebt Grausamkeit. Er freut sich, glaube ich, ja weiß ich, wenn er andere quälen kann. Er hat einen teuflischen Sadismus. Sonst könnte er Himmler und Heydrich einfach nicht ertragen. Wie soll der uns Juristen anerkennen! Aber bleiben wir auf dem Schiff! Wenn wir doch nicht alles verhindern können - manchem können wir doch helfen, der sonst, wenn wir gar nicht dabei wären, überhaupt verloren wäre."

Kurze Zeit später verstarb Gürtner und damit der letzte Minister aus der Zeit der Republik.

---

81 Unvollständige handschriftliche Aufzeichnungen Schlegelbergers, Nachlaß Dr. Kubuschok

82 Frank S.132

2. Staatssekretär und Ministerium

Mit der Vereinigung des Preussischen Justizministeriums und des Reichsjustizministeriums im Jahre 1934 kam ein neuer, zweiter Staatssekretär ins Haus[83]. Eine Verringerung der Kompetenzen oder Neuschneidung des Aufgabenbereichs von Schlegelberger brachte die Berufung Roland Freislers auf diese neu geschaffene Position aber nicht mit sich[84]. Wie vor der Zusammenlegung der Ministerien behielt Schlegelberger die Alleinzuständigkeit für Zivilsachen. Damit unterstanden ihm die Abteilungen IV (Bürgerliches Recht), V (Handelsrecht, öffentliches Recht), LA (Familiengüter) sowie die Abteilung I (Personalsachen), soweit diese das Reichsjustizministerium, das Reichsgericht, die Reichsanwaltschaft, das Reichspatentamt, die Patentanwälte sowie die Gerichte und Staatsanwaltschaften in den Bezirken Düsseldorf, Frankfurt a.M. (mit Sigmaringen), Hamm, Köln, Königsberg, Marienwerder und Naumburg (mit Jena) betraf. Hinzu kam die Zentralabteilung Staatssekretär Dr. Schlegelberger, die unter anderem die Presse- und Rundfunksachen bearbeitete und der die Schriftleitung der Deutschen Justiz zusammen mit der Zentralabteilung Staatssekretär Freisler oblag[85].

Schlegelberger, der den in Krankheitsfällen verhinderten Minister Gürtner auch in den Ministerbesprechungen vertrat[86], legte strikten Wert auf die Trennung der Geschäftsbereiche, zumal er die Zusammenarbeit mit Freisler als "ungewöhnlich schwierig" empfand[87]. Den unter anderem für den Volksgerichtshof zuständigen Staatssekretär beschrieb er während seines Verhörs in Nürnberg[88]:

---

83 Verhör Schlegelberger Protokoll S.4309

84 Vordem hatten sowohl der ehemalige Reichsminister Joel als auch dessen Nachfolger Gürtner zusammen mit dem jeweiligen Abteilungsleiter für Strafsachen allein verantwortlich gezeichnet
Verhör Schlegelberger Protokoll S.4309

85 Akten des Reichsfinanzministeriums R2/23901, BAK; abgedruckt bei Gruchmann als Anlage 1, S. 1149ff.

86 In einem Schreiben vom 6. März 1933 übermittelte der Staatssekretär in der Reichskanzlei Dr. Lammers an Schlegelberger die Bitte des Reichskanzlers, während der Erkrankung Gürtners nicht nur an den Kabinettssitzungen, sondern auch an allen Ministerbesprechungen teilzunehmen. Vergl. PA Schl. Reichsjustizamt pl Bl.161 BAK

87 Protokoll S.4333

88 Protokoll S.4333

"Freisler besass unzweifelhaft hohe Intelligenz, aber er war offenbar von abnormaler geistiger Veranlagung. Er schwankte zwischen äußerster Brutalität und weibischer Weichheit. Hatte er ohne ersichtlichen Grund seine Beamten aufs Schlimmste beschimpft, so erschien er sehr bald bei ihnen, um sich erneut auf servile Art Verzeihung zu erbitten... Er wusste die strafrechtlichen Probleme, aber ihm fehlte bei der Arbeit jede Kontinuierlichkeit, jeder Ernst. Ruhelos, machtstrebend, wie er war, suchte er immer neue Aufgaben, neue Probleme. Er war alter Parteigenosse und Träger des Goldenen Parteiabzeichens, aber er stellte den Typ Nationalsozialisten dar, die immer wieder ängstlich um die Gunst Hitlers bemüht waren, der ihn zwar sachlich als 100 %igen Nationalsozialisten anerkannte, ihn aber persönlich nicht so achtete, wie Freisler es wünschte."

Nach Einschätzung Schlegelbergers hielt sich Freisler selten an Absprachen, die zwischen beiden und Minister Gürtner getroffen worden waren. Vielmehr machte er der Partei immer wieder heimlich Zusagen, was das Klima zusätzlich belastete[89]. Die ressortmäßige Trennung der von den beiden Staatssekretären geleiteten Abteilungen führte auch dazu, daß sie bei Minister Gürtner unterschiedliche Vortragszeiten hatten. Zumeist bat Gürtner Schlegelberger nach Freislers Vortrag zu sich[90]. Auch fand eine gegenseitige Vertretung zwischen den Staatssekretären nicht statt. War einer von ihnen abwesend, so erledigte diese Geschäfte der Minister mit dem zuständigen der insgesamt sechs Ministerialdirektoren[91]. Daß Schlegelberger trotz dieser konsequenten Kompetenzzuweisung in weitaus größerem Maße das Vertrauen Gürtners besaß, kam auch darin zum Ausdruck, daß er, wenn der Minister sich nicht wohlfühlte uns das Haus vorzeitig verließ, das Zeichnungsrecht besaß[92].

Schlegelberger legte Wert darauf, sich neben der ministeriellen Tätigkeit weiterhin wissenschaftlich zu betätigen. Diesem Interesse entsprechend war der Tagesablauf im Ministerium organisiert, wie der langjährige 2. und spätere 1. persönliche Referent des Staatssekretärs, Dr Hans Gramm in Nürnberg zu Protokoll gab[93]:

"Wenn Dr. Schlegelberger morgens im Ministerium erschien, pflegte er mit mir ein genau festgelegtes Tagesprogramm abzustimmen. Es wurden ganz genau bestimmte Zeitpunkte festgesetzt für die Entgegennahme der Vorträge der Abteilungen, für den Empfang der Besucher, die sich angemeldet hatten und ausserdem für meine Zeit,

89 Protokoll S.4333

90 Protokoll S.4344

91 Protokoll S.4344

92 Protokoll S.4345

93 Protokoll S.4628ff.

die meistens in die Abendstunden verlegt wurde. Die Zwischenzeit, die nicht ausgefüllt war, diente Dr.Schlegelberger für seine wissenschaftlichen Arbeiten."

Neben der Abfassung wissenschaftlicher Texte und der Vorbereitung von Gesetzesreformen im Bereich des Wirtschaftsrechts bereitete sich Schlegelberger auf die Vorlesungen vor, die er als Professor für Handels- und Wirtschaftsrecht weiterhin in Berlin hielt[94]. Zur Betreuung der ihm unterstellten Oberlandesgerichtsbezirke unternahm er häufig Dienstreisen, wie die vom Reichsjustizministerium gesammelten Presseberichte belegen[95]. So galt einer der Besuche zum Beispiel Nikololaiken, Treuburg und Lyck, Schlegelbergers früherem Dienstposten als Gerichtsassessor. In Begleitung des "Herrn Oberlandesgerichtspräsidenten" aus Königsberg in Preußen und mehreren Herren aus dem Ministerium nahm er an dem Kameradschaftsabend der Angehörigen der Justizbehörden teil, zu denen auch der Vertreter des Bundes Nationalsozialistischer Deutscher Juristen (BNSDJ), der Fachschaft und der Angestelltenschaft eingeladen waren. Wie ein derartiger Besuch ablief, schildert der "Masuren Bote" vom 3. Juli 1935[96]:

> "In kurzen, packenden Worten versicherte ihm der Landgerichtspräsident, daß in Lyck gewissenhaft, treu und ernst an der Rechtspflege gearbeitet werde, wie in jenen Jahren, in denen der Staatssekretär in Lyck Richter war. Der Herr Staatssekretär dankte, wies darauf hin, wie gerade seine Erfahrung in Lyck seine Arbeit an ausschlaggebender Stelle gefördert habe und schloß mit einer Ehrung des Führers und Vaterlandes. Bei der anschließenden Unterhaltung betonte er u.a., welches Gewicht die Reichsregierung gerade auf eine beschleunigte Durchführung der Schuldenregelung lege.
> Am 2. Juli legte der Herr Staatssekretär an dem Ehrenmal für die gefallenen Juristen in Lyck einen Kranz nieder, und besuchte sodann die Kameraden auf ihren Arbeitsplätzen, um sie bei der Arbeit zu sehen. Nach der Begrüßung einiger Kameraden aus den früheren Jahren, fuhr der der Staatssekretär weiter durch unser Masurenland, um andere Justizbehörden zu besichtigen."

Zu seinem 60. Geburstag am 23. Oktober 1936 erhielt Schlegelberger ein Glückwunschtelegramm Adolf Hitlers, welches auf die Initiative des Reichsjustizministers

---

94 Verhör Gramm Protokoll S.4631

95 Vergleiche die Presseberichte der Besuche im OLG-Bezirk Zweibrücken v. 7./8.9.1935 oder der Besuchsreise durch Baden v.31.10.1935 sowie den Bericht über den Besuch des OLG-Bezirks Naumburg in dem "Magdeburger Generalanzeiger" v. 14.3.1936:
PA Sch. Presseheft Bd.I, BAK

96 Reichsjustizministerium Presseheft Bd. I, BAK

Gürtner zurückging97. In einem Schreiben an den Chef und Staatsekretär der Präsidialkanzlei vom 10.10.1936 bat Gürtner um die Freundlichkeit

> "bei dem Führer und Reichskanzler die Absendung eines Telegrammes im Sinne etwa des anliegenden Entwurfs anzuregen."

Der Entwurf sah vor, Schlegelberger ausdrücklich für die unermüdliche, tatkräftige Mitarbeit an der Neugestaltung des deutschen Rechtes sowie für den Neuaufbau einer einheitlichen Justizverwaltung im nationalsozialistischen Geiste zu danken. Das Telegramm Adolf Hitlers enthielt demgegenüber folgenden Wortlaut98:

> " Zu Ihrem heutigen sechzigsten Geburtstage spreche ich Ihnen meine aufrichtigen Glückwünsche aus."

Führende deutsche Tageszeitungen widmeten dem Staatssekretär eine Ehrung[99]. Gleichzeitig erschien eine vom Reichsgerichtspräsidenten Dr. Erwin Bumke herausgegebene Festschrift zu Ehren Schlegelbergers im Berliner Franz Vahlen Verlag[100]. Neben den Mitherausgebern Dr. Justus Wilhelm Hedemann, ordentlicher Professor an der Universität Berlin, und Dr.Dr. G. Wilke, Ministerialrat im Reichsjustizministerium sowie Dozent an der Universität Berlin, nahmen namhafte Persönlichkeiten aus Partei und Staat zu Gegenwartsfragen Stellung. So schrieb Roland Freisler eine Abhandlung mit dem Thema "Der Heimweg des Rechts in die völkische Sittenordnung". Der Staatssekretärskollege aus dem Reichs- und Preußischen Innenministerium Wilhelm Stuckart verfaßte eine Darlegung des Verhältnisses von "Partei und Staat". An gleicher Stelle veröffentlichten ihre Beiträge Dr. Goerdeler, seinerzeit Bürgermeister von Leipzig, und der später durch die Verteidigung des Oberbefehlshabers des Heeres, Freiherr von Fritsch, bekanntgewordene Berliner Rechtsanwalt Dr. Graf von der Goltz. Beiträge, die offensiv für eine neue nationalsozialistische Rechtsordnung eintreten, sind in der Festschrift nur in einer Minderheit vertreten.

---

97 PA Schl. Reichsjustizamt p1 Bl.176f. BAK

98 Deutsche Justiz 1936, S.1590

99 Beispielsweise genannt seien die "Deutsche Allgemeine Zeitung" v. 22.10.1936 und die "Preussische Zeitung" v. 23.10.1936: PA Schl. Presseheft Bd.II, BAK

100 "Beiträge zum Recht des neuen Deutschlands", Festschrift für Dr. Franz Schlegelberger, Verlag Franz Vahlen, Berlin 1936

Nachdem Schlegelberger am 1. Juli 1937 sein vierzigjähriges Dienstjubiläum hatte feiern können[101], unternahm er Anfang 1938 zusammen mit seinem persönlichen Referenten Dr. Wilke, dem Professor an der Universität Berlin Dr. Emge und dem Vizepräsidenten der Akademie für Deutsches Recht Dr. Gaeb eine Dienstreise nach Polen. Auf Einladung der polnischen Gruppe der Arbeitsgemeinschaft für die deutsch-polnischen Rechtsbeziehungen hielt Schlegelberger am 25. Januar 1938 einen Vortrag über "Die Entwicklung des deutschen Rechts im Dritten Reiche"[102]. Neben der Strafrechtserneuerung ging Schlegelberger bei diesem Vortrag auf das neue Patent- und Aktienrecht ein. Er machte deutlich, daß die neuen Gesetze der Anfang einer umfassenden Neugestaltung des gesamten übrigen Gesellschafts- und Wirtschaftsrechts seien. Weiterhin stellte er den Zuhörern die programmatischen Grundzüge der Erneuerung des Bürgerlichen Gesetzbuches dar und ging zuletzt noch auf die Ausbildung und Stellung des deutschen Richters ein[103]. Das seinerzeit noch gute Klima zwischen den deutschen und polnischen Juristen machte eine Einladung des polnischen Justizministers Grabowski zu einem gemeinsamen Frühstück deutlich. So erklärte gemäß der Zeitung "Gazeta Polska" Minister Grabowski bei seiner Begrüßung[104]:

> "Ihr Besuch in Warschau ist das Ergebnis und der Beweis der Vertiefung der Zusammenarbeit in der deutsch-polnischen juristischen Gruppe, einer Zusammenarbeit, die im vergangenen Jahr während meines auf Einladung des Präsidenten der Akademie für Deutsches Recht, Reichsminister Dr. Hans Frank, abgestatteten Besuches so glücklich begonnen wurde. Der Aufenthalt in Berlin hat einen tiefen Eindruck auf mich gemacht. In dankbarer Erinnerung bewahre ich meinen Besuch bei dem Reichskanzler und sein freundschaftliches Gedenken des Ersten Marschalls Polens. Der Aufenthalt in Berlin gab mir Gelegenheit zu unmittelbarer Fühlungnahme mit hervorragenden Vertretern des heutigen Deutschland. Dies vermittelte mir ein besseres Verstehen des ungeheuren Umfangs der zur Umgestaltung der Rechtsstruktur des Reiches unternommenen Arbeit, einen Einblick in die koordinierte Arbeit der Juristen im Sinne der Direktiven des großen Führers des Deutschen Volkes, der der Arbeit eine einheitliche Richtung weist und alle Kräfte seiner Mitarbeiter und Vollstrecker seines Willens zusammenfaßt. Weil -

---

101 Mitteilung der "Deutschen Justiz" vom 2. Juli 1937, S.1009. Als Zeichen seines Dankes und seiner Anerkennung erhielt Schlegelberger vom Führer und Reichskanzler dessen Bild im Silberrahmen, versehen mit einer eigenhändigen Widmung. Das Geschenk und die Glückwünsche überbrachte Reichsjustizminister Dr. Gürtner.

102 Pressenotiz vom 24. Dezember 1937: Reichsjustizministerium Presseheft Bd.II, BAK

103 Pressenotiz v.3.2.1938 a.a.O.

104 "Gazeta Polska" v. 26.1.1938: Reichjustizministerium Presseheft Bd.II, BAK

so führte der Minister weiter aus - die Umgestaltung der Begriffe und Anschauungen ihren kristallisierten Ausdruck im Recht findet, hat die Möglichkeit der persönlichen Fühlungnahme der Juristen und der unmittelbare Austausch ihrer Ansichten eine besondere Bedeutung, wenn es um das gegenseitige Verstehen beider Völker geht, das um so nötiger ist, als beide Völker einander benachbart sind."

Auf den Trinkspruch des Ministers antwortete Schlegelberger gemäß "Gazeta Polska":

"Unsere beiden Völker haben die gemeinsame Aufgabe, an der freundschaftlichen Zusammenarbeit zur Konsolidierung in Europa und zur Konsolidierung des Weltfriedens mitzuwirken. Diese Aufgabe können beide Völker um so leichter erfüllen, je besser sie einander kennen. Erleichtert wird diese Aufgabe dadurch, daß ein Volk die Lebensanschauungen des anderen versteht, sich ein Bild von dessen völkischen Lebenszielen macht, und - wie man sagen kann - sich in das Wesen der Kultur desselben vertieft. Das Spiegelbild der Kultur des Volkes ist das Recht. Das Wesentliche besteht aber nicht darin, daß zwei Völker das gleiche Recht haben, sondern darin, daß man im Nachbarland weiß, welches Recht auf der anderen Seite der Grenze gilt und weshalb das Recht sich so entwickelt hat. Aus diesem Grunde habe ich mich schon seit Jahren der rechtsvergleichenden Wissenschaft gewidmet. Deshalb lege ich auch der deutsch-polnischen Zusammenarbeit auf diesem Gebiet, die unter der Ägide Eurer Exzellenz in Berlin so glücklich begonnen hat, so große Bedeutung bei. Deshalb auch rechne ich mir es zur besonderen Ehre, daß ich in Form eines Vortrages gewissermaßen eine Visitenkarte der Kultur und des Rechtes Deutschlands in ihrer Hauptstadt abgeben darf."

Einen Monat später begab sich Schlegelberger in Begleitung von Dr. Wilke zu einer Reise nach Stockholm und Kopenhagen, um dort auf Einladung der Juristenvereine über das Recht des ländlichen Grundbesitzes in Deutschland beziehungsweise das deutsche Erbhofrecht Vorträge zu halten[105]. Schlegelberger fand große Aufmerksamkeit. Die Zeitung "Ekstrabladet" beschrieb ihn als einen der hervorragendsten Juristen Deutschlands und als zur alten Garde vor der Zeit der Umwälzung gehörig[106]. So wurde er sowohl in Schweden als auch in Kopenhagen von den Kronprinzregenten empfangen. Die dänische Zeitung "Nationaltidende" bezeichnete ihn als einen, der die Machtübernahme von 1933 überlebt habe[107].

105 "Deutsche Allgemeine Zeitung" v. 22.2.1938, "Berlinske Aftenavis" v. 28.2.1938: Reichsjustizministerium Presseheft Bd.II, BAK

106 "Ekstrabladet" v. 28.2.1938: Reichjustizministerium Presseheft Bd.II, BAK

107 "Nationaltidende" v. 1.3.1938: Reichsjustizministerium Presseheft Bd.II, BAK

Einer dieser Besuche führte Schlegelberger auch nach Wien. Nachdem der Anschluß Österreichs an das Dritte Reich politisch besiegelt war, fand am 16. Mai 1938 die feierliche Übernahme der österreichischen Justizverwaltung durch den Reichsminister der Justiz in Wien statt. Einen Tag später hatte Schlegelberger eine wichtige Rücksprache im österreichischen Patentamt zu halten. Er fuhr in Begleitung seines Adjudanten, Ministerialrat Dr. Wilke, mit einem Wagen der österreichischen Justizverwaltung zu dem Ort des Treffens. In Semmering nahmen Schlegelberger und Wilke ein Mittagessen ein. Von dort reisten sie in Begleitung des österreichischen Fahrers am späteren Nachmittag wieder nach Wien zurück. Etwa 6 Kilometer vor Wien erlitten sie einen schweren Autounfall, bei dem Schlegelberger einen dreifachen Bruch des rechten Schienenbeins und mehrere Rippenbrüche erlitt. Dr. Wilke fand bei diesem Unfall den Tod[108]. Für Schlegelberger bedeutete dies einen schweren Verlust, verband ihn doch mit Wilke außer der gemeinsamen wissenschaftlichen und publizistischen Tätigkeit ein besonders enges Vertrauensverhältnis[109]. Neuer erster persönlicher Referent des Staatssekretärs wurde der spätere Hamburger Oberlandesgerichtsrat Dr. Hans Gramm, der bis dahin zweiter persönlicher Referent Schlegelbergers war[110].

3. Das Ministerium und die Partei

Nach der Machtübernahme 1933 erfolgten im Reichsjustizministerium zunächst keine wesentlichen personellen Veränderungen[111]. Die Beamtenschaft des Ministeriums war überwiegend national-konservativ geprägt. Den ständig wechselnden Ministern der Weimarer Republik war es auf Grund ihrer nur kurzen Amtszeiten nicht gelungen, einen wirksamen Einfluß auf die Personalpolitik des Ministeriums zu erlangen. Ursache dafür war auch die Personalpolitik Curt Joels, der von 1920 bis 1931 das Amt des Staatssekretärs bekleidet hatte. Er hielt parteipolitische Einflüsse vom Reichsjustizministerium fern und bewahrte es als rein fachbezogene Behörde[112]. Nach der Machtübernahme 1933 kursierte das Scherzwort[113]:

---

108 Das Erlebte wird von Schlegelberger in einem Brief v. 6.8.1938 an den Reichsminister der Justiz geschildert, in dem er um Kostenerstattung für die ausgelegten Behandlungsgelder bittet. Vergl. PA Sch. Reichsjustizamt pl Bl.192f. BAK

109 Gruchmann S.245

110 Protokoll S.4628

111 Gruchmann S.241

112 Godau-Schüttke S.141

113 Gruchmann S.243 m.w.Nw.

"Wenn man in das Justizministerium ginge, müsse man das Parteiabzeichen abnehmen".

Diese Verhältnisse änderten sich beim Zusammenschluß mit dem Preußischen Justizministerium 1934. Weniger der Umstand, daß die Zahl der Beamten von unter 100[114] auf über 500 bis zum Jahresende 1935[115] anstieg, bildete den Grund dafür, daß die Zahl der Parteigenossen nach der Fusion zunahm. Ursächlich war vielmehr der nun zunehmende Einfluß des neben Schlegelberger stehenden Staatssekretärs Freisler auf die Personalpolitik des Reichsjustizministeriums. Freisler war ein Mitzeichnungsrecht für sämtliche Personalsachen der leitenden Beamten zugebilligt worden[116]. Er sorgte nicht nur für die Ernennung der ihm vertrauten Parteigenossen Haastert und Ebert zu Ministerialräten[117], sondern achtete auch in Zukunft durch Fragebogenaktionen darauf, daß der Nachweis der "arischen Abstammung" und die Darlegung der Aktivitäten in der NSDAP oder den ihr angeschlossenen Verbänden und Untergliederungen erbracht wurde[118]. Hinzu kam, daß der Chef des preußischen Justizministeriums Hans Kerrl ein überzeugter Nationalsozialist war. Er hatte dementsprechend bereits versucht, den "neuen Geist" auch personalpolitisch in seinem Hause zu verankern. Von diesem geprägt, war es nach dem Zusammenschluß immer wieder Staatssekretär Freisler, der dafür sorgte, daß im Reichsjustizministerium nunmehr die parteigenehme Personalpolitik einen andere Bedeutung erhielt. Zur Durchsetzung seiner Ziele stützte er sich auf das "Gesetz zur Änderung von Vorschriften auf dem Gebiete des allgemeinen Beamten-, des Besoldungs- und des Versorgungsrechts" vom 30. Juni 1933[119], das die Berufung zum Reichsbeamten von der arischen Abstammung abhängig machte und das "Deutschen Beamtengesetz" von 1937[120], dessen § 26 Abs.1 Ziff.3 für die Einstellung die Gewährleistung "jederzeit für den nationalsozialistischen Staat einzutreten" zur Voraussetzung machte. Schlegelberger sah diesen Vorgängen nicht untätig zu. Dies wird

---

114 Vergl. Godau-Schüttke S.144 m.w.Nw.

115 Gruchmann S.247

116 Schreiben Freislers an Schlegelberger v. 15.11.1934: Reichsjustizministerium R22/4723, BAK

117 Gruchmann S.246 m.w.Nw.

118 Gruchmann S.247ff.

119 RGBL.I, 1933, S.121f.

120 RGBL.I, 1937, S.41f.

aus der eidesstattlichen Versicherung von Maria Koffka vor dem Nürnberger Gerichtshof deutlich[121]:

> "...Im Jahre 1932 heiratete ich den inzwischen verstorbenen Ministerialrat im Reichsjustizministerium Hans Koffka. Dieser hatte vom Jahre 1935 an erhebliche berufliche Schwierigkeiten, weil das Rasseamt festgestellt hatte, daß er einen jüdischen Großvater hatte. Mein Mann hatte es lediglich dem verständnisvollen Entgegenkommen des Herrn Schlegelberger zu danken, daß er trotz seiner Abstammung im Amte blieb. Immer wieder wirkte Herr Schlegelberger den ständigen Forderungen des Herrn Freisler, meinen Mann zu entlassen, entgegen....Auch als mein Mann im Jahre 1942 schwer lungenkrank wurde und mit einer Wiederherstellung seiner Arbeitsfähigkeit nicht zu rechnen war, hat Schlegelberger ihn im Amt gehalten und dafür gesorgt, daß er sein volles Gehalt weiter bekam..."

Das Bedürfnis Freislers, der politischen Gesinnung oberste Bedeutung einzuräumen, läßt sich auch einem Schreiben an die Präsidenten der Obergerichte und der Generalstaatsanwälte vom Mai 1936 entnehmen. Freisler verlangte darin unverzügliche Berichterstattung an ihn, wenn ein Gauleiter gegen die politische Zuverlässigkeit eines Bewerbers Bedenken geltend machen sollte, ohne daß sich diese alsbald ausräumen ließen[122]. Bei nicht ganz einfachem Sachverhalt sollte eine schriftliche Mitteilung der Vorwürfe erfolgen. Das Schreiben endete mit dem Satz Freislers "Ich habe Anlaß, auf diesen Gesichtspunkt besonders hinzuweisen." Mit diesem "Anlaß" konnte nur die zunehmende Kritik gemeint sein, die die von Minister Gürtner durchgeführte Personalpolitik bei den Eliten der Partei fand. Denn mit der Verreichlichung der Justiz im Jahre 1935 und durch die Beteiligung der Partei an allen Personalentscheidungen verlagerte sich die Entscheidungskompetenz bezüglich der Richter und Staatsanwälte auf das Reichjustizministerium und auf den Stellvertreter des Führers, Rudolf Heß, wenn nicht Hitler den Fall an sich zog. Gürtner aber konnte sich mit dem Argument der besseren fachlichen Eignung öfter durchsetzen, als der Partei lieb war[123]. Die Befragung Hans Gramms als Zeuge in Nürnberg verdeutlicht, daß auch für Staatssekretär Schlegelberger die fachliche und charakterliche Eignung das maßgebliche Auswahlkriterium in Personalsachen war[124]:

---

121 Document Nr.74, Exhibit Nr.39; Protokoll S.4581f.

122 Quelle: Staatsanwaltschaft Frankfurt, abgedruckt in: Katalog S.275

123 Vergl. Gruchmann S.241ff.

124 Protokoll S.4634

"Frage durch Dr. Kubuschok: Spielten politische Verdienste des Bewerbers für die Stelle bei Schlegelberger eine Rolle?
Antwort: Nein. Politische Verdienste spielten keine Rolle für Dr.Schlegelberger. Ich weiß, daß mehrfach ihm Kandidaten zur Beförderung präsentiert wurden mit der Begründung, daß sie besondere politische Verdienste aufweisen. Er hat sich gegen diese Leute gewahrt, weil er immer wieder auf die fachliche und charakterliche Eignung des Beamten schaute. Ich weiß, daß politische Stellen, besonders der Stellvertreter des Führers oder die Parteikanzlei, die später an die Stelle des Stellvertreters des Führers trat, diese Stellen waren berufen bei der Ernennung von Beamten mitzuwirken, daß diese Stellen Dr.Schlegelberger gelegentlich Kandidaten präsentierten, die besondere politische Verdienste aufweisen sollten. Dr.Schlegelberger hat sich wie gesagt gegen diese Vorschläge immer gewahrt."

Der mangelnde Einfluß der Partei auf die Besetzung von Richterstellen war der Grund eines Schreibens des Reichsstatthalters in Thüringen, Fritz Sauckel, an den Chef der Reichskanzlei, Dr.Lammers. In dem Brief beklagte Sauckel unter Bezugnahme auf die von der Reichskanzlei angestrebte Protektion eines Richteranwärters[125]:

"...Zu meinem größten Bedauern muß ich aber mitteilen, daß ich weder als Reichsstatthalter noch als Gauleiter auf die Personalangelegenheiten der Justiz einen Einfluß auszuüben vermag. Seit der Verreichlichung der Justiz hat sich leider das Verhältnis des Reichsstatthalters zu den Justizbehörden von Grund auf geändert. Es gelingt nicht einmal mehr, berechtigte und selbstverständliche Personalwünsche der Partei durchzusetzen. Vielmehr sind meine Wünsche seit dieser Zeit vollkommen negiert worden..."

Um der Kritik aus der Partei entgegenzuwirken, übersandte das Reichsjustizministerium dem Stellvertreter des Führers Heß eine Zusammenstellung der seit dem April 1935 auf Spitzenstellen der Reichsjustizverwaltung ernannten Beamten. Aus dieser Zusammenstellung ergibt sich, daß in dem Zeitraum von 1935 bis 1939 86% der Gesamtstellen mit Parteiangehörigen besetzt worden sind[126]. Dieser hohe prozentuale Anteil von Nationalsozialisten war nicht zuletzt einem Schreiben Gürtners an die Oberlandesgerichtspräsidenten zu verdanken, in dem der Minister nicht nur zur Mitgliedschaft in der NSDAP oder einer ihrer Untergliederungen, sondern insbesondere die jüngeren Beamten zum aktiven Einsatz für die nationalsozialistische Bewegung aufforderte[127]. In welchem Maße die der NSDAP angehörenden Mitarbeiter der Justiz

---

125 Schreiben vom 19.10.1935: Akten der Reichskanzlei R43/1505, BAK

126 Schreiben vom 28.3.1939: Akten des Reichsjustizministeriums R22/1792, BAK

127 Schreiben v. 19.2.1937, Quelle: Präsident OLG Bamberg, Generalakten 1050/I Bl.11, abgedruckt in: Katalog S.278

auch wirklich Nationalsozialisten waren, wird sich im Nachhinein kaum mehr feststellen lassen. Hermann Weinkauf[128] geht davon aus, daß die Anzahl der echten, überzeugten Nationalsozialisten 10 Prozent nicht überschritten hat. Die insbesondere nach 1937 in ungewöhnlich scharfer Form geübte Kritik an der Personalpolitik des Reichsjustizministeriums, vor allem durch die Wochenzeitung der SS, das "Schwarze Corps"[129], ist Indiz dafür, daß viele Beamte und Richter nur aus der in totalitären Systemen üblichen Heuchelei oder aus Mitläufertum, wie Weinkauff es bezeichnet[130], Mitglied der NSDAP gewesen sind. Doch war für die Willfährigkeit des Ministeriums sicherlich auch dessen langjährige innere Struktur mitentscheidend, die der damalige Ministerialrat Sauer 1939 wie folgt beschrieb[131]:

> "...Durch vertrauensvolle Mitarbeit miteinander verbunden, bildeten die Angehörigen des Ministeriums, als der große Feldmarschall den Führer der nationalsozialistischen Bewegung zur Rettung des Reiches berief, eine geschlossene, hohe Anforderungen gewohnte Kameradschaft, die, ergriffen von der geschichtlichen Größe des Geschehens, zur äußersten Hingabe bereit war. So fand denn der Nationalsozialismus bei der Machtübernahme in dem vorhandenen Reichsjustizministerium ein einsatzbereites, schlagkräftiges Instrument vor, mit dem die harrenden Aufgaben angepackt werden konnten."

4. Schlegelbergers Haltung zur nationalsozialistischen Rechtsidee

Neben den routinemäßigen Besuchen der ihm unterstehenden Oberandesgerichtsbezirke oblag es Schlegelberger auch, gehobene Richter oder Staatsanwälte in ihr Amt einzuführen. Ein besonderes Ereignis dieser Art war die Amtseinführung von Friedrich Döbig als zukünftigen Generalstaatsanwalt von Nürnberg. In der Stadt der Reichsparteitage kam diesem Amt unter der neuen nationalsozialistischen Rechtsanschauung eine außergewöhnliche Bedeutung zu, wie der Bericht über die Rede des anwesenden Gauleiters Julius Streicher[132] belegt[133]:

---

128 Weinkauff S.171

129 Vergl. Verhör Hans Gramm, Protokoll S.4638

130 Weinkauff S.172

131 Sauer S.6

132 Julius Streicher war Herausgeber des antisemitischen Wochenblattes "Der Stürmer", fiel 1940 in Hitlers Ungnade und wurde 1945 von den Amerikanern in der Nähe von Waldring bei Berchtesgaden verhaftet. Das Internationale Militärtribunal verurteilte ihn zum Tode.

"...Der Gauleiter kam in einer lebendigen Schilderung auf die Aufgaben der Justiz und ihrer Vertreter zu sprechen und betonte, niemals sei es der Buchstabe, der Großes zu schaffen vermöge. Der Buchstabe könne eine äußere Ordnung geben, einen Weg kennzeichnen, das Große aber, das Lebendige, werde immer vom Menschen geschaffen und der Nationalsozialismus werde dafür sorgen, daß auch die Justiz der Zukunft Menschen haben werde....Wer richten will und ein Urteil holen will aus der Ewigkeit, der müsse eine Seele in sich tragen. Die Richter der Zukunft müssen ihre Kraft von Gott holen, Menschen, die der Natur und Gott entwöhnt sind, können sich unheilvoll auswirken.... Es gelte nicht allein, mit dem Verstand zu arbeiten. Auch das Herz müsse dabei sein, denn nur dieses vermöge die letzten und größten Dinge zu erfassen....Gauleiter Streicher erzählte aus dem reichen Schatz seiner Erinnerungen von dem Treiben der Juden und betonte die Aufgabe für Richter und Staatsanwaltschaft, dort nach dem Rechten zu sehen, wo deutsches Blut geschändet wurde. Das Volk sei das Höchste, aber dieses neue Volk sei durch die Bewegung geworden. Wer sich an der Wohlfahrt des Volkes vergreife, müsse mit der ganzen Strenge des Gesetzes rechnen. Frankenführer Streicher ermahnte den Generalstaatsanwalt, seine Tätigkeit mit einem warmen Herzen auszuüben."

Streichers Worte waren Beleg für die von den Nationalsozialisten gewünschte Rechtsauffassung. Es ging nun um die Abstandnahme vom Buchstaben des Gesetzes, die Annäherung zum Recht als einer Hülle, die mit dem richtigen Geist durchsetzt sein müsse[134]. Schlegelberger teilte diese Auffassung nicht vorbehaltlos, sondern räumte dem geschriebenen Recht eigene Bedeutung ein[135]:

"Der Staatssekretär sprach weiter über die Aufgabe, die der Justiz nach der Revolution zugefallen war. Diese Aufgabe, mitzuwirken an der Stabilisierung der neuen Rechtsordnung und sich verantwortlich zu fühlen für ihre Aufrechterhaltung und Durchsetzung, setze besondere Eigenschaften voraus. Bis die Arbeiten für die Neuordnung des Rechts abgeschlossen seien, gelte es, mit den alten Gesetzen zu arbeiten. Wer wirklich ein guter Jurist sei, der wisse, daß ein guter Richter, Jurist und Staatsanwalt auch mit den schlecht gewordenene Gesetzen arbeiten könne, wenn er es fertig bringe, die Form dieser alten Gesetze mit dem Geist zu erfüllen, den er erfassen soll. Nun sei es klar, daß es Gesetze gebe, die so hart und starr sein

---

133 Nünberger Zeitung v. 8.7.1935, Reichsjustizministerium Presseheft Bd. I, BAK

134 Z.B. Roland Freisler in Festschrift Schlegelberger S.41 :"...Hiervon ist vielmehr auch die dringend erforderliche Anerkennung des Satzes abhängig, daß das Ergebnis einer Rechtsfindung aus dem Gesetz nie richtig sein kann, wenn es mit der Rechtsfindung unmittelbar aus dem Volksgewissen in unvereinbarem Widerspruch steht; daß Recht nie sein kann, was dem gesunden Volksempfinden, wie es vor allem in den autoritativen Kundmachungen des Führers und im Programm der NSDAP niedergelegt ist, widerstreitet."

135 Siehe Fn.155

müssen, daß kein Richter darüber hinweggehen könne. Da sei es Aufgabe der Gesetzgebung, rechtzeitig die Mauern niederzureißen, die den Richtern, Staatsanwälten und Justizorganen den Weg zu Freiheit und Klarheit verschließen."

Bis zur Schaffung neuer Gesetze sollte es also den Richtern überlassen bleiben, das alte Recht mit neuem Geist zu erfüllen. In die Richter setzte der aus den Erfahrungen in der Zusammenarbeit mit Freisler klug gewordene Schlegelberger hinsichtlich der Wahrung des Rechts mehr Vertrauen als in die Partei. Gegen den Wunsch, das Parteiprogramm zur normativen Rechtsordnung umzugestalten, hegte Schlegelberger erhebliches Mißtrauen, wie seine Rostocker Vorlesung unter dem Thema "Ein Volk erlebt sein Recht" belegt[136]:

> "Das Parteiprogramm als solches hat die Rechtsordnung nicht normativ geändert, denn das Parteiprogramm ist, wie sein Name sagt, eine Planung und nicht eine Norm, eine Zielsetzung und kein Rechtssatz."

Im gleichen Vortrag rechtfertigte der Gesetzespositivist die Durchbrechung des Grundsatzes "nulla poena sine lege"[137]. Zum neuen § 2 Strafgesetzbuch führte Schlegelberger in Rostock aus[138]:

> "Die Notwendigkeit dieser neuen Vorschrift ergab sich aus der Starrheit der bis dahin geltenden Norm."

Schlegelberger hatte ein gespaltenes Verhältnis zur nationalsozialistischen Rechtspolitik. Weil Gesetze für ihn Recht auch dann waren, wenn sie auslegungsbedürftige Bestimmungen wie "völkische Gemeinschaft" enthielten, drängte er zur Gesetzgebung. Gleichzeitig versprach er sich davon, daß das Recht gewahrt bleibe. Er konnte sich leichter damit abfinden, Einbußen an Begrifflichkeit hinzunehmen als der Abschaffung ganzer Gesetzeswerke zuzustimmen. Er sah in dieser "kontrollierten Preisgabe" des Gesetzes eine Wahrung des Rechts. So wundert es nicht, daß er von diesen Vorstellungen geleitet 1937 in Heidelberg einen Vortrag mit dem Thema "Die Neuordnung des sogenannten bürgerlichen

---

136 Gehalten am 13.2.1936; erschienen im Verlag Franz Vahlen, Berlin 1936; S.9

137 In der "Nürnberger Zeitung" vom 8.7.1935 (a.a.O.) wird Schlegelberger wie folgt wiedergegeben: "Auf dem Gebiete des Strafrechts habe bisher der Grundsatz Geltung gehabt, daß niemand gestraft werden dürfe, wenn nicht der Tatbestand im Gesetz als strafbar bezeichnet gewesen sei. Dieser alte Grundsatz müsse umgewandelt werden in den Satz, daß keine Schuld ohne Sühne, kein Verbrecher ohne Strafe bleiben dürfe."

138 Siehe Fn.158, S.8f.

Rechts" auf Einladung der Universität hielt[139]. Die von ihm in diesem Vortrag angekündigte Aufnahme von Arbeiten zur Neuordnung des gesamten bisher im Bürgerlichen Gesetzbuch niedergelegten Rechts veranschaulichte er wie folgt[140]:

> "Ganz gewiß fehlt es nicht an Rechtsvorschriften des nationalsozialistischen Staates, die die Rücksicht auf die Bedürfnisse der Volksgemeinschaft mit aller wünschenswerten Deutlichkeit verlangen. Als Gegenstück kann jedoch die noch unverändert bestehende Vorschrift des Bürgerlichen Gesetzbuches dienen, wonach der Eigentümer einer Sache, soweit nicht das Gesetz oder Rechte Dritter entgegenstehen, mit der Sache nach Belieben verfahren und andere von jeder Einwirkung ausschließen kann.
> Der Eigentumsbegriff ist nur ein Beispiel für die Erneuerungsbedürftigkeit dieses Gesetzbuches. Er ist nur eines der vielen Kennzeichen für den übersteigerten Individualismus seiner Bestimmungen. Dem Dritten Reich ist die Aufgabe zugefallen, hier Wandel zu schaffen und den Grundsatz der Bürgerlichen Gesetzbuches: <Freiheit von der Gemeinschaft> durch den Grundsatz <Freiheit in der Gemeinschaft> abzulösen."

Nach dieser allgemeinen Begründung stellte Schlegelberger Teile der neuen Wertordnung dar:

> "In engem Zusammenhang mit der Wiederbelebung des Gemeinschaftsgedankens steht der Wandel in der Bewertung der Lebensgüter. Wie soll ein Gesetz zum Herzen des Volkes sprechen das die rechtliche Ordnung und Sicherung des Vermögens an den Anfang stellt, erst in weitem Abstand davon Ehe und Familie behandelt, ein Persönlichkeitsrecht nicht kennt, die Freiheit im Recht der unerlaubten Handlungen mit dem Eigentum auf eine Stufe stellt und das Wort <Ehre> überhaupt nicht in seinem Sprachschatz hat!"

Schließlich gelangte er zu dem Ergebnis:

> "Kann die Neuordnung des Rechts durch eine Bearbeitung des Bürgerlichen Gesetzbuches gewonnen werden? Nur ein klares <Nein> kann die Antwort auf diese Frage sein.
> Das Bürgerliche Gesetzbuch ist ein Gesetzbuch der Konstruktionen und der Abstraktionen. Es arbeitet viel zu sehr mit lebensfremden Begriffen. Es ist ein Lehrbuch, das als solches auf Volksnähe verzichtet und sich statt an das ganze Volk oder je nach seinem Stoff an bestimmte Volksteile nur an die Juristen wendet. Schon infolge seiner ausgeklügelten abstrakten Sprache kann es die Aufgabe eines großen nationalen Gesetzbuches, das ganze Volk über die Grundlage und den

---

139 Pressemeldung des Reichsjustizministeriums vom 25.1.1937: Reichsjustizministerium Presseheft Bd.II, BAK

140 Siehe Fn.161, S.2ff.

Zusammenhang der Rechtsordnung zu belehren, nicht erfüllen....Die Überschätzung der Technik und der Kultus der Begriffe hat die Verfasser des Bürgerlichen Gesetzbuches zu einer Mißachtung des Lebens geführt, die denen, die für das Rechtsleben des deutschen Volkes der Gegenwart verantwortlich sind, keine Wahl läßt. Das Bürgerliche Gesetzbuch ist ein Werk der Vergangenheit, das beschleunigter Ablösung bedarf."

Daß diese Reformankündigung den Beifall der nationalsozialistischen Presse fand, ist einleuchtend, ging es doch um die Umsetzung der Forderung aus dem Parteiprogramm "Gemeinnutz geht vor Eigenutz"[141]. Fast wörtlich abgedruckt wurde der Vortrag vom "Völkischen Beobachter" in seiner Ausgabe vom 26. Januar 1937. Indes: Tatsächlich wurde die von Reichsjustizminister Gürtner beim Führer und Reichskanzler Adolf Hitler vorgetragene Reform des Bürgerlichen Gesetzbuches an "Haupt und Gliedern"[142] nie in die Realität umgesetzt; bis zum Zusammenbruch des Dritten Reiches bei Kriegsende blieb das Bürgerliche Gesetzbuch vom 18. August 1896 bis auf einige Eingriffe[143] unverändert in Kraft. Regierung und Partei gelang es nicht, auf dem funktionell von Schlegelberger beherrschten Gebiet des Zivilrechts für einschneidende Änderungen im nationalsozialistischen Sinne zu sorgen144.

D. Schlegelberger als geschäftsführender Reichsjustizminister (1941 - 1942)

1. Der Kampf um das Ministerium

Mit dem Tode Gürtners im Januar 1941 begann der Endkampf um die Vorherrschaft im Reichsjustizministerium. Schlegelberger wurde zur allgemeinen Überraschung von Hitler mit der Wahrnehmung der Geschäfte des Reichsjustizministers beauftragt[145]. Zum Reichsjustizminister ernannte Hitler ihn indes nicht. Weshalb der Führer und Reichskanzler nicht die Gelegenheit wahrnahm, an die Stelle des nationalkonservativen Gürtner einen nationalsozialistisch gesinnten Parteigenossen zu setzen, ist unbekannt. Vieles spricht dafür,

---

141 "Neue Freie Presse" v. 27.1.1937: Reichsjustizministerium Presseheft Bd.II, BAK

142 So die "Neue Freie Presse" a.a.O.

143 Veränderungen hat es z.B. durch das sog. Ehegesetz v. 6.7.1938 oder das Gesetz über die Verschollenheit v. 4.7.1939 gegeben.

144 Vergl. hierzu auch Hattenhauer in Festschrift Gmür S.255ff.

145 Heintzeler S.57f.

daß Hitler zu dieser Zeit unentschlossen darüber war, wer der ihm politisch Nahestehenden für die Wahrnehmung dieses Amtes in Betracht kam. Gegen Freisler, dem zweiten Staatssekretär neben Schlegelberger, hatte Hitler eine Abneigung[146]. Für das Amt des Justizministers hielt er dessen radikale Auffassungen und das stilisierte Auftreten für ungeeignet. Als späterer Präsident des Volksgerichtshofs dagegen konnte Freislers Fanatismus in durchaus erwünschter Weise zur Radikalisierung der Justiz beitragen[147]. Ein weiterer Kandidat für das Amt des Reichsjustizministers wäre Hans Frank148 gewesen, der langjährige Präsident der im Oktober 1933 gegründeten "Akademie für Deutsches Recht"149, der auch Schlegelberger angehörte. Frank gehörte der Reichsregierung als Minister ohne Geschäftsbereich bis zum Ende des Dritten Reiches an. Durch Führererlaß vom 12. Oktober 1939 wurde er zum Generalgouverneur für die nicht ins Reich eingegliederten Teile Polens bestellt. Indessen steckte er tief in Konflikten mit Himmlers SS[150], die zur Justiz ein feindliches Verhältnis hatte. Zu dem engeren Kreis der Infragekommenden gehörte schließlich noch Thierack, der 1936 zum Präsidenten des Volksgerichtshofs ernannt worden war. Warum die Wahl zu diesem Zeitpunkt nicht auf ihn fiel, ist unbekannt. Vieles spricht aber dafür, daß Hitler eine ihm unbequeme Entscheidung wie so oft zu bewältigen versuchte, indem er die unterschiedlichen Kandidaten mit ihren verschiedenen Kompentenzen erst einmal einer Art Auslese unterwarf, die ihnen Gelegenheit dazu gab, sich gegeneinander auszuspielen.

Sofort nach seiner Beauftragung mit der Geschäftsführung wendete sich Schlegelberger am 30. Januar 1941 in einem Aufruf an die Mitarbeiter des Ministeriums[151]:

> "Nur die Zeit kann den tiefen Schmerz um den Verlust unseres geliebten und verehrten Ministers lindern. Hütet den Schmerz, denn er ist heilig, weil er echt ist. Die Arbeit am Recht aber duldet kein Verweilen. Die Justizverwaltung verlangt wie jede andere Verwaltung, gerade im Kriege klare Verantwortungen.

---

146 Picker S.212

147 Johe S.51f.

148 Hattenhauer, JuS 1986, S.680 m.w.Nw.
Vergl. zu Hans Frank auch die Dissertation von Christian Schudnagies: Hans Frank - Aufstieg und Fall des NS-Juristen und Generalgouverneurs, Frankfurt a.M. 1989

149 Siehe hierzu Pichinot, Hans-Rainer: Die Akademie für Deutsches Recht, Kiel 1981; Hattenhauer, JuS 1986, S.680ff.

150 Kleesmann in Smelser/Zitelmann S.47

151 PA Schl. Reichsjustizamt p1 Bl.209, BAK

Der Führer hat deshalb eine sofortige Maßnahme getroffen und mich mit der Führung der Geschäfte des Reichsministers der Justiz beauftragt.
Ich fühle die Schwere der Verantwortung, aber ich trage sie, weil ich weiß, daß ich mich auf jeden meiner Kameraden verlassen kann."

Es scheint, als habe Schlegelberger damals bereits vorausgesehen, was ihn in den nächsten Monaten erwartete. Schlegelbergers Stellung wurde nicht nur durch die fehlende Ministereigenschaft und das Mißtrauen, mit dem Hitler den Juristen gegenüberstand[152], geschwächt. Hinzu kam, daß Hitler diesen nur dem Papier nach als Parteimitglied geführten Berufsbeamten verachtete[153]. Dies wird auch durch die Tatsache deutlich, daß er bis zu seinem Ausscheiden kein einziges Mal zum Vortrag beim Führer vorgelassen wurde. Schlegelberger war sich über diese Schwächung bewußt, wie seine Vernehmung offenbarte[154]:

"Natürlich war meine Stellung Freisler gegenüber schwächer als die Gürtners. Ich führte zwar das Ministerium, aber nur als rangältester Staatssekretär. Wir standen im Rang einander gleich. Die Möglichkeit der Einwirkung auf ihn und gegen ihn war für mich sehr beschränkt, zumal mein Auftrag ja nicht auf eine bestimmte Zeit ausgedehnt war, sondern täglich widerruflich war, und so konnte ich die optimale Erfüllung meiner Aufgaben lediglich darin sehen, den Punkt zu halten, in dem das Justizministerium beim Tode Gürtners stand, zumal, wenn man als Selbstverständlichkeit berücksichtigt, daß auf der einen Seite die Angriffe der Partei gegen einen schwächeren Leiter des Ministeriums verstärkten und diesem

---

152 Der Staatssekretär und ehemalige Chef der Präsidialkanzlei, Eduard Meissner, der selbst im Wilhelmstraßenprozeß ("Fall 11") angeklagt worden war und vom Gericht freigesprochen wurde, beschrieb in seiner Vernehmung die Einstellung Hitlers zu Juristen als "unfreundlich und ablehnend". Meissner, der in Hitler weniger einen Vertreter des Gedankens des Rechtsstaates, sondern vielmehr einen Vertreter der Machtidee oder des Polizeistaates sah, führte weiter aus:
"...Ebenso war seine Auffassung zu den Rechtswahrern, zu den Juristen, von denen er immer geringschätzig und abfällig sprach. Er warf ihnen vor, daß sie dem praktischen Leben zu fern standen...Es würde ihnen jede Iniative durch diesen Beruf und durch die Bindung an den Wortlaut des Gesetzes genommen. Er verglich oft, wie z.B. ein Kaufmann sich an die tägliche Konjunktur anpassen und sein ganzes Verhalten und seine Entschlüsse ändern müsse, wie ein Bauer, der sein Feld bestellt, je nach dem Wetter seine Disposition ändern müsse und so weiter, all diese Initiative von dieser Anpassung an das praktische Leben, die sei dem Juristen fern..."; Protokoll S. 4538

153 Weinkauff S.141

154 Protokoll S.4334

schwächeren Leiter die Notwendigkeit eines erhöhten Widerstandes vor Augen geführt wurden."

Nicht nur innerhalb des Reichsjustizministeriums hatte Schlegelberger mit ideologischen Widersachern zu tun. Auch die Gauleiter bereiteten ihm häufig Schwierigkeiten. Sie beschwerten sich bei der Parteikanzlei über Straf- und Zivilurteile und knüpften daran Vorwürfe gegen das betroffene Gericht oder gegen die Justiz allgemein[155]. Über die Partei wurde sodann im Reichsjustizministerium zurückgefragt, was es mit diesem Urteil auf sich habe. Schlegelberger war gezwungen, das angegriffene Gericht oder das bescholtene Urteil zu rechtfertigen. So sehr er sich mühte, durch betonte Beflissenheit diese Wünsche zu erfüllen[156], gelang es ihm doch nicht, den Respekt der Parteiführung zu erlangen. Man warf Schlegelberger vor, daß er zu sehr Jurist, ein Mann des Rechts und zu wenig ein Mann der Partei sei[157]. Dies wurde bei der Vernehmung Eduard Meissners offenkundig. Er berichtete davon, daß ihn der Senatspräsident Engert[158] im Winter 1941/42 oder im Frühjahr 1942 aufgesucht und im Ergebnis auf eine Ablösung Schlegelbergers gedrängt habe[159]:

"Er (Schlegelberger) stünde der nationalsozialistischen Idee überhaupt wohl fern, und es wäre höchste Zeit, daß er durch einen Nationalsozialisten abgelöst würde, der die Justiz dann im nationalsozialistischen Sinne führte. So ein Mann wäre Thierack, und er regte bei mir an, ob ich nicht in meiner Eigenschaft als Chef der Präsidialkanzlei Hitler einen solchen Vorschlag unterbreiten wollte. Ich habe ihm darauf geantwortet, daß ich formell dafür gar nicht zuständig sei...Ferner könnte ich ihm auch gar nicht zustimmen, daß die Stellung Schlegelbergers, wie er sagte, unhaltbar wäre bei der Justiz, und in weiten Kreisen des Volkes hätte Schlegelberger hohes Ansehen. Er gelte eben als ein Mann des Rechts und der Gerechtigkeit, hätte große Fachkenntnisse und langjährige Erfahrung. Engert sagte mir darauf, dann wolle er mit Herrn Lammers reden. Vielleicht sagte er auch, daß weiß ich nicht

155 Verhör Meissner Protokoll S.4540ff.

156 Weinkauff S.141

157 Verhör Meissner a.a.O.

158 Dr. Karl Engert war Ministerialdirektor und Leiter der Abteilung V (Strafvollzug) und der Abteilung XV (Häftlingsverlegung) des Reichsjustizministeriums. Bei Kriegsende war er Vizepräsident des Volksgerichtshofs und Oberführer der SS. Engert war ebenfalls im "Fall 3" angeklagt, aufgrund seiner Verhandlungsunfähigkeit kam es aber nicht zu einer Verurteilung.

159 Verhör Meissner a.a.O.

mehr genau, mit Herrn Bormann[160]. Jedenfalls wurde nachträglich später davon gesprochen, daß Thierack in enge Fühlung mit Bormann getreten sei und ihn öfter besuchte."

Die fehlenden Verbindungen zur Parteikanzlei verschlossen Schlegelberger naturgemäß auch den Weg zum Führer, zumal Kabinettssitzungen schon seit Jahren nicht mehr stattfanden[161]. Wollte Schlegelberger Anregungen oder Vorschläge an Hitler gelangen lassen, so blieb ihm nichts Anderes übrig, als sich an Dr. Lammers zu wenden, soweit es sich um Sachen handelte, die Hitler als Reichskanzler betrafen. Im Falle von Vorgängen, die im Geschäftsbereich des Reichspräsidenten Adolf Hitler lagen, wandte er sich an Eduard Meissner. Letzteres spielte insbesondere im Bereich des Gnadenrechts eine wichtige Rolle, nahm doch die Zahl der Todesurteile mit zunehmender Kriegsdauer ebenfalls zu.

Schlegelberger war ständig dem Druck der Partei ausgesetzt. Vom Justizministerium entworfene Gesetze überstanden häufig nicht einmal die Prüfung durch Lammers oder Bormann und gelangten nicht zur Vorlage bei Hitler. Geschah dies ausnahmsweise, so wurden sie häufig von diesem als zu mild zur Nachbesserung zurückgewiesen. Gleichzeitig beschwerte sich dieser über zu gnädige Urteile und verlangte von Schlegelberger Maßnahmen zu deren Aufhebung. Im Ministerium selbst aber agierte Freisler und sorgte für eine ständige zunehmende Verschärfung der Strafrechtsprechung. Unter diesen Umständen konnte Schlegelberger den Kampf um das Reichsjustizministerium nicht gewinnen: die Erkenntnis darüber blieb ihm lange verschlossen.

2. Ablösung und Ruhestand

Trotz allen Bemühens Schlegelbergers, Hitler davon zu überzeugen, daß unter Leitung des Reichsjustizministeriums in der Justiz alles nach seinen Wünschen geschehe[162], gelang es ihm nicht, die Stellung des Führers zur Justiz zu beeinflussen. Auch die vom Ministerium herausgegebenen "Führer-Informationen" und die ständigen Meldungen über

---

160 Martin Bormann war seit dem 12.5.1941 Leiter der Parteikanzlei und erhielt im April 1943 zusätzlich den Titel "Sekretär des Führers". Am 1.10.1946 wurde Bormann vom IMT in Nürnberg als einer von zwölf Angeklagten in Abwesenheit zum ode verurteilt. Erst im Dezember 1972 entdeckte man unter der Erde des Ausstellungsgeländes an der Invalidenstraße in Berlin sein Skelett. Vergl. Jochen von Lang in Smelser/Zitelmann S.1ff.

161 Verhör Gramm Protokoll S.4640f.

162 Weinkauff S.146

ausgesprochene Todesstrafen besänftigten Hitler nicht. Dieser war hinsichtlich des Juristenstandes weiterhin der Meinung, die er schon früher geäußert hatte[163]:

> "Ich werde nicht eher ruhen, bis jeder Deutsche einsieht, daß es eine Schande ist, Jurist zu sein."

Die konservativ geprägte Justiz zu steuern, ihre auf Grund von Fachwissen bestehende Unabhängigkeit zu brechen und die bis dahin weitestgehend unabhängige Rechtsprechung[164] politisch abhängig zu machen, wurde mit zunehmender Dauer des Krieges ein immer bedeutenderes Ziel Hitlerscher Machtpolitik. Als Hitler am 26. April 1942 vor dem Reichstag erklärt hatte[165]:

> "Ich erwarte dazu allerdings einiges: Daß mir die Nation das Recht gibt, überall dort, wo nicht bedingungslos im Dienst der größeren Aufgabe, bei der es um Sein oder Nichtsein geht, gehorcht und gehandelt wird, sofort einzugreifen und dementsprechend selbst handeln zu dürfen. Front und Heimat, Transportwesen, Verwaltung und Justiz haben nur einem einzigen Gedanken zu gehorchen, nämlich dem der Erringung des Sieges. Es kann in dieser Zeit keiner auf seine wohlerworbenen Rechte pochen, sondern jeder muß wissen, daß es heute nur Pflichten gibt. Ich bitte deshalb den Deutschen Reichstag um die ausdrückliche Bestätigung, daß ich das gesetzliche Recht besitze, jeden zur Erfüllung seiner Pflichten anzuhalten beziehungsweise denjenigen, der seine Pflichten nach meiner gewissenhaften Einsicht nicht erfüllt, entweder zur gemeinen Kassation zu verurteilen oder ihn aus Amt und Stellung zu entfernen ohne Rücksicht, wer es auch sei oder welche erworbenen Rechte er besitze. Und zwar gerade deshalb, weil es sich unter Millionen Anständiger nur um ganz wenige einzelne Ausnahmen handelt. Denn über allen Rechten, auch dieser Ausnahmen, steht heute eine einzige gemeinsame Pflicht...",

sah Schlegelberger die Unabhängigkeit der Richter aufs Äußerste gefährdet[166]. Er, für den diese Unabhängigkeit die Voraussetzung für das Verbleiben im Amt bedeutete[167],

---

163 Schorn S.11

164 In einer Eidesstattlichen Versicherung sagte der Oberlandesgerichtspräsident Wilhelm Schwister aus, daß auch während der Geschäftsführung durch Schlegelberger zumindest in seinem Bezirk die Gerichte, von verhältnismäßig wenigen Fällen abgesehen, ihre Unabhängigkeit gewahrt hatten: Exhibit Nr. 41; Protokoll S.4586ff.

165 Vergl. Deutsche Justiz 1942, S.283

166 Protokoll S.4338

167 Protokoll S.4336

befürchtete, daß mit ihrem Fall der Gerichtsschutz an sich aufgegeben würde und damit die Tätigkeit der Gerichte sogar zu einer Gefahr werden konnte[168]. Nachdem der Reichstag beschlossen hatte

> "...Der Führer muß daher - ohne an bestehende Rechtsvorschriften gebunden zu sein - in seiner Eigenschaft als Führer der Nation, als Oberster Befehlshaber der Wehrmacht, als Regierungschef und oberster Inhaber der vollziehenden Gewalt, als oberster Gerichtsherr und als Führer der Partei jederzeit in der Lage sein, nötigenfalls jeden Deutschen - sei er einfacher Soldat oder Offizier, niedriger oder hoher Beamter oder Richter, leitender oder dienender Funktionär der Partei, Arbeiter oder Angestellter - mit allen ihm geeignet erscheinenden Mitteln zur Erfüllung seiner Pflichten anzuhalten und bei Verletzung dieser Pflichten nach gewissenhafter Prüfung ohne Rücksicht auf sogenannte wohlerworbene Rechte mit der ihm gebührenden Sühne zu belegen, ihn im besonderen ohne Einleitung vorgeschriebener Verfahren aus seinem Amte, aus seinem Rang und seiner Stellung zu entfernen[169]"

war sich Schlegelberger darüber im Unklaren, ob die Rede "vielleicht nicht nur aus taktischen Gründen gegen die Justiz gerichtet" gewesen sei und tatsächlich, wie Reichsminister Lammers meinte, die Generalität gemeint sei[170]. Um sich darüber Klarheit zu verschaffen, schrieb Schlegelberger an Hitler eine "Führerinformation", in der er die Beunruhigung der Richterschaft über die Reichstagsrede zum Ausdruck brachte. Er ging davon aus, daß Hitler solche Worte, wenn die Rede tatsächlich gegen die Justiz gerichtet gewesen war, als offene Kampfansage hätte auffassen und den geschäftsführenden Reichsjustizminister entlassen müssen[171]. Hitler aber antwortete nicht. Nachdem schon die ersten Gerüchte über einen bevorstehenden Wechsel in der Führung des Reichsjustizministeriums die Runde machten[172], bat einige Wochen später Lammers Schlegelberger zu sich in die Reichskanzlei. In diesem Gespräch teilte Lammers ihm Hitlers Entschluß mit, einen neuen Justizminister ernennen zu wollen. Im gleichen Atemzug fragte er Schlegelberger, wie er sich zu verhalten gedenke, wenn die Wahl auf Thierack falle. Schlegelberger erklärte, daß

---

168 Protokoll S.4338

169 RGBL.I,1942, S.247

170 Verhör Schlegelberger Protokoll S.4338

171 Verhör Schlegelberger a.a.O.

172 Lammers selbst sagte bei seiner Vernehmung aus, daß das Drängen auf die Ernennung eines Justizministers von der Partei herrührte. Allerdings wurde die Person Thieracks im Frühjahr 1942 noch nicht genannt, sondern erst Ende Juni oder Anfang Juli 1942. Verhör Lammers Protokoll S.5457

eine Zusammenarbeit mit Thierack für ihn nicht in Frage komme, er würde sich "mit Thierack nicht an einen Tisch setzen"[173]. Lammers soll daraufhin gesagt haben[174]:

> "...das habe er sich schon gedacht, und er habe für diesen Fall von Hitler den Auftrag, mir ein anderes, meiner bisherigen Stellung gleiches Amt, anzubieten. Er habe darüber nachgedacht und er biete mir nun an die Stelle des Präsidenten des Reichsverwaltungsgerichtes. Ich lehnte dieses Angebot ab und bat Lammers, Hitler mitzuteilen, daß ich ein neues Amt unter keinen Umständen annehmen würde, sondern wünsche, in den Ruhestand zu treten, und bald darauf erhielt ich von Lammers die Aufforderung, in seinem Quartier in Schitomir die Urkunde über meine Verabschiedung in Empfang zu nehmen und im Anschluss daran mich bei Hitler im Hauptquartier Winnitza abzumelden."

Die treibende Kraft für die Ernennung Thieracks zum Reichsjustizminister war nach Kenntnis von Lammers der "Sekretär des Führers", Martin Bormann[175]. Diese Sicht der Dinge bestätigte in seinem Verhör Eduard Meissner. Auf die Frage "Wie stand Bormann dem Justizministerium gegenüber; was hatte er für Einflußmöglichkeiten?" antwortete Meissner am 2. Juli 1947 in Nürnberg[176]:

> "Bormann stand genauso ablehnend, in der Form noch rücksichtsloser und brutaler, der Justiz gegenüber (im Vergleich zu Freisler). Bormann war ein skrupelloser Gewaltmensch. Er selbst hat diese Beschwerde gegen die Justiz und gegen das Justizministerium aufgenommen und verfolgt. Es war wohl ein offenes Geheimnis, daß er an der Beseitigung Schlegelbergers und seinen Ersatz durch einen 100%tigen strammen Nationalsozialisten anstrebte. Genannt wurde damals gesprächsweise Frank, der damals Generalgouverneur in Polen war, oder Thierack, der damals Präsident des Volksgerichtes war..."

Als Schlegelberger am 20. August 1942 im Führerhauptquartier von Lammers die Entlassungsurkunde[177] überreicht wurde, übergab dieser ihm zusätzlich einen Scheck über 100.000,- Mark[178]. Schlegelberger, der über diese Dotation nach eigenen Angaben

---

173 Protokoll S.4339

174 Vergl. Fn.195

175 Protokoll S.5457

176 Protokoll S.4541

177 PA Schl. Sch.14 Bl.4, BAK

178 Verhör Schlegelberger Protokoll S.4339

"bestürzt" war, besprach sich daraufhin mit Meissner, wie er denn die Annahme des Betrages vermeiden könne. Meissner habe geantwortet, daß die Verweigerung der Dotation eine Brüskierung Hitlers mit allen sich daraus ergebenden Folgen sei. Schlegelberger wies den Scheck daraufhin nicht zurück, sondern lagerte den Betrag bis zum "Einmarsch der Russen" unberührt auf der Bank. Diese Dotation sollte beim Prozeß in Nürnberg noch für Irritationen sorgen. Der Chefankläger hielt Schlegelberger einen Brief vom 14. Januar 1944 an Adolf Hitler vor. Inhalt dieses Schreibens war, daß Schlegelberger um eine pauschale Genehmigung für den Erwerb eines Wohn- und Gartengrundstücks bat. Um Hitler für diese Genehmigung zu gewinnen, berief sich Schlegelberger unter anderem auf die Dotation. Der Ankläger schloß daraus, daß Schlegelberger das Geld nicht nur angenommen, sondern tatsächlich zur Vermehrung seines Vermögens eingesetzt hatte. Im Ergebnis rechtfertigte sich dieser Vorwurf allerdings nicht. Schlegelberger legte glaubwürdig dar, daß er nach seiner Verabschiedung die große Berliner Wohnung verlassen mußte, weil sie zur Unterstellung von Möbeln für ein hohes Parteimitglied gebraucht wurde. Nach dem Umzug in ein kleines Sommerhäuschen versuchte er daraufhin über einen Makler das besagte Grundstück zu erwerben, was nach den Bestimmungen nur mit Genehmigung des Reichskanzlers möglich war[179]. Daraufhin wandte sich Schlegelberger über Lammers an Hitler und gab neben anderen Gründen die mit dem Erwerb des Grundstücks beabsichtigte Verwendung der Dotation an. Alleiniger Hintergrund für diese Angabe war die Annahme, Hitler somit eher zur Erteilung der Genehmigung bewegen zu können. Schlegelberger wollte den Kauf mit dem Vermögen tätigen, welches ihm unabhängig von der gewährten Dotation zur Verfügung stand. Im Ergebnis stimmte Hitler zu, aber der Erwerb kam nie zustande[180].

Die sich nach dem Treffen mit Lammers anschließende Begegnung mit Hitler im Führerhauptquartier in Winnitza beschrieb Schlegelberger folgendermaßen[181]:

> "Die Unterredung dauerte etwa 20 Minuten. Sinngemäß sagte mir Hitler, er müsse von seinen Beamten verlangen, daß sie seine Weisungen befolgen und zwar ohne jede Kritik und er fügte hinzu: < Da Sie an meinen Massnahmen ja auch Kritik geübt

---

179 Die Verordnung stellte die landwirtschaftliche Erzeugungsfläche unter Schutz. Um die Genehmigung für den Erwerb eines im Freien gelegenen Grundstücks mit Garten zu erhalten, bedurfte es daher der Angabe, eine landwirtschaftliche Nutzung zu betreiben. Schlegelberger schrieb an Hitler also über den beabsichtigten Erwerb eines Grundstücks "mit landwirtschaftlichen Facharbeitern", zumal ihm Hitler eine Selbstbewirtschaftung nicht geglaubt hätte. Vergl. Protokoll S.4479ff.

180 Protokoll S.4477ff.

181 Protokoll S.4339f.

haben>, sei es wohl besser, wenn wir uns trennten. Er spielte damit auf die erwähnte Führerinformation an. Ich nahm die Gelegenheit wahr, Hitler mit aller Offenheit zu sagen, daß eine intakte, unabhängige Justiz für Deutschland eine Lebensfrage sei, daß seine Methode aufgrund von Zuträgereien aus Gauleiterkreisen sich ein Urteil zu bilden, und seine Absicht, Richter, die ihre Pflicht getan hätten, zu kassieren, eine Unmöglichkeit sei. Der Begriff des Richters erfordert die Unabhängigkeit, und niemals werde das Volk den Spruch eines abhängigen Richters als Ausdruck des Rechts anerkennen und ich fügte hinzu, daß, wenn ich im Amt geblieben wäre, ich mich auch weiterhin jedes zu Unrecht Verfolgten angenommen hätte. Hitler nahm diese Ausführungen im allgemeinen ruhig hin, hin und wieder nickte er sogar zustimmend. Als ich aber die Frage der Abhängigkeit der Richter in Verbindung der Reichstagsrede erwähnte, polemisierte er plötzlich gegen die Generale und geriet in einen Wutausbruch, der sich sehr langsam legte und abebbte wie eine verlöschende Flamme."

Nach dem "kostenlosen Händedruck vom Führer"[182] mußten die Schlegelbergers die Berliner Wohnung, die zwar keine Dienstwohnung war, aber dem Reich gehörte, verlassen. Franz Schlegelberger und seine Frau verzogen nach Lehnin/Mark, wo der Staatsekretär a.D. bereits 1917 ein Grundstück gekauft hatte. In der Hoffnung, später nach Süddeutschland zu ziehen, verschickte Schlegelberger Möbel, Bücher und andere schöne Erinnerungen aus der Berliner Wohnung nach Frankfurt/Main. Alle diese Sachen wurden kurz nach ihrer Ankunft in einem Speditionsspeicher durch einen Bombenangriff zerstört. Vergleiche ziehend berichtete Hartwig Schlegelberger[183]:

"Das meiste in den Kisten Verpackte war noch augenscheinlich vorhanden, als mein Vater es aber anfaßte, zerfiel es buchstäblich zu Staub. Es war verglüht, ein Menetekel."

Über den Tagesablauf Schlegelbergers in Lehnin ist wenig bekannt. Seine ihm nun zur Verfügung stehende Zeit nutzte er auch zu Gesprächen mit dem örtlichen Superintendenten des Kirchenkreises Lehnin/Mark, Alexander Wiedow, der seit 1943 dieses Amt versah. Schlegelberger beteiligte sich rege am kirchlichen Leben, besuchte mit seiner Frau die Gottesdienste und spendete mehrfach für die kirchliche Arbeit, insbesondere für die Gemeinde-Schwesternstation, größere Summen[184]. In einzelnen Fällen beriet er Wiedow als Vorsitzenden des Gemeindekirchenrates juristisch und gab ihm Ratschläge, als dieser

182 So der Sohn Hartwig Schlegelberger zur Verabschiedung seines Vaters, in: Gedenkrede Franz Schlegelberger

183 Gedenkrede Franz Schlegelberger

184 Eidesstattliche Versicherung Alexander Wiedow, Schlegelberger Document Nr.48

1944 von der Gestapo in Potsdam wegen herabsetzender Äußerungen über den Führer vorgeladen wurde. Als im Frühjahr 1945 der Krieg zuende ging und das Dritte Reich zerfiel, übernahm Schlegelberger auf Geheiß der Russen das Amt des Bürgermeisters von Lehnin/Mark. Dies war die letzte offizielle Funktion, die er in seinem Leben bekleidete: als Schlegelberger in Berlin nach seiner Wohnung sehen wollte, wurde er von den Amerikanern verhaftet[185].

E. Der Nachfolger Thierack

Mit dem Amtsantritt Otto Thieracks am 20. August 1942 begann die totale Gleichschaltung der Justiz. Hitler bevollmächtigte ihn, zum Aufbau einer starken nationalsozialistischen Justiz alle dafür erforderlichen Maßnahmen zu treffen und dabei auch vom bestehenden Recht abzuweichen. Sehr schnell unternahm Thierack Schritte zur straffen Lenkung der Rechtssprechung im Sinne der Ansichten des Führers. Er war zum Reichsjustizminister ernannt worden, weil er als fanatischer Nationalsozialist bekannt war und sich als Vorsitzender des Volksgerichtshofes im Sinne Hitlers bewährt hatte[186]. Ihm zur Seite gestellt wurde als Staatssekretär Curt Rothenberger, der seit 1935 Präsident des Oberlandesgerichtes in Hamburg war[187]. Das Amt des zweiten Staatssekretärs, das bis dahin Roland Freisler bekleidet hatte, wurde wieder abgeschafft, und Freisler wechselte zum Volksgerichtshof als dessen neuer Präsident. Ein klares Bild über das Programm Thieracks, seine Ziele und Methoden ergibt die Aufzeichnung einer Ansprache, die er Ende September 1942 vor den Oberlandesgerichtspräsidenten und den Generalstaatsanwälten im Reichsjustizministerium gehalten hatte[188]:

> "Der Führer hat mich und mich allein mit den umfassendsten Vollmachten zum Aufbau einer starken nationalsozialistischen Justiz ausgestattet. Die Justiz steht in einer höchst gefährlichen Krise; das zeigt schon die Führerede vom 26.4.1942 im Reichstag und der Beifall, den sie dort fand. Das Mißtrauen der Partei ist mit meiner Ernennung behoben. Können wir die Krise nicht lösen, dann ist die Zukunft der Justiz dunkel. Die Gründe der Krise: die Machtübernahme durch den Nationalsozialismus war eine echte Revolution; das haben die deutschen Juristen und vor allem die Richter nicht begriffen. Die Männer, die an die Spitze des Reiches ge-

185 Gedenkrede Franz Schlegelberger

186 Weinkauff S.150

187 Rothenberger war ebenfalls in Nürnberg angeklagt und wurde zu 7 Jahren Haft verurteilt.

188 Akten des Reichsjustizministeriums R 22, 5/344 BAK

langten, waren Kämpfer, die schlechte Erfahrungen mit der Weimarer Justiz gemacht hatten. Die deutschen Juristen waren als Formaljuristen ohne eigene Leitbilder erzogen worden. Deswegen hatten sich nur wenige Juristen der Bewegung angeschlossen. Nicht nur der Führer, sondern auch Göbbels und Göring haben mir Ratschläge gegeben. Die Richter müssen in ihrer Stellung gehoben werden; sie müssen aber auch geführt werden. Die richterliche Unabhängigkeit war nur noch eine Bezeichnung für Standesinteressen. Das Wort "richterliche Unabhängigkeit" soll nicht mehr gebraucht werden. Dagegen sollen die richterlichen Entscheidungen nicht unmittelbar weisungsgebunden sein, wenn sie auch geführt werden müssen. Der Richter darf die Staatsführung nicht kontrollieren; wohl aber muß er ihre Probleme kennen und ihr dienen. Er muß sich in erster Linie als Träger der völkischen Selbsterhaltung fühlen. Die braven, fleißigen Richter mit dem engen Horizont müssen weg."

Thierack, der zu dieser Ansprache durch ein "Tischgespräch" mit Adolf Hitler am Tage seiner Ernennung inspririert worden war, wurde in der Kritik der Unabhängigkeit der Richter und in der Schärfe seiner Worte von Curt Rothenberger übertroffen. Noch als Senatspräsident in Hamburg hatte dieser mit Datum vom 31. März 1942 eine Denkschrift über eine nationalsozialistische Justizreform verfaßt, die nach den eigenen Worten Hitlers erheblich zu dessen am 26. April 1942 geäußerten Worten zur Justiz beitrugen[189]. In dieser Schrift hatte Dr.Rothenberger unter anderem ausgeführt[190]:

"...Es muss ein ganz neuer Begriff der Justiz, vor allem ein nationalsozialistisches Richtertum entstehen, und dazu genügt nicht die Salbe des Apothekers; nur, wie später zu zeigen sein wird, das Messer des Chirugen kann die Lösung bringen.... Der deutsche Richter, der eigentliche Repräsentant der Justiz, steht einsam und schutzlos, pochend auf eine sogenannte Unabhängigkeit. Vor allem ist es der Justiz und dem deutschen Richter bisher nicht gelungen, das Vertrauen des Führers zu erwerben. Die deutsche Justiz ist zwar organisatorisch eine einheitliche Reichsjustiz geworden, und es werden alle Anstrengungen gemacht, um eine nationalsozialistische Justiz aufzubauen. Die Rechtsprechung bemüht sich - wenn auch mit wechselndem Erfolge - um eine Einordnung in die nationalsozialistische Gedankenwelt. Aber ein inneres Vertrauensverhältnis besteht weder zwischen dem Führer und der deutschen Justiz noch zwischen dem deutschen Volk und der das Volk repräsentierenden NSDAP und den deutschen Gerichten.... Der bürgerlich-liberale Justizstaat, der unter dem Einfluss der Gewaltenteilungslehre der Rechtsprechung die Befugnis gab, die Gesetzgebung und Verwaltung zu kontrollieren, ist endgültig durch die Einheit des Reiches abgelöst worden. Die

---

189 Dies läßt sich zumindest aus der Ernennung Rothenbergers zum Staatsekretär und der Tatsache, daß Hitler am 20.8.1942 wiederholt die Denkschrift Rothenbergers gelobt und diesem zum Abschied gesagt haben soll "Ihre Arbeit ist mein Programm", schließen. Vergl. Weinkauff S.151 m.w.Nw.

190 Anklagedocument NG-075

Justiz ist nur ein Glied des Staates wie der Arm am menschlichen Körper. Dieser Arm kann aber niemals den eigenen Kopf zurechtsetzen. Die Justiz hat der politischen Führung zu dienen.... Wer mit Riesenschritten ein neues Weltbild gestaltet, kann sich nicht im Rahmen einer geordneten Justiz bewegen. Die Durchsetzung einer so weitgreifenden Umwälzung ist aussenpolitisch und innenpolitisch nur möglich, wenn einmal alle überwundenen Einrichtungen, Auffassungen und Gewohnheiten - wenn nötig - brutal ausgerottet werden und wenn auf der anderen Seite auch an sich notwendige Einrichtungen, die der Durchsetzung eines grossen Zieles nicht unmittelbar dienen können, ihr sogar hinderlich sind, zunächst und zeitweise im Schatten stehen. Alles Geschrei um Rechtlosigkeit, um Willkür, um Rechtsunsicherheit usw. ist zur Zeit mangelnde Einsicht in die politische Situation..."

Aufschlußreich sind auch die in der umfangreichen Denkschrift niedergelegten Überlegungen Rothenbergers zum Verhältnis zwischen Führer und Richter[191]:

"Theoretisch ist die verfassungsrechtliche Stellung zum Führer nicht schwierig zu lösen. Der Führer ist nach Überwindung der Gewaltenteilung nicht nur Gesetzgeber und Inhaber der vollziehenden Gewalt, sondern auch oberster Gerichtsherr. An sich steht theoretisch also nur ihm die Befugnis zur Rechtssprechung zu. Wenn er auch praktisch diese Befugnis ausüben könnte, gäbe es kein Richterproblem und keine Rechtskrise mehr. Aber er kann es nicht. Deswegen hat er seine Befugnis auf den einzelnen Richter übertragen, und zwar unmittelbar, also ohne verwaltungsmäßige Zwischeninstanz. Denn der Richter handelt anders als jeder andere Beamte, der Glied einer oft sehr langen Beamtenhierarchie ist, kraft eines vom Führer ihm unmittelbar erteilten Auftrages. Das ist der Sinn der Weisungsfreiheit. Denn jede andere private, parteiamtliche oder staatliche Stelle hat sich jeglicher Einmischung oder Beeinflussung auf den Richterspruch zu enthalten. Dieser Vorrangstellung entspricht aber auch die Verpflichtung der Richter, ausschließlich nach nationalsozialistischen Grundsätzen Recht zu finden. Denn ein Richter, der in einem unmittelbaren Lebensverhältnis zum Führer steht, muss richten <wie der Führer>...Im Führer ist ein Mann im deutschen Volke aufgestanden, der die Erinnerung an älteste, fast vergessene Zeiten wach werden läßt. Hier ist ein Mensch, der in seiner Stellung das Urbild des Richters in vollkommenstem Sinne darstellt, und das deutsche Volk wählte ihn zu seinem Richter - in erster Linie natürlich zum <Richter> über sein Schicksal überhaupt, aber auch zum <obersten Gerichtsherrn und Richter>. Der Posteingang eines einzelnen Tages beim Führer würde das beweisen. Kein Wunder, daß neben dieser Erscheinung der deutsche Beamtenrichter, der so blutwenig von alter Richterherrlichkeit verkörpert, an Autorität weiter verlieren mußte..."

Den Worten folgten Taten. In der Ära Thierack erfolgte ein Umbruch der bisherigen Rechtspolitik. Die Personalpolitik bestimmte von nun an die Partei[192]. Thierack versetzte

191 a.a.O.

sämtliche Ministerialdirektoren und zahlreiche Referenten. 11 von 22 Oberlandesgerichtspräsidenten mußten gehen, und vier Generalstaatsanwälte wurden verabschiedet[193]. In der Sache selbst verständigte sich Thierack mit Partei, SS, SD und Gestapo dadurch, daß er sogenannte Richter- und Rechtsanwaltsbriefe verschickte und durch Vor- und Nachschau den Druck der Staatsanwaltschaften auf die Gerichte verstärkte. Schließlich wurden unter Thierack die sogenannten "asozialen Elemente" in den Ostgebieten dem Strafvollzug durch die SS und damit der "Vernichtung durch Arbeit" preisgegeben[194].

Nachdem Rothenberger im April 1944 auf eigenen Wunsch anläßlich von Differenzen mit Thierack und der Partei den Posten des Staatsekretärs verließ, konnte Thierack mit der Besetzung des Postens durch Klemm[195] seine Justizpolitik noch schärfer als zuvor durchsetzen. Unter ihm wurden gegen Kriegsende die Standgerichte eingeführt, die symbolisch für die totale Lösung der Gerichte an Gesetz und Recht waren. Nach der Kapitulation entzog sich der letzte Justizminister des Dritten Reiches im Oktober 1946 in einem englischen Lager seiner Verantwortung durch Selbstmord. Otto Thierack hatte im Radio von der Anklage gehört, die gegen ihn erhoben werden sollte[196].

---

192 Eidessattliche Versicherung von Dr. Wilhelm Miethsam, Schlegelberger Document Nr.81

193 Verhör Schlegelberger Protokoll S.4335

194 Vergl. Weinkauff S.152ff.

195 Herbert Klemm war ebenfalls Angeklagter in Nürnberg und wurde zu lebenslänglicher Haft verurteilt.

196 Taylor S.61

III. Angeklagter in Nürnberg

A. Der Nürnberger Juristenprozeß - "Fall 3"

1. Die Beweggründe der Ankläger

a. Der historische Hintergrund

Bereits 1940 erhoben die britische, tschechische, französische und polnische Regierung offizielle Proteste gegen die von Deutschen im besetzten Polen begangenen Verbrechen. Diese Proteste weiteten sich im Verlaufe des Krieges aus. Von der Sowjetunion wurde die deutsche Regierung um die Jahreswende 1941/42 erstmals der "systematischen und bewußten verbrecherischen Verletzung des Völkerrechts" beschuldigt[1]. In der Erklärung der Konferenz von St.James Palace in London, an der Repräsentanten der neun von den Deutschen besetzten Ländern in Europa teilnahmen[2], wurde es im Januar 1942 als eines der wichtigsten Kriegsziele dieser Länder bezeichnet

> "...die Bestrafung der für die Verbrechen Verantwortlichen, und zwar im Wege der Rechtssprechung..."

herbeizuführen[3]. Im Oktober 1942 versprachen Präsident Roosevelt und der britische Lordkanzler Viscount Simon zusammen mit anderen alliierten Regierungen eine "Kommission der Vereinten Nationen für die Nachprüfung von Kriegsverbrechen" (UNWCC) zu bilden[4]. Die Kommission tagte aber erst im Oktober 1943. Auf das taktierende Verhalten Stalins war es zurückzuführen, daß die Sowjetunion an diesen Besprechungen nicht teilnahm[5].

Wegen interner ständiger Meinungsverschiedenheiten erlangte die Kommission keine Bedeutung. Wichtig wurde die UNWCC erst 1945 als Zentralstelle für Kriegsverbrecher-Angelegenheiten. Sie nahm Anzeigen von Kriegsverbrechen entgegen, registrierte Listen

---

1 Taylor S.11

2 Teilgenommen haben Belgien, die Tschechoslowakei, Frankreich, Griechenland, Holland, Jugoslawien, Luxemburg, Norwegen und Polen

3 Zitiert bei Taylor S.12

4 Maser S.19

5 Vergl. Maser S.20

derartiger Verbrechen verdächtiger Personen und sammelte andere Informationen und gab sie weiter[6].

Konkretisiert wurde der Wille zur Bestrafung von Kriegsverbrechern dagegen auf der Moskauer Konferenz im Oktober 1943. In der von den Außenministern Großbritaniens, der Sowjetunion und der USA veröffentlichten "Erklärung über deutsche Grausamkeiten im besetzten Europa" hieß es[7]:

> "Beim Abschluß eines Waffenstillstandes mit einer Regierung, die dann in Deutschland eingesetzt sein wird, werden diejenigen deutschen Offiziere und Soldaten und Mitglieder der Nationalsozialistischen Partei, die für die oben erwähnten Grausamkeiten, Massenmorde und Hinrichtungen verantwortlich sind oder durch ihre Zustimmung daran teilgenommen haben, in die Länder zurückgesandt werden, in denen ihre abscheulichen Taten begangen wurden. Dort sollen sie nach dem Recht dieser befreiten Länder und der in ihnen errichteten freien Regierungen abgeurteilt und bestraft werden....Die obige Erklärung bezieht sich nicht auf die Hauptkriegsverbrecher, deren Verbrechen nicht in einem geographisch bestimmbaren Tatort begangen wurden. Diese werden auf Grund einer gemeinsamen Entscheidung der Regierungen der Alliierten bestraft werden."

Nach weiteren zahlreichen diplomatischen Kontakten waren es die Vereinigten Staaten, die im Mai 1945 den Regierungen der Sowjetunion, Großbritaniens und Frankreichs einen Plan für die Errichtung eines internationalen Militärgerichtshofes zur Aburteilung der europäischen Hauptkriegsverbrecher vorlegten. Als Repräsentant der Vereinigten Staaten berief Präsident Truman Robert H. Jackson, Richter am Obersten Bundesgericht der USA. Mit einem Stab von Mitarbeitern versehen fertigte Jackson für die Regierung einen Bericht an, der schon in sehr genauen Umrissen Gegenstand und Verlauf der späteren sog. "Nürnberg Trials" beschrieb. Was unter "Hauptkriegsverbrechern" zu verstehen sei, legte Jackson wie folgt dar[8]:

> "Welche Personen werden wir anschuldigen und veranlassen, sich zu verteidigen? Wir werden eine große Anzahl von Einzelpersonen anklagen sowie Angehörige der Regierung und Verwaltung, des Militärs einschließlich des Generalstabes, des Finanz- und Wirtschaftslebens und der Industrie, Personen, die nach Auffassung aller zivilisierten Menschen sich als gemeine Verbrecher erwiesen haben....Unser Fall gegen die Hauptangeschuldigten betrifft den richtungsweisenden Plan der Nazis

---

6 Vergl. Taylor S.13

7 Zitiert bei Taylor S.14

8 Zitiert bei Taylor S.17

und nicht einzelne Roheiten und barbarische Handlungen, die unabhängig von diesem Plan begangen wurden."

Nachdem die Konferenz der "Großen Drei", Churchill, Truman und Stalin, in Potsdam nochmals ihre Absicht bekräftigt hatte, die Hauptkriegsverbrecher einer "schnellen und gerechten Aburteilung" zuzuführen[9], konnte das im August 1945 als Ergebnis der Londoner Konferenz unterzeichnete "Abkommen über die Verfolgung und Bestrafung der Hauptkriegsverbrecher der europäischen Achse" umgesetzt werden. Diese später auch als "Londoner Viermächte-Abkommen" bezeichnete Vereinbarung[10] sah die Bildung eines Internationalen Miltärgerichtshofes vor. Nach Artikel 3 der Vereinbarung sollte jeder der Signatare

"die notwendigen Schritte unternehmen, um die Hauptkriegsverbrecher, die sich in seiner Hand befinden und von dem Internationalen Militärgerichtshof abgeurteilt werden sollen, für die Untersuchung der Anklagepunkte und den Prozeß bereit zu halten. Die Signatare sollen auch alle Schritte unternehmen, um diejenigen Hauptkriegsverbrecher, die sich nicht in den Gebieten eines der Signatare befinden, für die Untersuchung der Anklagepunkte und dem Prozeß des Internationalen Militärgerichtshofes zur Verfügung zu stellen."

Die Verfassung, Zuständigkeit und die Aufgaben dieses Internationalen Militärgerichtshofes wurden in einem gesonderten Statut festgelegt, das Bestandteil des Abkommens ist. Schließlich garantierte Artikel 6 des Abkommens die Unabhängigkeit der Vorschriften über die Zuständigkeit oder dieGerichtsgewalt der Nationalen- oder Okkupationsgerichts-höfe, die zur Aburteilung von Kriegsverbrechern in irgendeinem alliierten Gebiet oder in Deutschland gebildet worden waren oder gebildet werden sollten. Artikel 22 des Statuts für den Internationalen Militärgerichtshof bestimmte als ständigen Sitz des Gerichtshofes Berlin. Davon ausgehend, daß mehrere Prozesse vor dem Internationalen Militärtribunal (IMT) stattfinden werden, legte dieser Artikel gleichzeitig Nürnberg als Ort für den ersten Prozeß fest.

Am 18. Oktober 1945 erhoben die Signatarmächte Anklage gegen 24 Einzelpersonen und sechs "Gruppen oder Organisationen". Dieser Prozeß gegen "Göring und Genossen", der vom 20. November 1945 bis zum 1. Oktober 1946 verhandelt wurde, sollte der einzige internationale bleiben. Die vier Besatzungsmächte waren sich darüber im klaren, daß der

---

9 Maser S.42f.

10 Abgedruckt in Bd.1 S.7ff. "Der Nürnberger Prozess". Die englische Originalfassung ist zu finden bei von Münch, Bd.1, S.43ff.

komplizierte Apparat des IMT auf Grund der vierfachen Beteiligung von Richtern und Staatsanwälten unterschiedlicher Sprachen praktisch und aus Zeitgründen nicht geeignet war, alle diejenigen anzuklagen, die gemäß der "Moskauer Erklärung" unter den Begriff der "Hauptkriegsverbrecher" fielen[11]. Aus diesem Grunde schufen sie im Dezember 1945 das Kontrollratsgesetz Nr.10. Hiernach war jeder der vier Zonenkommandanten berechtigt, als Kriegsverbrecher Verdächtige verhaften zu lassen und für ihre Aburteilung "geeignete Gerichtshöfe" zu schaffen. Im übrigen regelte Kontrollratsgesetz Nr.10 in Anlehnung an das Londoner Viermächte-Abkommen Verbrechenstatbestände, Zuständigkeit und Verfahren.

Auf dieser Grundlage wurde am 26. Oktober 1946 die Verordnung Nr.7 der amerikanischen Militärregierung erlassen, die die Errichtung von Militärgerichten genehmigte, welche für die Aburteilung und Bestrafung von Personen zuständig sein sollten, die solcher Verbrechen beschuldigt wurden[12]. Gemäß diesem Gesetz wurden in der amerikanischen Zone 12 Prozesse gegen 185 Angeklagte abgehalten[13]. Dem Militärgerichtshof Nr.III oblag es, den Fall "Vereinigte Staaten gegen Josef Altstötter und Genossen" ("Fall 3") zu verhandeln.

b. Das Ziel des Prozesses

Mit der Durchführung dieses und anderer Prozesse verfolgten die Ankläger die Aburteilung der durch die Angeklagten begangenen Grausamkeiten als Verletzungen internationalen Rechts. Dieses in der Erklärung von St.James enthaltene Ziel war zumindest ebenso wichtig wie die Bestrafung derjenigen, die die Grausamkeiten begangen hatten[14]. Der Prozeß sollte deutlich machen, daß die Vorstellungen von Recht und Moral sich nicht beliebig in Gesetze einkleiden lassen. Die gesetzlich legitimierte Herrschaft des Dritten Reiches sollte durch den Prozeß als Tyrannei im Umhang des Gesetzes bloßgestellt werden. Gleichzeitig sollte der Prozeß offenlegen, in welchem Maße sich Personen in der Funktion des positivistischen Juristen zur Mißachtung von Gerechtigkeit im Lichte des Gesetzes hatten verleiten lassen. Das legte auch die von General Telford Taylor gehaltene Eröffnungserklärung dar[15]:

---

11 Taylor S.21f.

12 Ostendorf/ter Veen S.15

13 Taylor S.23

14 Taylor S.12

15 Protokoll S.35ff.

"Dieser Fall ist insofern einzig in seiner Art, als die Angeklagten solcher Verbrechen beschuldigt werden, die im Namen des Gesetzes begangen wurden. Diese Männer, zusammen mit ihren verstorbenen flüchtigen Kollegen, waren die Verkörperung dessen, was im 3. Reich unter Gerechtigkeit verstanden wurde. Die meisten Angeklagten waren zu verschiedenen Zeiten Richter, Staatsanwälte und Beamte des Justizministeriums. Mit einer Ausnahme waren sie alle Berufsjuristen. Sie sind mit Gerichten und Gerichtssälen wohl vertraut, wenn auch ihre jetzige Rolle neu für sie sein mag. Aber ein Gericht bedeutet viel mehr als nur ein Gerichtssaal, es ist ein Vorgang und etwas Geistiges. Es ist das Haus des Rechts. Dies wissen die Angeklagten, oder mußten es in der Vergangenheit wissen. Ich bezweifle, ob sie es je vergessen. Tatsächlich ist die Grundlage der Anklage hier, daß diese Männer, Führer des deutschen Juristentums bewußt und vorsätzlich das Gericht unterdrückten, brutale Tyrannei ruchlos als Gerechtigkeit verkleideten, und das deutsche Juristensystem in eine Maschine des Despotismus, der Erorberung, der Plünderung und der Schlächterei umwandelten....Die Angeklagten und ihre Kollegen verzerrten, verfälschten und stürzten schließlich Gerechtigkeit und Recht in Deutschland. Sie machten das Gerichtssystem zu einem integralen Bestandteil der Diktatur....Dieses Verhalten war abscheulich, und entehrt ihren Beruf....Mit all den Führern des 3. Reiches - Diplomaten, Generäle, Parteifunktionäre, Industrielle und andere - teilen diese Männer die Verantwortung für diese Sintflut von Tod und Elend, die das Dritte Reich über die Welt und Deutschland brachte. Der Anteil, den die deutschen Juristen an dieser Verantwortung haben, ist nicht etwa der kleinste. Sie können dieser Verantwortung genau so wenig auf Grund ihrer Gerichtstalare entgehen, wie der General dies auf Grund seiner Uniform kann, oder der Industrielle auf Grund seines Geldes..."

Neben Sühne war Ziel des Prozesses die Wiederherstellung eines rechtmäßigen Zustandes in Deutschland. Die Bestrafung der Taten der Angeklagten sollte nicht nur diese sühnen lassen, sondern das Begangene im Lichte des Völkerrechts als Verbrechen darstellen. Nur auf diesem Wege - der Darstellung des bisher in Deutschland Rechtmäßigen als international verbrecherisch - glaubte die Anklage erfolgreich in Deutschland wieder einen Zustand des "wirklichen" Rechts herstellen zu können. Telford Taylor führte in seiner Eröffnungsansprache hierzu aus[16]:

"...So groß auch ihr Verbrechen gegen diejenigen war, die durch ihre Hände gestorben sind oder gelitten haben, ihr Verbrechen gegen Deutschland war sogar noch schamloser. Sie schändeten den deutschen Tempel der Gerechtigkeit und lieferten Deutschland der Diktatur des Dritten Reiches aus, mit all seinen Schreckensmethoden und seiner zynischen und offenen Ablehnung der Herrschaft des Gesetzes. Der Tempel muß aufs Neue geweiht werden. Das kann nicht im Handumdrehen geschehen, oder durch eine blosse Zeremonie. Es kann nicht in einem einzigen Verfahren geschehen, oder an einem einzigen Ort. Es kann bestimmt nicht in Nürnberg allein geschehen. Aber ich glaube, wir haben hier sowohl eine

16 Protokoll a.a.O.

besondere Gelegenheit als auch eine schwere Verantwortung, um dieses Ziel erreichen zu helfen. Wir haben hier die Männer, die eine führende Rolle in der Vernichtung des Rechts in Deutschland spielten. Sie sind im Begriff auf der Basis des Rechts abgeurteilt zu werden. Es ist mehr als angebracht, daß diese Männer auf der Grundlage dessen beurteilt werden, was sie als Juristen anderen vorenthielten. Ein Urteil auf der Basis des Rechtes ist das einzige gerechte Schicksal für die Angeklagten. Die Anklagebehörde verlangt kein anderes..."

Neben der Aburteilung von Einzelpersonen war also immanentes Ziel des Juristenprozesses die Demaskierung des juristischen Herrschaftsapparates als Säule des NS-Terrorregimes und als kriminelles Institut an sich[17]. Taylor sagte dazu[18]:

"...Die Vernichtung des Rechts in Deutschland war natürlich ein wesentlicher Bestandteil der Errichtung der Diktatur des Dritten Reiches. Anfänglich entwickelte sich die Diktatur aus den anfangs 1933 erlassenen Verordnungen, die die verfassungsmäßigen, freiheitlichen Garantien aufhoben und Hitlers Kabinett mit gesetzgeberischen Befugnissen ausstattete, frei von verfassungsmäßigen Beschränkungen. Diese frühen Verordnungen machten dem Recht, wie es eine Demokratie nennt, ein Ende..."

Der Vorwurf an die angeklagten Juristen beinhaltete demnach nicht nur, sich im Apparat den Weisungen Hitlers gefügig gezeigt, sondern im Prinzip unmittelbar selbst zur Abschaffung der Demokratie in Deutschland beigetragen zu haben. Sie waren es, die die Gesetze und Verordnungen in Worte gefaßt und dazu beigetragen hatten, ein totalitäres System aufzubauen und zu vervollkommnen.

Neben diesen sanktionierenden Zielen verfolgten die Amerikaner mit den Nürnberger Prozessen auch präventive Zwecke, die sich auf jedes Verfahren übertragen lassen. An erster Stelle sollten die Prozesse deutlich machen, daß man künftig durch gerichtliche Verfahren diejenigen zur Rechenschaft ziehen werde, die in Zukunft in ähnlicher Weise die Zivilisation angriffen[19]. An zweiter Stelle sollten die Prozesse die Möglichkeit bieten, den juristischen Grundsatz, daß Angriffskriege ungesetzlich und verbrecherisch sind, im Bewußtsein der Menschheit zu festigen. Jacksons Ziel war es, den Krieg zu einem Risiko für diejenigen zu machen, die

---

[17] Ostendorf/ter Veen S.12

[18] Protokoll S.47f.

[19] Jackson-Report: Zitiert bei Taylor S.18

"in den Regierungen sitzen und das Geschick von Völkern in ihren Händen haben[20]."

Schließlich sollten die Prozesse auch zur Wiederaufrichtung einer Rechtsordnung und eines demokratischen Staatswesens beitragen[21], in dem insbesondere der Nürnberger Juristenprozeß über die Art und Weise des Niedergangs des Rechts aufklären und versuchen würde, Warnungen vor neuem Unrecht zu schaffen[22]. Dies konnte nur gelingen, wenn einerseits das Verfahren auf genügend Aufmerksamkeit in der Öffentlichkeit stieß, andererseits das Urteil das Verständnis der deutschen Bevölkerung fand und schließlich der Prozeß nur den Auftakt zu einer Reihe weiterer Prozesse gegen Richter, Staatsanwälte und Justizbeamte des Dritten Reiches bildete. Diese Ziele wurden in den von den Amerikanern verantworteten Verfahren nur unvollkommen verwirklicht.

2. Die Einsetzung des "Falles 3"

Ziel und Zweck des Prozesses riefen keine große Resonanz hervor. Fand der Hauptkriegsverbrecherprozeß der Siegermächte noch das Interesse der Bevölkerung, so wurde die Verhandlung des "Falles 3" in der Öffentlichkeit kaum beachtet[23]. Hierfür gab es zwei entscheidende Gründe: Zum einen erweckte der Tribunalcharakter des Hauptkriegsverbrecherprozesses bei vielen Deutschen den Eindruck, damit sei das "Dritte Reich" zu den Akten gelegt[24]. Zum anderen änderten sich die politischen Rahmenbedingungen[25]. Nicht nur Wiederaufbau und Aufräumung bestimmten das Bild, sondern gleichermaßen der sich am Horizont abzeichnende Beginn des "Kalten Krieges"[26].

---

20 Jackson-Report: Zitiert bei Taylor S.20f.

21 Protokoll S.125

22 Ostendorf/ter Veen S.13f.

23 Müller S.271

24 Ostendorf/ter Veen S.51

25 Katalog S.342

26 So auch Ostendorf/ter Veen S.51

Im April 1947 verkündete der Präsident der Vereinigten Staaten die nach ihm benannte Truman-Doktrin. Danach stellte jegliches weitere Vordringen des Kommunismus eine Bedrohung der Vereinigten Staaten dar. Diese Erklärung bildete den Anfang der Konsolidierungsbestrebungen des Westens gegen die auch nach dem Krieg anhaltende Bedrohung Europas durch die UdSSR. Da es nun darauf ankam, die Feinde von gestern zu Freunden von morgen zu machen, war eine schnelle Beendigung und eine mangelnde Publizität der Prozesse ganz im Sinne der amerikanischen Siegermacht.

a. Die Anklage im Einzelnen

Die Anklageschrift, die der Vertreter der Anklage Mr. La Follette am 17. Februar 1947 verlas, enthielt im wesentlichen vier Anklagepunkte[27]. Sie knüpften an die im Kontrollratsgesetz Nr.10 in Art.II[28] unter Strafe gestellten Tatbestände der Verbrechen gegen den Frieden, Kriegsverbrechen, Verbrechen gegen die Menschlichkeit und Zugehörigkeit zu verbrecherischen Organisationen an. Die Amerikaner hielten den Angeklagten als Anklagepunkt I[29] vor, sich zwischen Januar 1933 und April 1945

> "in Verfolgung eines gemeinsamen Vorhabens auf ungesetzliche Weise vorsätzlich und wissentlich zu einer Verschwörung und Übereinkunft miteinander und mit verschiedenen anderen Personen zusammengefunden"

zu haben. Angeklagt wurde also das gemeinschaftliche Vorhaben und die Verschwörung zu Kriegsverbrechen und Verbrechen gegen die Menschlichkeit i.S.d. Kontrollratsgesetzes Nr.10 Art.II Abs.b) und c)[30].

---

27 Protokoll S.4ff.

28 Vergl. Amtsblatt des Kontrollrats Nr.1-19, S.22f.

29 Protokoll S.3

30 Diese Absätze lauteten:
Artikel II
1. Jeder der folgenden Tatbestände stellt ein Verbrechen dar:
a) ...
b) Kriegsverbrechen. Gewalttaten oder Vergehen gegen Leib, Leben oder Eigentum, begangen unter Verletzung der Kriegsgesetze oder -gebräuche, einschließlich der folgenden den obigen Tatbestand jedoch nicht erschöpfenden Beispiele: Mord, Mißhandlungen der Zivilbevölkerung der besetzten Gebiete oder ihre Verschleppung zu Zwangsarbeit oder zu anderen Zwecken; Mord oder Mißhandlung von Kriegsgefangenen oder Personen auf hoher See; Tötung von Geiseln, Plünderung von öffentlichem oder privatem Eigentum; mutwillige Zerstörung von Stadt oder

Anklagepunkt II[31] warf den Angeklagten vor, zwischen September 1939 und April 1945

> "auf ungesetzliche Weise, vorsätzlich und wissentlich Kriegsverbrechen, wie sie im Kontrollratsgesetz Nr.10 definiert sind, dadurch begangen (zu haben), daß sie Haupttäter, Mittäter, Anstifter, Vorschubleistende waren, ihre Zustimmung gaben zu und in Verbindung standen mit Plänen und Unternehmungen, die das Begehen von Greueltaten und Verbrechen gegen Personen und Eigentum einbegriffen, einschließlich, aber nicht beschränkt auf Plünderung von Privateigentum, Mord, Folterung und ungesetzliche Einkerkerung von und Brutalitäten, Greueltaten und andere unmenschliche Taten gegen Tausende von Personen."

Als "Verbrechen gegen die Menschlichkeit" hielt die Anklage allen Angeklagten als dritten Punkt[32] vor, daß sie

> "Haupttäter, Mittäter, Anstifter, Vorschubleistende waren, ihre Zustimmung gaben zu und in Verbindung standen mit Plänen und Unternehmungen, die die Ausübung von Grausamkeiten und Straftaten betrafen, einschließlich, aber nicht begrenzt auf: Mord, Ausrottung, Versklavung, Deportation, ungesetzliche Einkerkerung, Folterung, Verfolgung aus politischen, rassischen und religiösen Gründen und Mißhandlung und andere unmenschliche Akte gegen deutsche Zivilpersonen und Staatsangehörige besetzter Gebiete."

Schließlich betraf der vierte Anklagepunkt die Mitgliedschaft in verbrecherischen Organisationen. Hierzu zählten alle Vereinigungen des Dritten Reiches, die vom IMT als

---

Land; oder Verwüstungen, die nicht durch militärische Notwendigkeit gerechtfertigt sind.
c) Verbrechen gegen die Menschlichkeit, Gewalttaten und Vergehen, einschließlich der folgenden den obigen Tatbestand jedoch nicht erschöpfenden Beispiele: Mord, Ausrottung, Versklavung, Zwangsverschleppung, Freiheitsberaubung, Folterung, Vergewaltigung oder andere an der Zivilbevölkerung begangene unmenschliche Handlungen; Verfolgung aus politischen, rassischen oder religiösen Gründen, ohne Rücksicht darauf, ob sie das nationale Recht des Landes, in welchem die Handlung begangen worden ist, verletzen.
d) ...
Quelle: A.a.O.

31 Protokoll S.7

32 Protokoll S.13

verbrecherisch erklärt worden waren[33]. Mithin wurden Juristen angeklagt, die in irgendeiner Weise zum Korps der politischen Leiter zu zählen waren[34].

Die Besonderheit des Anklagepunktes I bestand in dem Versuch, jemanden für die Vorbereitung dessen zu bestrafen, wessen er ohnehin angeklagt war. Die Absicht wurde wurde bald fallengelassen. Die Anklage der "conspiracy"[35], deren Sinn nach Friedrich[36] in der Strafbarkeit eines Schutz- und Trutzbündnisses gegenseitiger Rückversicherung unabhängig vom konkret kausal gewordenen Tatbeitrag liegen sollte, war nach Meinung des Gerichts nicht mit Kontrollratsgesetz Nr.10 vereinbar. Nachdem der Verteidiger des Angeklagten Günther Joel, Rechtsanwalt Dr. Haensel einen entsprechenden Antrag gestellt hatte, wünschte das Gericht am 25. Juni 1947 Erklärungen der Parteien bezüglich der Einstellung dieses Anklagepunktes [37]. Der Anklagevertreter räumte zwar ein, daß im Kontrollratsgesetz Nr.10 die "conspiracy" ausdrücklich als materielles Verbrechen nicht geregelt sei, aber Sinn und Inhalt dieses Gesetzes bei Schuldigsein einer Verschwörung aufgrund der Beweislage eine Bestrafung zuließen[38]. Seiner Ansicht nach sei es daher zwingend, beispielsweise Schlegelberger wegen Mordes für schuldig zu befinden, wenn sich nach der Beweisaufnahme herausstellen sollte, daß er an der Errichtung von Gerichtsverfahren teilgenommen habe, von denen er wußte oder hätte wissen müssen, daß sie den Tod von Polen oder Juden nach sich ziehen würden[39]. Noch weniger als die Anklage sah Dr.Haensel im Kontrollratsgesetz Nr.10 die "conspiracy" als selbständiges Delikt verankert[40]. Er verwies auch

---

33 Hierzu gehören: Das Korps der politischen Leiter der NSDAP, Gestapo und SD, SS: Vergl. Bd.22 S.567ff. "Der Nürnberger Prozess"

34 Da Schlegelberger auf Hitlers Weisung Mitglied der NSDAP geworden war und keine Ämter in den für verbrecherisch erklärten Organisationen bekleidete, wurde er unter diesem Punkt nicht angeklagt.

35 Es handelt sich hierbei um einen angelsächsischen Rechtsbegriff, der die Verschwörung bzw. Verabredung zu Verbrechen unter Strafe stellt: Vergl. Protokoll S. 4173ff; Ostendorf/ter Veen S.17

36 Friedrich S.19

37 Protokoll S.4173

38 Protokoll S.4178f.

39 Protokoll S.4182

40 Protokoll S.4187

auf den ungeheuren Prozeßstoff, den eine derartige Anklage nach sich ziehen würde[41]. Dr. Haensel erläuterte die Ungewöhnlichkeit dieses Rechts-begriffes auf dem Kontinent und zitierte den französischen Professor Donnedieu De Vabres mit den Worten, die Anklage einer Verschwörung sei eigentlich die Waffe eines totalitären Staates und öffne der Unsicherheit Tor und Tür. Schließlich gelang es ihm, dem Gericht die aus Kontrollratsgesetz Nr. 10 nicht erkennbare Kraft der Rückwirkung im Falle der Aner-kennung der "conspiracy" als Gefährdung für die Reputation des Prozesses darzulegen[42]. Gleichzeitig konnte Dr. Haensel darauf verweisen, daß im Prinzip auch das kontinentale Rechtssystem die Verschwörung als solche kenne[43], deren Strafbarkeit aber Verschulden bedinge. Am 11. Juli 1947 entschied das Gericht über den von der Verteidigung gegen diesen Punkt der Anklage gestellten Antrag[44]. Es verkündete, daß weder das Statut des Internationalen Miltärgerichtshofes noch das Kontrollrats-gesetz Nr. 10 die Verschwörung zur Begehung eines Kriegsverbrechens oder eines Verbrechens gegen die Menschlichkeit als ein selbständiges materielles Verbrechen definiert habe. Es liege daher nicht in seiner Zuständigkeit, auf Grund der Anschuldigung der Verschwörung zu verhandeln. Im übrigen fuhr das Gericht fort[45]:

> "Punkt I der Anklageschrift erhebt auch noch die Beschuldigung, zusätzlich zu der selbständigen Beschuldigung der Verschwörung, die ungesetzliche Teilnahme an der Aufstellung und Ausführung von Plänen zur Begehung von Kriegsverbrechen und Verbrechen gegen die Menschlichkeit, die dann tatsächlich die Begehung von solchen Verbrechen nach sich gezogen hat. Wir können daher nicht mit Recht den ganzen Punkt I aus der Anklageschrift streichen. Aber insoweit der Punkt I die

---

41 Laut Protokoll S. 4186 führte er hierzu aus: "...Wenn conspiracy angenommen werden könnte, dann ist ja jeder der Angeklagten, wie mein Herr Vorredner richtig ausgeführt hat, für die ganze Zeit von 1933 bis 1945 mit verhaftet, d.h. er muss nicht nur verteidigen wegen dessen, was ihm konkret dokumentarisch bis jetzt vorgelegt worden ist, sondern er muss sich ja verteidigen gegen alles, was in den Bereich dieser angeblichen Verschwörung hinein gehört, obwohl er niemals etwas davon wußte und obwohl er niemals an all diese Dinge im entferntesten bisher gedacht hat..."

42 Protokoll S. 4191f.

43 Dr. Haensel verwies diesbezüglich auf die Ausführungen von Paul Johann Anselm Feuerbach zum "Komplott": Protokoll S. 4190

44 Den Antrag hatte Dr. Haensel eingebracht: Protokoll S. 4167

45 Protokoll S. 4942f.

Begehung des angeblichen Verbrechens der Verschwörung als ein selbständiges materielles Verbrechen beschuldigt, zum Unterschied von irgendeinem anderen Kriegsverbrechen oder Verbrechen gegen die Menschlichkeit, so wird der Gerichtshof diese Beschuldigung außer Acht lassen."

Diese Entscheidung wurde von vielen europäischen Juristen mit Zustimmung bedacht. Sie fand aber auch die Kritik derer, die der Ansicht waren, nur durch den Tatbestand der Verschwörung lasse sich eine angemessene strafrechtliche Reaktion auf staatlich-konspirativ begangene Verbrechen der Oberen des Dritten Reiches erreichen[46]. Wären daher nach Meinung einiger die Urteile bei Aufrechterhaltung des Anklagepunktes I auch härter ausgefallen[47], so war es doch das Verdienst des Gerichtes, mit dieser Entscheidung unabhängig von den sonstigen Problemen seiner Selbstdarstellung einen Großteil der eigenen Glaubwürdigkeit erhalten zu haben. Die deutsche Bevölkerung davon zu überzeugen, daß im Prinzip die meisten von ihnen Mitglieder einer Verschwörung gewesen waren, wäre wohl nicht zu Unrecht ein aussichtsloses Unterfangen gewesen.

b. Die Ankläger

Chefankläger im "Fall 3" war der amerikanische General Telford Taylor. Er war am 29. März 1946 vom amerikanischen Hauptankläger für das IMT, Richter Jackson, zu seinem Stellvertreter berufen worden. Aufgrund einer Verfügung von Präsident Truman sollte er die Anklagebehörde gegen solche Kriegsverbrecher leiten, die nicht vor dem IMT verhandelt wurden[48]. Zwar fanden zu dieser Zeit noch Verhandlungen zwischen den Alliierten darüber statt, ein zweites Internationales Militärtribunal einzusetzen[49]. Dennoch waren sich die Amerikaner schon vorher darüber im klaren, daß es auch Tribunale in eigener Regie, auf niedrigerer Ebene und in der eigenen Besatzungszone geben werde[50].

War Taylor auch maßgeblich an der Auswertung der belastenden Dokumente und der Vorbereitung der Anklageschrift beteiligt, so spielte er im Verlaufe der weiteren Verhandlungen keine bedeutende Rolle. Nachdem er die Anklage in großen Teilen vorgetragen hatte, übernahm sein Amt der ihm untergeordnete Hauptvertreter der

---

[46] Vergl. hierzu Ostendorf/ter Veen S. 25ff.

[47] Z.B. Steiniger S.19,35

[48] Vergl. Taylor S.44f; Maser S.526f.

[49] Taylor S.45

[50] Vergl. Taylor S.50

Staatsanwaltschaft, The Honourable Charles M. La Follette[51]. Taylor selbst widmete sich als Chefankläger den weiteren der insgesamt 12 Prozesse.

La Follette war stellvertretender Chef des Büros der Anklagebehörde, das offiziell Büro des Chief of Counsel for War Crimes, in der englischen Abkürzung OCCWC, hieß[52]. Das frühere Mitglied des US-Congresses aus Indiana[53] vertrat in den mündlichen Verhandlungen häufig die Anklage und war sowohl für das Gericht wie auch für die Verteidigung der kompetente Ansprechpartner. Unterstützt wurde er von Alfred M. Wooleyhan, Robert D.King und Miss Sadie Arbuthnot[54]. Diese führten hauptsächlich die Dokumente der Anklage in den Prozeß ein und beteiligten sich an den Zeugenbefragungen und Kreuzverhören. Zur Erleichterung ihrer Arbeit stand ihnen das Büro der Anklage zur Verfügung.

Die Anklagebehörde war in Abteilungen gegliedert[55]: neben einer Rechtsabteilung, einer Dokumentenabteilung, einer Sprachenabteilung und einer Vervielfältigungsabteilung bestand eine Abteilung für die allgemeine Verwaltung, die für das alliierte und deutsche Personal zuständig und auch mit der Ausstellung von Reisedokumenten für Richter, Ankläger und Verteidiger betraut war. Die Sprachen- und Vervielfältigungsabteilung stand gleichermaßen Anklage und Verteidigung zur Verfügung.

c. Die Angeklagten

aa. Ihre Funktionen im Dritten Reich

Neben **Franz Schlegelberger** als ehemaligem Staatssekretär im Reichsjustizministerium und geschäftsführendem Reichsjustizminister waren 15 weitere Richter und Beamte der Justiz angeklagt[56].

Josef Altstötter, der dem Prozeß den Namen gab[57], war seit 1943 Ministerialdirektor im Reichsjustizministerium. Er leitete dort die Abteilung VI für Bürgerliches Recht und

---

[51] Vergl. Ostendorf/ter Veen S.17

[52] Vergl. Taylor S.47

[53] Taylor S.63

[54] Taylor a.a.O.

[55] Taylor S.48

[56] Protokoll S.2f.

[57] Vergl. oben S.60

bürgerliche Rechtspflege. Vorher war er Richter am Reichsgericht und Mitglied des Reichsarbeitsgerichtes gewesen. Der bei Prozeßbeginn 55 Jahre alte Altstötter war außerdem seit 1938 Mitglied der Allgemeinen SS, zuletzt im Range eines Oberführers[58].

Dr.Wilhelm von Ammon war als Sachbearbeiter von Verfahren gegen Ausländer auf Grund von Vergehen gegen die deutsche Besatzungsmacht im Auslande im Reichsjustizministerium beschäftigt. Als Ministerialrat arbeitete er in der Abteilung IV für die Strafrechtspflege[59].

Dr.Paul Barnickel wurde 1885 in Augsburg geboren. Nach einem Studium, unter anderem in Paris, und der Tätigkeit in einer Maschinenfabrik wurde er Staatsanwalt und 1938 zum Reichsanwalt beim Volksgerichtshof in Berlin ernannt. Er leitete dort die Abteilung der Reichsanwaltschaft. 1944 erfolgte seine Versetzung als Reichsanwalt an das Reichsgericht in Leipzig. Barnickel war Sturmführer der SA[60].

Hermann Albert Cuhorst, Jahrgang 1899, war seit dem 1. Oktober 1937 Vorsitzender des I. Strafsenates und des Sondergerichtes in Stuttgart. Von November 1944 bis Kriegsende diente er, zuletzt im Range eines Oberleutnants, in der Wehrmacht. Cuhorst war förderndes Mitglied der SS und seit dem 1. Januar 1933 als Gauredner für die NSDAP tätig[61].

Dr. Karl Engert wurde im Oktober 1877 geboren. Er gehörte der NSDAP bereits seit 1921 an[62] und war Sturmführer der SA sowie Oberführer der SS. Engert war Ministerialrat im Reichsjustizministerium, bevor er 1936 Vizepräsident des Volksgerichtshofes wurde. Als Vorsitzender des zweiten Senates befaßte er sich dort mit den Fällen des Hochverrates auf

---

[58] Vergl. Protokoll S.173ff.

[59] Protokoll S.2

[60] Vergl. Protokoll S.176f.

[61] Vergl. Protokoll S.181ff.

[62] Unter Quellenverweis auf das Berlin Document Center gibt Koch das Jahr 1927 seit der Zugehörigkeit zur NSDAP an (vergl. Koch S.523). Das Protokoll selbst verzeichnet auf S.184 das Jahr 1921; nach Gruchmann (S.232) war Engert erstmals der NSDAP im Jahre 1921 und nach ihrer Neugründung zum zweiten Male im März 1927 beigetreten.

Grund kommunistischer Einstellung[63]. 1942 wechselte Engert unter Thierack ins Reichsjustizministerium zurück und leitete dort als Ministerialdirektor die Abteilung XV, die die mit Himmler vereinbarte Überstellung der "asozialen" Strafgefangenen an die Polizei besorgte[64]. Das Verfahren gegen Engert wurde nie zu Ende gebracht: bereits am 15. Februar 1947 wurde er in das Militärkrankenhaus unter anderem wegen einer schweren Magenentzündung und Gelbsucht eingeliefert[65]. Nachdem sich sein Zustand nicht besserte und Engert trotz ärztlicher Behandlung von 92 Verhandlungstagen an 91 Tagen nicht teilnehmen konnte, beantragte Mr. La Follette den Prozess in dieser Sache als nicht ordnungsgemäß geführt festzustellen. Das Gericht stimmte dem Antrag zu, so daß die Sache Karl Engert nicht mehr zusammen mit den anderen Angeklagten verhandelt wurde. Die Anklage gegen ihn ließen die Amerikaner jedoch nicht fallen[66].

Günter Joel war zunächst Referent des Reichsjustizministers in Strafverfolgungsfragen. Während des Krieges avancierte er zum Generalstaatsanwalt von Westfalen in Hamm. Joel wurden enge freundschaftliche Verbindungen zu Roland Freisler nachgesagt[67]. Er war Obersturmbannführer in der SS und Untersturmbannführer im SD[68].

Herbert Klemm, zu Prozeßbeginn 43 Jahre alt, war von 1933 bis 1935 persönlicher Referent und Adjudant des damaligen sächsischen Justizministers Thierack. 1939 zum Ministerialrat befördert, wurde Klemm 1940 zum Reichskommissar für die besetzten niederländischen Gebiete abgeordnet. Seit 1941 arbeitete Klemm im Stab des Stellvertreters des Führers, der späteren Parteikanzlei und wurde vom Reichsjustizministerium zum Ministerialdirektor ernannt. Ab Januar 1944 war Klemm Staatssekretär des Reichsjustizministeriums. Klemm war Oberführer der SA und stellvertretender Leiter des NS-Rechtswahrerbundes[69].

---

63 Vergl. Protokoll S.184f.

64 Gruchmann S.233

65 Vergl. Protokoll S.29

66 Protokoll S.7126f.

67 Gruchmann S.347 m.w.Nw.

68 Protokoll S.2

69 Vergl. Protokoll S.186f.

Ernst Lautz, 1887 in Wiesbaden geboren, war zuerst Staatsanwalt für politische Strafsachen und als Oberstaatsanwalt Leiter der Abteilung für Wirtschaftsstrafsachen, bevor er von 1934 bis 1936 als Oberstaatsanwalt an das Kammergericht in Berlin ging. Zwischenzeitlich Generalstaatsanwalt in Berlin und Karlsruhe, wurde Lautz am 1. Juli 1939 zum Oberreichsanwalt beim Volksgerichtshof ernannt. Er bekleidete unabkömmlich gestellt diese Stelle bis zum Kriegsende. Lautz war seit dem 1. Mai 1933 Mitglied der NSDAP. Führende Positionen bekleidete er weder in der Partei noch in SA oder SS[70].

Dr. Wolfgang Mettgenberg wurde 1920 38-jährig als Oberregierungsrat in das Reichsjustizministerium berufen. 1923 zum Ministerialrat und 1939 zum Ministerialdirigenten befördert beschäftigte sich Mettgenberg vorwiegend mit Fragen des internationalen Strafrechts in der Abteilung IV. Besonders betraut war er mit der Überwachung von Vergehen gegen die deutsche Besatzungsmacht in den besetzten Gebieten[71]. Mettgenberg war weder Mitglied der NSDAP noch gehörte er der SS oder der SA an[72].

Günther Nebelung wurde 1896 in Harlingerode geboren. Nach Ableistung des juristischen Vorbereitungsdienstes war Nebelung seit 1924 als Rechtsanwalt, von 1930 an zusätzlich als Notar tätig. 1934 wurde Nebelung Senatspräsident am Oberlandesgericht Braunschweig, 1935 dessen Präsident. In dieser Stellung verblieb Nebelung bis zum 30. Juni 1944. Danach bekleidete er das Amt des Präsidenten des 4.Senats des Volksgerichtshofes. Nebelung trat der NSDAP 1928 bei und hatte die Stellung eines Ortsgruppenleiters inne. In der SA war er im Range eines Sturmführers aktiv als Rechtsberater tätig[73].

Rudolf Oeschey, Jahrgang 1903, wurde 1935 nach Ausbildung bei den Staatsanwaltschaften in Augsburg und Hof Amtsgerichtsrat beim Amtsgericht Aschaffenburg. 1939 bis 1941 als Landgerichtsrat beim Landgericht Nürnberg/Fürth tätig, erhielt Oeschey am 1. April 1941 die Ernennung zum Direktor dieses Gerichtes. Von Oktober 1943 bis zu seiner Einberufung zur Wehrmacht im Februar 1945 war Oeschey auch Vorsitzender des Landgerichtes für den Oberlandesgerichtsbezirk Nürnberg. Vom 4. April bis zum 14. April 1945 wurde Oeschey von der Wehrmacht für das Amt des Vorsitzenden des Standgerichtes Nürnberg abkommandiert. Mitglied der NSDAP war Oeschey seit dem 1.Dezember 1931.

---

70 Vergl. Protokoll S.179ff.

71 Protokoll S.3

72 Vergl. Protokoll S.189f.

73 Vergl. Protokoll S.192ff.

Er bekleidete die Stellung eines Kriegsvertreters für die Gauhauptstelle Rechtsbetreuung und Rechtsberatung[74].

Hans Petersen wurde 1885 in Athen/Griechenland geboren. In der Reichswehr ließ er sich zum Offizier ausbilden. Nach seiner Verabschiedung als Major a.D. besuchte er 1921 eine Handelslehranstalt und war im Anschluß daran als Bankbeamter tätig. Von 1924 bis 1936 besaß und leitete Petersen eine Farm für Silberfuchs und Edelpelztiere im Allgäu. Im Januar 1936 wurde Petersen mit der hauptamtlichen Führung der SA-Brigade 39 in Dessau betraut. Nach der weiteren Tätigkeit als stellvertretender Führer der SA-Gruppe Thüringen bekleidete Petersen von 1942 an das Amt eines SA-Gruppenführers. Am 30. Januar 1944 wurde Petersen Obergruppenführer der SA. Außerdem war er stellvertretender Ministerpräsident von Anhalt. Spätestens seit 1942 übte Petersen die Tätigkeit eines ehrenamtlichen Beisitzers im besonderen Senat des Volksgerichtshofes aus. Petersen war seit 1925 Mitglied der NSDAP unter der Nr. 9986[75].

Dr.Oswald Rothaug war zu Prozeßbeginn 49 Jahre alt. Nachdem er unter anderem Amtsgerichtsrat in Nürnberg war, wurde er 1933 bei der dortigen Staatsanwaltschaft erster Staatsanwalt. Zwischenzeitlich als Landgerichtsrat in Schweinfurt tätig, kehrte Rothaug 1937 an das Landgericht Nürnberg als Landgerichtsdirektor zurück. Bis 1943 übte er dort das Amt des Vorsitzenden des Schwurgerichtes, des Sondergerichtes und einer Strafkammer aus. Vom Mai 1943 bis zum April 1945 war Rothaug schließlich Reichsanwalt beim Volksgerichtshof in Berlin. Rothaug war seit 1937 Mitglied der NSDAP[76].

Dr.Curt Rothenberger, geboren im Juni 1896, erhielt 1925 die Stelle eines Richters am Landgericht Hamburg. 1927 wurde er Regierungsrat bei der Landesjustizverwaltung, 1929 Oberregierungsrat bei der Gesundheitsbehörde. 1931 ernannte der Senat der Freien und Hansestadt Hamburg Rothenberger zum Landgerichtsdirektor, um ihm den Weg an das Reichsgericht zu ebnen. Dem Präsidenten des Reichsgerichtes erschien Rothenberger jedoch für eine Berufung zu jung. Mit Unterstützung der NSDAP gelang Rothenberger im März 1933 die Übernahme des Amtes des Justizsenators. 1935 wurde Rothenberger Präsident des Hanseatischen Oberlandesgerichtes und 1942 von Adolf Hitler zum Staatssekretär im Reichsjustizministerium ernannt. Nach nur 16 Monaten gab Rothenberger diese Tätigkeit

---

[74] Vergl. Protokoll S.195f.; Document NG-692 in Dokumentenbuch I-A

[75] Vergl. Protokoll S.196f.

[76] Vergl. Protokoll S.190ff.; Document NG-732 in Dokumentenbuch I-A

auf Grund verschiedener Differenzen auf und ließ sich in Hamburg als Notar nieder. Rothenberger, der gute Kontakte zum Hamburger Gauleiter Kaufmann hatte, stand bereits seit 1931 der NSDAP nahe und arbeitete in den verschiedensten Funktionen mit. Der formelle Beitritt erfolgte zum 1. Mai 1933, wurde aber später auf den 1. Dezember 1931 zurückdatiert. Er war stellvertretender Präsident der Akademie für deutsches Recht und Gauführer im NS-Rechtswahrerbund[77].

Carl Westphal, ehemaliger Kammergerichtsrat und als Ministerialrat in der Abteilung IV des Reichsjustizministeriums zuständig für Fragen des Strafverfahrens und des Strafvollzuges, erlebte die Eröffnungsverhandlung in Nürnberg nicht mehr. Westphal hatte durch Selbstmord seinem Leben ein Ende gesetzt[78].

bb. Die Auswahl der Angeklagten durch die Ankläger

Die auf den ersten Blick als zufällig erscheinende Auswahl der Angeklagten erweist sich erst bei näherer Betrachtung als gezielt. Den Ausführungen des Chefanklägers Telford Taylor in der Eröffnungserklärung läßt sich entnehmen, daß er in diesem Prozeß nicht beabsichtigte, die Täter des letzten Gliedes in der Kette anzuklagen. Ihm kam es vielmehr darauf an, diejenigen vor Gericht zu bringen, die aus der Führung ihrer Ämter als Richter, Staatsanwälte und Ministerialbeamte für Morde, Mißhandlungen und andere Greueltaten verantwortlich waren beziehungsweise die Voraussetzungen für solche Taten geschaffen hatten[79]. Er zählte sie zu den Führern des Dritten Reiches[80]. Das erlegte ihm die Aufgabe auf, sie repräsentativ auszuwählen. Gleichzeitig ging es Taylor darum, das Justizsystem als solches zur Anklage zu stellen[81]. Dies war nur möglich, indem die exponierten Juristen stellvertretend für dieses System angeklagt wurden[82]. Dabei sahen die Amerikaner das verbrecherische Unwesen der Justiz des Dritten Reiches nicht nur durch die Ankläger oder die Gerichte in Form von Sonder-, Standgerichten oder dem Volksgerichtshof verwirklicht. Das sogenannte "Nationalsozialistische Rechtssystem", daß nach Meinung Taylors ein

---

[77] Protokoll S.3; Johe S.61ff.

[78] Protokoll S.3; Gruchmann S.1182 (Anlage 2); Taylor S.62

[79] Protokoll S.37

[80] Protokoll a.a.O.

[81] Vergl. oben S.60ff.

[82] Ostendorf/ter Veen S.20

"lächerlicher Widerspruch in sich selbst" war, weil es niemals das Bestreben des Dritten Reiches gewesen sei, irgendein Rechtssystem überhaupt zu schaffen, war ebenfalls wesentlicher Bestandteil der Anklage[83].

Demzufolge war es für die Amerikaner nur konsequent, stellvertretend für die Rechtswalter des Dritten Reiches ausgewählte Ministerialbeamte anzuklagen, die das Justizsystem in ein "zwar unterwürfiges, aber wirksames Instrument des Regimes" verwandelten[84]. Die Angeklagten galten für die Staatsanwaltschaft als Verkörperung dessen, was im Dritten Reich als Justiz angesehen wurde[85]. Die Tatsache, daß ihr Kreis auf diese 16 Personen beschränkt war, fand ihre Ursache nicht zuletzt in dem Tod oder der Flucht weiterer möglicher Beschuldigter[86]. Nicht zutreffend ist aber der von Ostendorf und ter Veen[87] vermittelte Eindruck, daß die Vollstrecker dieser Justiz "damals noch im Dunkeln" geblieben seien. So hatte die 36. US-Infanteriedivision bereits im Mai 1945 über zweitausend Gefangene gemacht und in ein Barackenlager in Berchtesgaden gesperrt[88]. Unter den Gefangenen in diesem wie auch in den anderen Lagern befanden sich immer wieder Mitarbeiter des Justizapparates. Obwohl viele der in allen Teilen Deutschlands Internierten versuchten, ihre Identität zu verbergen, wurden zahlreiche Verdächtige aufgespürt und zum Teil nach Nürnberg verbracht. Der Großteil der späteren Angeklagten befand sich in amerikanischem Gewahrsam. Es gab aber auch einen Austausch von Verdächtigen mit den Engländern, Franzosen und Polen.

Für die Anklage war dies nicht nur eine Erleichterung ihrer Beweisführung. Es stellte sich ihr jetzt die Frage, wer angeklagt werden sollte und was mit den Nichtangeklagten in Nürnberg internierten Personen geschehen sollte[89]. Etliche der im "Fall 3" von der Verteidigung und der Anklage benannten Ent- oder Belastungszeugen hätten unter Berücksichti-

---

[83] Protokoll S.47ff.

[84] Protokoll S.51

[85] Taylor S.61

[86] Protokoll S.35

[87] Ostendorf/ter Veen S.20

[88] Maser S.72

[89] Taylor S.48

gung der amerikanischen Vorwürfe durchaus selbst angeklagt werden können[90]. Insofern nahm man auch Ende 1945 an, daß die Zonentribunale gegen Tausende von Angeklagten verhandeln würden. Da sie aber nicht für derartige Massenprozesse geeignet waren, wurden sie nur für die Prozesse gegen sogenannte "Hauptschuldige" eingerichtet, von denen viele an den höchsten Stellen des Dritten Reiches Positionen innehatten[91]. Gegen andere verdächtige Personen, zumeist Mitglieder der vom IMT für verbrecherisch erklärten Organisationen, wurden Spruchkammerverfahren durchgeführt[92].

Die Frage, wer in Nürnberg angeklagt werden sollte, wurde nach Taylor in einem Schreiben an den amerikanischen Verteidigungsminister wie folgt beantwortet[93]:

> "...eine der ersten und wichtigsten Aufgaben meines Amtes war es, unter Berücksichtigung der besten zur Verfügung stehenden Informationen die Entscheidung darüber zu fällen, wo die schwerste persönliche Verantwortung für die zahlreichen internationalen Verbrechen lag, die in der Zeit des Dritten Reiches begangen wurden. Es muß betont werden, daß die Nürnberger Prozesse zur Bestrafung von Verbrechen und nicht zur Bestrafung politischer oder anderer Überzeugungen durchgeführt werden, wie falsch oder schlecht diese auch gewesen sein mögen. Daraus folgt, daß bei der Auswahl der Angeklagten die Frage, ob eine bestimmte Person ein <Nazi> im politischen und Parteisinne war, nicht ausschlaggebend war. Niemand ist in Nürnberg angeklagt worden, ohne daß nach meiner Meinung erhebliches Beweismaterial für sein strafbares Verhalten im Sinne der allgemein anerkannten Grundsätze des internationalen Strafrechts vorlag.
> Es wäre auch nicht gerecht oder klug, bestimmte Berufsangehörige oder eine andere Gruppe von Personen herauszusuchen. Um die Integrität der Auswahl zu gewährleisten, war es notwendig, das Verhalten der leitenden Personen in allen Schichten zu prüfen und dann die Entscheidung so zu treffen, wie sie nach dem Beweismaterial fallen mußte."

Die Aufteilung der Angeklagten auf 12 Prozesse erfolgte allerdings sehr wohl nach Gruppenzugehörigkeit.War man ursprünglich von fünf "Kategorien" - Akademiker, SS und Polizei, Indu-strielle und Bankiers, Militärische Führer, Minister und hohe Regierungsfunktionäre - ausgegangen, so brachte es die hohe Zahl der Angeklagten mit

---

90 Hierfür wären z.B. die als Zeugen gehörten Beisitzer der Sondergerichte oder die Staatsanwälte in Frage gekommen.

91 Taylor S.50

92 Vergl. hierzu Taylor a.a.O.

93 Schreiben des Chief of Counsel vom 12.5.1948: Zitiert bei Taylor S.51f.

sich, daß diese Kategorien wiederum unterteilt wurden. So entstanden aus dem Bereich der "Akademiker" die "Fälle 1" (Ärzte) und "3" (Juristen)[94].

Unter den Gesichtspunkten einer Aufteilung nach Gruppen, leitenden Positionen, Beweismaterial und Fahndungserfolg läßt sich die Liste der Angeklagten im Juristenprozess entschlüsseln. Die Bezeichnung "Vereinigte Staaten von Amerika gegen Josef Altstötter und Genossen" enthielt keinen Hinweis auf den Hauptangeklagten. Diese Rolle kam allein Franz Schlegelberger zu[95]. Dies wäre nicht der Fall gewesen, wenn noch höhere beziehungsweise populärere Persönlichkeiten der Justiz hätten angeklagt werden können. Aber nach dem Ableben des Justizministers Franz Gürtner im Januar 1941, dem Selbstmord seines Nachfolgers Otto Thierack in einem englischen Internierungslager 1946 und dem Tode Roland Freislers am 3. Februar 1945 durch einen Bombenangriff auf dem Weg zum Luftschutzkeller fehlten drei Männer, die sonst die Hauptangeklagten gewesen wären[96]. Neben Schlegelberger waren auch die beiden anderen Staatssekretäre des Reichsjustizministeriums, Rothenberger und Klemm, angeklagt. Auch sie galten schon allein auf Grund ihrer Funktionen als hohe Repräsentanten der Justiz des Dritten Reiches. Damit war aber die Anklage gegen die Ministerialbürokratie noch nicht erschöpft. Angesichts der Tatsache, daß der ehemalige, allein für die Strafjustiz zuständige Staatssekretär Freisler nicht vor das Gericht gebracht werden konnte, galt es, die führenden Personen aus diesem Bereich zur Verantwortung zu ziehen. Mettgenberg war stellvertretender Leiter der Abteilung Strafrechtspflege, Wilhelm von Ammon in dem umstrittenen Bereich der Verfahren gegen Ausländer tätig und Günther Joel unter anderem mit der Sondergerichtsbarkeit befaßt. Karl Engert wiederum, gegen den wegen Krankheit nicht verhandelt werden konnte, bekleidete in zweifacher Hinsicht interessante Positionen für die Anklage: er war nicht nur seit Thieracks Amtsübernahme als Leiter der Abteilung Strafvollzug eingesetzt[97], sondern vorher bereits mit dem Amt des Vizepräsidenten des Volksgerichtshofes - dessen Präsidenten Thierack und Freisler nicht mehr lebten - vertraut gewesen. Josef Altstötter schließlich war seit 1943 mit der Leitung der Abteilung Bürgerliches Recht und bürgerliche Rechtspflege betraut und damit Repräsentant der, aus Sicht der Ankläger, zweitwichtigsten Abteilung des Ministeriums. Mit Günther Nebelung und Hans Petersen klagten die Amerikaner sodann zwei weitere Richter des berüchtigten Volksgerichtshofes an. Die

---

[94] Vergl. Taylor a.a.O.

[95] Taylor S.61; Ostendorf/ter Veen S.19

[96] Taylor a.a.O.

[97] In dieser Abteilung war auch Carl Westphal tätig.

Heranziehung von Petersen dokumentiert in diesem Zusammenhang, daß auch den Laienrichtern am Volksgerichtshof eine besondere Bedeutung zugemessen wurde, zumal sie zumeist aus Parteizirkeln stammten[98]. Lautz und Barnickel repräsentierten als Reichsanwälte die Staatsanwaltschaft an diesem Gericht und wurden wegen dieser Funktion zur Rechenschaft gezogen. Cuhorst, Rothaug und Oeschey traf es dagegen als Vertreter der Sondergerichtsbarkeit, von der Taylor behauptete, sie sei ein "integraler Bestandteil der Diktatur" gewesen[99].

Den Funktionen der Angklagten läßt sich entnehmen, daß die Amerikaner die Schaltstellen der nationalsozialistischen Justiztyrannei im Ministerium selbst, und zwar vornehmlich im Bereich der Strafrechtsabteilung, sowie im Volksgerichtshof und den Sondergerichten sahen. Diese Institutionen sollten daher den Schwerpunkt des "Falles 3" bilden.

d. Die Verteidiger

Kam durchschnittlich während der Nürnberger Prozesse ein Staatsanwalt auf zwei Angeklagte, so waren die Angeklagten durch mindestens einen, wenn nicht zwei oder mehr Verteidiger vertreten[100]. Artikel IV c) der Verordnung Nr.7 der Militärregierung in der durch die Verordnung Nr.11 abgeänderten Fassung besagte hierzu[101]:

> "Der Angeklagte hat das Recht, sich von seinem Verteidiger seiner eigenen Wahl vertreten zu lassen, vorausgesetzt, daß der Verteidiger nach den geltenden Bestimmungen befähigt ist, Verteidigungen vor den Gerichten des Landes des Angeklagten zu führen. Es kann jedoch auch jede andere Person vom Gericht ausdrücklich zugelassen werden. Das Gericht hat einem Angeklagten, der nicht von einem Verteidiger seiner eigene Wahl vertreten ist, einen entsprechend befähigten Verteidiger zur Vertretung zu bestellen."

Fast alle Verteidiger der im "Fall 3" angeklagten Juristen nahmen ihrerseits Assistenz in Anspruch, um die Durchsicht des Beweismaterials und die Durchführung der Verhöre

---

98 Vergl. Aufstellung bei Koch, S.526ff.

99 Protokoll S.36

100 Taylor S.49: Die weitere Aussage Taylors, daß jeder Angeklagte einen amerikanischen und einen deutschen Hauptverteidiger sowie zwei Hilfsverteidiger hatte, läßt sich anhand der Protokolle zu "Fall 3" nicht belegen. In keiner Weise tritt zu irgendeiner Zeit ein amerikanischer Verteidiger auf.

101 Abgedruckt bei Taylor S.151ff.

besser vorbereiten zu können. Im einzelnen traten für die Angeklagten folgende Verteidiger auf[102]:

- Josef Altstötter: Dr.Hermann Orth als Verteidiger, Dr.Ludwig Altstötter als Assistenz.
- Wilhelm von Ammon: Dr. Egon Kubuschok als Verteidiger, Dr. Hubertus Janicki als Assistenz.
- Paul Barnickel: Dr.Edmund Tipp als Verteidiger, Rudolf Schmidt als Assistenz.
- Hermann Cuhorst: Dr.Richard Brieger als Verteidiger, Karl Hassfürther als Assistenz.
- Karl Engert: Dr.Hanns Marx bis zum 31. Juli 1947, Dr.Heinrich Link vom 31. Juli 1947 an als Verteidiger. Keine Assistenz.
- Günther Joel: Dr.Carl Haensel als Verteidiger, Herbert Thiele-Fredersdorf als Assistenz.
- Herbert Klemm: Dr.Alfred Schilf als Verteidiger,Dr.Erhard Heinke als Assistenz.
- Ernst Lautz: Dr.Heinrich Grube als Verteidiger. Keine Assistenz.
- Wolfgang Mettgenberg: Dr.Alfred Schilf als Verteidiger, Dr.Erhard Heinke als Assistenz.
- Günther Nebelung: Dr.Karl Doetzer als Verteidiger, Gerda Doetzer als Assistenz.
- Rudolf Oeschey: Dr.Werner Schubert als Verteidiger, Dr.Karl Pribilla als Assistenz.
- Hans Petersen: Dr.Rudolf Aschenauer als Verteidiger, Dr.Otfried Schwarz als Assistenz.
- Oswald Rothaug: Dr.Rudolf Koessl als Verteidiger, Adolf Huettl als Assistenz.
- Curt Rothenberger: Dr.Erich Wandschneider als Verteidiger, Dr.Helmut Bothe als Assistenz.
- Franz Schlegelberger: Dr.Egon Kubuschok als Verteidiger, Dr.Hubertus Janicki als Assistenz.

Über internationale Erfahrung verfügte nur einer der Anwälte. Dr.Hans Brieger war während seiner Ausbildung in Amerika gewesen, so daß es ihm keine Probleme bereitete,

102 List of Judges and Counsel: Target 6, Roll 1 National Archives Microfilm Publications M889

den anglo-amerikanischen Strafprozeß zu verstehen[103]. Von den anderen Anwälten hatten einige ihre ersten Erfahrungen mit diesem Prozeßsystem bereits als Verteidiger vor dem IMT gemacht. Dr.Marx hatte beispielsweise Julius Streicher verteidigt, Dr.Schilf Hans Fritzsche und Dr.Carl Haensel neben anderen Verteidigern SS und SD als angeklagte Organisation. Der Verteidiger von Franz Schlegelberger, Dr.Egon Kubuschok, war während des IMT als Rechtsbeistand von Franz von Papen aufgetreten, dem ehemaligen Reichskanzler und Vizekanzler des ersten Kabinetts Adolf Hitler[104]. Von Papen, der den Strafverteidiger Kubuschok aus einer von den Alliierten zusammengestellten Liste ausgesucht hatte[105], wurde in Nürnberg als einer von wenigen freigesprochen[106]. Kubuschok war vor dem Kriege als Anwalt in Breslau tätig gewesen. Er verteidigte in Nürnberg und nahm nach den Nürnberger Prozessen die Tätigkeit in seiner mittlerweile nach Bad Honnef verlegten Kanzlei auf. Er hatte durch diesen Freispruch einen hohen Bekanntheitsgrad erlangt. Dies dürfte Schlegelberger bewogen haben, ihn zu seinen Verteidiger zu bestellen[107].

e. Die Richter

Der Artikel II b) der Verordnung Nr.7 der US - Militärregierung in der durch die Verordnung Nr.11 abgeänderten Fassung besagte, daß jedes der im Anschluß an das IMT eingesetzten Gerichte aus drei oder mehr Mitgliedern zusammengesetzt sein mußte. Weiter führte die Norm aus[108]:

> "Ein stellvertretendes Mitglied kann bei jedem Gericht bestimmt werden, wenn der Militärgouverneur dies für ratsam hält. Mit Ausnahme des in Absatz c) dieses Artikels vorgesehenen Falles müssen sämtliche Mitglieder und stellvertretende Mitglieder Juristen sein, die seit mindestens fünf Jahren bei den höchsten Gerichten eines der Vereinigten Staaten, beziehungsweise der Territorien oder des Distrikts

---

[103] Dr.Brieger bewies sein Wissen über dieses Prozeßsystem z.B dadurch, daß er mit dem Vorsitzenden des Gerichts mehrfach in englische Dialoge verfiel: Protokoll S.4605

[104] Der Nürnberger Prozess Bd.1, S.6

[105] Maser S.125f.

[106] Der Nürnberger Prozess Bd.22, S.651ff.

[107] So die Witwe von Egon Kubuschok, Rechtsanwältin R. Kubuschok, in einem Gespräch in Bad Honnef am 11.2.1990.

[108] Abgedruckt bei Taylor, S.151f.

Columbia oder bei dem Obersten Gerichtshof der Vereinigten Staaten zugelassen sind."

Die Ausnahme sah vor, daß bei gemeinschaftlicher Verhandlung eines der Folgeprozesse auch qualifizierte Juristen anderer Nationen zum Richter hätten bestellt werden können. Dies war möglich aufgrund eines Abkommens unter den Zonenbefehlshabern im Alliierten Kontrollrat. Dazu kam es allerdings nie. Ermächtigt durch die Verordnung vom 14. Februar 1947, ernannte der Militärgouverneur Judge Carrington T. Marshall zum Vorsitzenden des Gerichtes. Marshall war früherer Präsident des Supreme Court von Ohio gewesen. Als Beisitzer wurden ernannt Judge James T.Brand, Richter am Supreme Court von Oregon und Judge Mallory B.Blair, assoziierter Richter am zivilen Appelationsgericht des dritten Distrikts in Texas. Als stellvertretendes Mitglied des Gerichtes fungierte schließlich Judge Justin W.Harding. Er war vordem Hilfsgeneralstaatsanwalt von Ohio und Distriktrichter in Alaska[109].

Der Vorsitzende Richter Carrington T.Marshall saß dem Prozeß nicht die ganze Verhandlungsdauer über vor. Am 2. Juni 1947 informierte Richter Brand die Prozeßbeteiligten darüber, daß sich Richter Marshall aufgrund einer Erkrankung im Krankenhaus befinde. Eine Verhandlung fand an diesem Tage nicht statt, da die anderen Richter wünschten, daß Marshall Vorsitzender Richter bleiben solle[110]. Um die Prozeßdauer allerdings nicht zu verlängern, erließen die Richter unter Mitwirkung von Marshall auf Antrag der Staatsanwaltschaft eine Verfügung, die die Möglichkeit weiterer Verhöre zuließ. Sie ordneten an[111],

> "daß die ehrenwerten Richter James T.Brand und Mallory B.Blair dieses Militärgerichtes sowie der ehrenwerte Justin W.Harding, stellvertretender Richter, einzeln als Beauftragte ernannt werden, um die Zeugenaussagen solcher Unterzeichner von Eidesstattlichen Erklärungen entgegenzunehmen, die für Kreuzverhöre und direkte Rückverhöre verfügbar sind und diese für die Erwägungen des Gerichtes zu beglaubigen. Deshalb ist jeder der genannten Beauftragten berechtigt, Eidesleistungen vorzunehmen, die Verhandlung zu leiten und Fragen, die ihm ratsam erscheinen, zu stellen..."

---

109 Vergl. Fn.102

110 Protokoll S.3772

111 Protokoll S.3779

Der Zustand von Richter Marshall besserte sich nur langsam[112]. Nachdem er am 20. Juni 1947 dem Gericht mitteilte, daß er auch die Verhandlung am 23. Juni nicht leiten könne, verfügte die Militärregierung wie folgt[113]:

> "1. Mit Wirkung vom 19. Juni 1947 im Verfolg der Verordnung Nr.7 der Militärregierung vom 24. Oktober 1946 mit der Überschrift <Organisation und Vollmacht gewisser Militärgerichtshöfe> wird Mr. James T.Brand zum vorsitzenden Richter des Militärgerichtshofes Nr.III ernannt in Vertretung von Carrington T.Marshall, der wegen Krankheit von dieser Stellung beurlaubt ist.
> 2. Mr. Justin William Harding, der bisher Ersatzrichter war, ist zum Richter für Militärgerichtshof Nr.III ernannt.
> Im Auftrag von: General CLAY C.K. Gayley, GSC, Stabschef..."

Aufgrund dieser Anordnung rekonstituierte sich das Gericht. Es sollte bis zum Ende des Prozesses in dieser Besetzung weitertagen.

f. Der Verhandlungsort

Als Robert H.Jackson am 2.Mai 1945 vom amerikanischen Präsidenten zum Chef der Anklagebehörde bestellt wurde, stand ein Verhandlungsort zur Aburteilung der europäischen Hauptkriegsverbrecher noch nicht fest. Auch Jacksons am 6. Juni 1945 an Präsident Truman übergebener Bericht enthielt zu diesem Thema keine Vorschläge[114]. Erst das im Anhang an das Londoner Viermächte-Abkommen vom 8.August 1945 beschlossene "Statut für den internationalen Militärgerichtshof" enthält in Artikel 22 eine Festlegung[115]. Den Anstoß zu diesem Vorschlag Jacksons gab General Lucius D.Clay, damals stellvertretender Militärgouverneur der amerikanischen Zone[116]. Dieser war wie der amerikanische Armee-Generalanwalt Murray Bernays der Ansicht, der fast unversehrte Justizpalast in der sonst furchtbar zerstörten Stadt würde Nürnberg zu einem besonders beeindruckenden Ort der Prozesse machen. Hinzu kam, daß Nürnberg überall als die Stadt der Reichsparteitage und der großen Triumphe Hitlers und seiner Gefolgsleute bekannt war. Mit dem Prozeß gegen die Hauptkriegsverbrecher in dieser Stadt hätte der gewollte Ge-

---

112 Protokoll S.4000

113 Protokoll S.4001

114 Taylor S.16

115 Vergl. S.67

116 Vergl. Heydecker/Leeb S.97

gensatz nicht besser dargestellt werden können. Von diesen Argumenten ließen sich auch die Sowjets, die London oder Berlin, und die Briten, die München vorgeschlagen hatten, auf der Londoner Konferenz überzeugen. Mit der Einrichtung des ständigen Sitzes des Gerichtes in Berlin und der Festlegung auf nur ein internationales Tribunal in Nürnberg kamen die Amerikaner den Forderungen der Sowjetunion entgegen[117].

Nürnberg war auch für die dem IMT folgenden zwölf Prozesse der Verhandlungsort. Dies lag nicht nur daran, daß sich die vier Siegermächte nicht auf einen weiteren Hauptkriegsverbrecherprozeß, unter Umständen in Berlin, einigen konnten[118]. Vielmehr lag Nürnberg in der von den Amerikanern besetzten Zone; da die Vereinigten Staaten Initiator der zwölf Folgeverfahren waren und in Nürnberg aufgrund des IMT die gesamte Infrastruktur zur Durchführung eines derartigen Verfahrens eingerichtet worden war, gab es keine Veranlassung, von dieser Stadt als Verhandlungsort abzugehen.

3. Das Verfahren

a. Geschäftsstelle und Übersetzung

Wie bereits dargelegt, unterhielten die Ankläger in Nürnberg unter anderem eine Abteilung, die mit den Übersetzer- und Dolmetscherarbeiten beauftragt war[119]. Diese stand gleichermaßen der Anklage wie der Verteidigung zur Verfügung. Angesichts mehrerer gleichzeitig stattfindender Prozesse war sie ständig ausgelastet, so daß es zeitweise zu Verzögerungen bei der Übersetzung von Dokumenten kam[120]. Die Rechtsgrundlagen für dieses Sekretariat bildeten die Artikel XII bis XIV der US-Verordnung Nr.7 in der durch Nr.11 abgeänderten Fassung. Es bestand aus einem Generalsekretär und den erforderlichen Hilfssekretären, Militärbeamten, Büroangestellten, Dolmetschern und sonstigem Personal (Art.XII). Der Generalsekretär unterstand der Aufsicht durch die Mitglieder der Gerichte (Art. XIII). Artikel XIV schließlich legte die Aufgaben des Sekretariats wie folgt fest[121]:

---

117 Heydecker/Leeb a.a.O.

118 Ursprünglich war ein Prozeß gegen führende deutsche Industrielle von den Vier Mächten in Betracht gezogen worden; die Briten zeigten dafür jedoch im Laufe der Zeit kaum noch Interesse und Jackson sprach sich bei Präsident Truman gegen einen weiteren Prozeß der vier Siegermächte aus: Vergl. Taylor S.45

119 Vergl. oben S.77

120 Nach Taylor S.49 übersetzte und übertrug in Reinschrift z.B. die Übersetzungsabteilung in der Zeit vom 1.9.1947 bis zum 1.9.1948 133 262 Seiten, was einem Tagesdurchschnitt von ca.520 Seiten entsprach

121 Abgedruckt bei Taylor S.151ff.

"a) Es ist verantwortlich für die Verwaltung und die Beschaffung der für das Sekretariat und die einzelnen Gerichte erforderlichen Materialien.
b) Es nimmt alle an die Gerichte gerichteten Schriftstücke in Empfang.
c) Es hat einheitliche Verfahrensregeln, welche mit den Bestimmungen dieser Verordnung nicht im Widerspruch stehen, vorzubereiten und zu empfehlen.
d) Es beschafft den Gerichten alle für die Zulassung oder Ernennung von Verteidigern erforderlichen Informationen.
e) Es dient als Bindeglied zwischen der Anklagevertretung und der Verteidigung.
f) Es sorgt dafür, daß den Angeklagten und der Anklagevertretung die Beibringung von Zeugen oder die Vorlage von Beweismaterial im Rahmen der gerichtlichen Bestimmungen ermöglicht wird.
g) Es ist für die Abfassung der gerichtlichen Verhandlungsprotokolle verantwortlich.
h) Es hat den Gerichten und deren Mitgliedern die erforderlichen Schreibkräfte sowie Protokollführer und Dolmetscher zur Verfügung zu stellen und sonstige für die wirksame Durchführung der Gerichtsverfahren erforderlichen oder von den Gerichten besonders bezeichneten Aufgaben zu erfüllen."

Trotz der hohen Belastung des Sekretariats lassen sich den Protokollen Unregelmäßigkeiten in Bezug auf die Übersetzung der Beweisdokumente nicht entnehmen. Dies ist umso bemerkenswerter, als eine Unzahl von Dokumenten ins Englische oder ins Deutsche übersetzt werden mußte[122]. Dagegen kam es häufiger vor, daß die Übersetzungen einige Zeit in Anspruch nahmen, so daß be- oder entlastende Dokumente zum Teil nicht zum vorgesehenen Zeitpunkt in den Prozeß eingeführt werden konnten. Ihre Verwendbarkeit litt darunter jedoch nicht. Probleme bereitete den Prozeßbeteiligten eher die technische Anlage der Simultanübersetzung[123]. Sie versagte öfter, so daß die Gefahr bestand, daß Bemerkungen der Anklage oder Verteidigung das Gericht nicht erreichten. Sehr schnell merkten jedoch insbesondere die deutschen Verteidiger, ob die Übersetzung funktionierte. War dies nicht der Fall, so unterbrachen sie sofort ihre Ausführungen, damit keiner der in Worte gefaßten Gedanken verloren ging. Schließlich gestattete es das Gericht in solchen Fällen auch, die Rede nochmals von vorne zu beginnen.

---

[122] Z.B. mußten selbstverständlich sämtliche Anklagedokumente ins Deutsche übersetzt werden: Vergl. Protokoll S.163

[123] Z.B. Protokoll S.55

b. Die Stellung der Angeklagten

aa. Unterbringung und Betreuung

Alle für die Nürnberger Prozesse ausfindig gemachten Angeklagten und Zeugen waren im Zellengefängnis des Justizpalastes inhaftiert, einem Sternbau mit vier Flügeln zu je hundert Zellen[124]. In der Behandlung wurde zwischen Zeugen, Angeklagten, Untersuchungsgefangenen und Verurteilten kaum Unterschiede gemacht[125]. Eine nur unzureichende Verpflegung, die Unsauberkeit des gesamten Gefängnisses und die in der winterlichen Jahreszeit auftretende Kälte in den Zellen zermürbten viele Häftlinge körperlich und seelisch[126].

Die lange Haftzeit vor Eröffnung des Prozesses bedeutete für fast alle Angeklagten eine starke psychische Belastung. Hinzu kamen das Verrichten demütigender Arbeiten wie Toilettenreinigen sowie ein ständiger psychischer Druck durch das "in Angst gehalten werden"[127]. Im IG-Farben-Prozeß führte dies dazu, daß die Angeklagten auf Druck der Anklage Schuldbekenntnisse in Form eidesstattlicher Erklärungen unterschrieben, die sie sonst wohl nie abgegeben hätten[128]. Jedenfalls ließ das Gericht solche Dokumente nach Intervention der Verteidiger nicht als Beweismittel zu.

Die Sitzungen des Gerichtshofes waren insbesondere für die älteren Angeklagten belastend. Die stundenlangen zweisprachigen Verhandlungen erforderten ein hohes Maß an Konzentration. Um den Angeklagten ein wenig Erleichterung zu verschaffen, bedurfte es immer der Anträge der Verteidiger. So lag es an Dr. Kubuschok, während seiner Vernehmung von Schlegelberger darauf hinzuweisen, daß die Hitze im Gerichtssaal die Angeklagten stark beeinträchtige. Erst nach diesem Hinweis wurde es ihnen gestattet, in den Verhandlungspausen in ein anderes Zimmer geführt zu werden, wo sie die Möglichkeit hatten, ein Glas Wasser zu trinken[129].

---

124 Maser S. 103

125 Vergl. Maser S. 110f.

126 Maser a.a.O.

127 Heintzeler S. 121f.

128 Heintzeler a.a.O.

129 Protokoll S. 4361f.

Die Betreuung der Gefangenen in medizinischer Hinsicht gab allerdings keinen Anlaß zur Beschwerde. Dem Protokoll ist nicht zu entnehmen, daß gegen Angeklagte verhandelt wurde, die dazu nicht in der körperlichen und geistigen Verfassung waren. Neben Karl Engert wurde es Oswald Rothaug gleich zu Beginn des Prozesses gestattet, der Verhandlung fernzubleiben. Rothaug litt unter der Vernarbung eines Magengeschwürs und mußte deshalb in stationäre Behandlung[130]. Nach einem Selbstmordversuch durch Durchschneiden der Hauptarterie der linken Hand befreite das Gericht auf Rat des Gefängnisarztes auch Rothenberger von der Teilnahme an der Verhandlung[131]. Schlegelberger schließlich nahm ebenfalls aufgrund von Erschöpfungszuständen zeitweilig nicht an den Verhandlungen teil und kam in ärztliche Behandlung. Das Gericht gewährte ihm die zur Genesung erforderliche Ruhe[132].

bb. Verhandlungsdauer und Teilnahmepflicht

Der Prozeß begann am 17. Februar 1947 und endete mit der Urteilsverkündung am 4. Dezember desselben Jahres. 119 Tage nahmen die Verhandlungen einschließlich der Urteilsbegründungen in Anspruch. Auf den gesamten Zeitraum verteilt kam durchschnittlich alle zweieinhalb Tage ein Verhandlungstag. Da nur eine längere Pause von ca. eineinhalb Monaten nach den Schlußworten der Angeklagten bis zur Urteilsverkündung eingelegt wurde[133], bedeutete dies in der Regel vier bis fünftägige Sitzungswochen. Nur einmal wurde in dem gesamten Zeitraum an nur einem Tag in der Woche getagt, siebenmal lediglich an nur zwei Tagen. Zwölfmal dagegen gab es viertägige, zehnmal fünftägige und gar einmal eine sechstägige Sitzungswoche. Letztere beschloß die mündlichen Verhandlungen mit den Plädoyers und sollte aus diesem Grunde nicht auseinandergerissen werden[134]. An den Wochenenden wurde grundsätzlich nicht getagt; hiervon gab es zwei Ausnahmen, an denen an den Sonnabenden noch Sitzungen stattfanden. Am Samstag, den 24. März 1947, wurde den Angeklagten ein Film über Freislers Verhörmethoden am

---

[130] Bericht des Gefängisarztes Captain Charles J.Roska: Protokoll S.28

[131] Protokoll S.7348: Rothenberger wurde für eine Woche von der Teilnahme an den Sitzungen befreit.

[132] Protokoll S.6679

[133] Ihre Schlußworte hielten die Angeklagten am Samstag, den 18,10.1947, die Urteilsverkündigung begann am Mittwoch, den 3.12.1947.

[134] Sitzung vom 18.10.1947: Protokoll S.10267 - 10359

Volksgerichtshof gezeigt, und am 18. Oktober 1947 endlich wurde die mündliche Verhandlung geschlossen.

Die sehr dicht gestaffelte Sitzungsfolge ergab sich aus der großen Fülle des Beweismaterials und der hohen Anzahl der anzuhörenden Zeugen sowie aus der Zielsetzung des Gerichtes, diesen Prozeß wie auch die parallel verhandelten möglichst schnell zu beenden[135]. Für die Verteidigung brachte dies große Probleme mit sich. Da ihr die von der Anklage eingebrachten Beweisstücke erst im Laufe des Prozesses bekanntgemacht wurden, stand ihr wenig Zeit zur Verfügung, durch entlastendes Material direkt darauf zu reagieren. Abhilfe schuf das Gericht insofern, als es nach der Beendigung der Einführung durch die Staatsanwaltschaft am 21. Mai 1947[136] für die Verteidigung der Angeklagten eine bestimmte Reihenfolge festlegte. So konnte sich jeder Vertreter der Angeklagten auf den ungefähren zeitlichen Beginn seiner Verteidigung einstellen. Damit auch dem ersten Verteidiger genügend Zeit zur Vorbereitung verblieb, begannen die sogenannten "opening statements" der Verteidigung erst am 23. Juni 1947[137]. Daß dennoch aus Sicht der Verteidiger zumeist nicht genügend Vorbereitungszeit für eine ausreichende Verteidigung gegeben war, beweist ein Disput zwischen dem Verteidiger Rothaugs, Dr. Kössl, und dem Gericht[138]:

> "Dr. Kössl: Hohes Gericht, ich sehe mich gezwungen, zu der Frage Stellung zu nehmen, welche aus verständlichen Gründen ich hier nur ungern vortragen möchte. Das Gericht hat es an wiederholten Mahnungen nicht fehlen lassen, die Verteidigung so vorzubereiten, daß die Sache ohne Verzögerung abläuft. Ich habe diesen Ermahnungen Rechnung getragen, soweit dies in meinen Kräften stand. Ich habe täglich bis in die späten Nachtstunden gearbeitet. Das gleiche hat mein Mandant getan, der immer noch laufend in ärztlicher Behandlung steht. Die Verteidigung war aber durch Verhältnisse erschwert und behindert, die ausserhalb unserer Macht standen und an deren Entstehung niemanden eine Schuld trifft. Ich habe schon in meiner Eröffnungsrede hingeweisen und dargelegt, welche ungeheure Klein- und Kleinstarbeit infolge der in der Anklage vorgebrachten Vorwürfe gemacht werden muss, und daß dabei die Bearbeitung eines beträchtlichen Aktenmaterials eine

135 Vergl. Protokoll S.32

136 Abgeschlossen war damit lediglich die erste Einführung von Dokumenten und Anhörung von Zeugen. Natürlich besaß die Anklage ebenso wie die Verteidigung noch Gelegenheit dazu, zu einem späteren Zeitpunkt diese Handlungen vorzunehmen bzw. bisher vom Gericht nicht zugelassene Dokumente nochmals einzuführen zu versuchen.

137 Protokoll S.4036ff.

138 Protokoll S.6088

beträchtliche Rolle spielen wird. Schon vor vielen Wochen, jedenfalls schon vor der 17 Tage-Frist zur Vorbereitung der Verteidigung, habe ich mich bemüht, dieses Aktenmaterial zu erlangen. Die mir für heute zugesagten Akten wurden mir wieder nicht ausgehändigt, mit der Begründung, daß sie der Oberlandesgerichtspräsident noch durchsehen müsse..."

Kössls Antrag[139], nach der Vernehmung der angeklagten Mitglieder des Ministeriums einige Tage Pause zu machen, damit die Verteidigung der angeklagten Richter vorbereitet werden kann, lehnte das Gericht ab. Lapidar teilte es dem Verteidiger mit, daß er sich selbst vorbereiten müsse,

"so gut, (wie) es Ihnen möglich ist.[140]"

Die Sitzungen des Gerichtshofes begannen in der Regel morgens um 09.30 Uhr und endeten mit der Vertagung um 16.30 Uhr. Zwischendurch legte das Gericht sowohl vormittags als auch nachmittags eine kurze Verhandlungspause von 15 Minuten ein. Die Mittagspause begann gegen 12.30 Uhr und endete um 13.30 Uhr. Wie im deutschen Strafprozeß legte auch das amerikanische Gericht Wert auf die ständige Anwesenheit der Angeklagten. Nur in den bereits geschilderten Fällen gestattete es die Abwesenheit. Überprüft wurde die Vollzähligkeit der Angeklagten jeden Verhandlungstag von neuem, indem der Vorsitzende den Gerichtsmarschall, einen Assistenten des Generalsekretärs, fragte, ob alle Angeklagten im Gerichtssaal anwesend seien. Erst nach der Beantwortung dieser Frage durch den Gerichtsmarschall und der Erläuterung des Grundes, weshalb jemand abwesend ist, eröffnete der Vorsitzende die Verhandlung[141].

Die Anwesenheitspflicht galt auch für die Verteidiger. Dennoch kam es bei ihnen häufiger vor, daß sie an den Sitzungen nicht teilnehmen konnten. Der Grund dafür lag zumeist in vorbereitenden Gesprächen, die sie mit den von ihnen benannten Entlastungszeugen führen wollten. Das Gericht entschuldigte die Abwesenheit eines Verteidigers, wenn er ihm rechtzeitig mitteilte, durch wen die Vertretung seines Mandanten an dem betreffenden

---

139 Protokoll S.6089

140 Protokoll S.6090; bereits vorher hatte das Gericht deutlich gemacht, daß es die Zeit zwischem dem 21.5. und dem 23.6. als ausreichend zur Vorbereitung für die Verteidigung hielt. Ein Antrag von Verteidigern, acht Tage Aufschub zur besseren Vorbereitung der Entlastungsbeweise zu gewähren, wurde abgelehnt. Vergl. Protokoll S.5364f./5403f.

141 Z.B. Protokoll S.314

Verhandlungstag erfolgen solle. Schwieriger gestaltete sich für die Verteidiger der kranken und deshalb abwesenden Angeklagten die Vernehmung von Zeugen. Dr. Kössl führte hierzu aus[142]:

"Hohes Gericht. Die Anklagebehörde hat angekündigt, daß ab Montag als Zeugen vernommen werden sollen der frühere Oberlandesgerichtspräsident Goeringer und der frühere Landgerichtsdirektor Ferber aus Nürnberg. Das Beweisthema ist nicht angegeben. Ich nehme aber an, daß die beiden Zeugen über Vorgänge vernommen werden sollen, die meinen Mandanten Rothaug betreffen. Die beiden Zeugen sind für meine Mandanten von ausschlaggebender Bedeutung. Ich habe bereits in meinem schriftlichen Antrag vom 21.3.47 und auch in dieser Sitzung vor dem hohen Gericht darauf hingewiesen, daß es für meinen Mandanten eine außerordentliche Erschwerung bedeutete, wenn diese wichtigen Zeugen in seiner Abwesenheit vernommen werden. Ich kann natürlich nicht ermessen, ob es unbedingt notwendig ist, daß gerade der Fall Rothaug jetzt schon behandelt wird. Ich bitte das Hohe Gericht, zu entscheiden, ob diese wichtigen Zeugen bereits jetzt vernommen werden müssen oder ob sich ein Weg finden läßt, diese Zeugen erst in einigen Wochen zu vernehmen."

Die Staatsanwaltschaft schlug daraufhin vor, das tägliche Protokoll mit den Zeugenaussagen dem Angeklagten und seinem Verteidiger zu übergeben und ihnen ein Kreuzverhör zu gestatten, nachdem der Angeklagte Rothaug den Wortlaut der Zeugenaussagen gegen ihn tatsächlich gesehen hatte[143]. In seiner Erwiderung machte Rechtsanwalt Dr. Kössl das Gericht auf die Gegebenheit aufmerksam, daß die Übersetzung der Protokolle in der Regel mindestens sechs Tage dauere[144]. Ansonsten sei er aber mit diesem Vorschlag einverstanden. Der Vorsitzende verkündete anschließend[145]:

"Jedem vor diesem Gericht mündlich gegen die Angeklagten Rothaug oder Engert aussagenden Zeugen wird gestattet, auszusagen, wenn der Anwalt die Rechte dieser beiden Angeklagten, oder irgendwelcher anderer Angeklagten wahrnimmt. Eine Niederschrift der mündlichen Zeugenaussage wird so rasch wie möglich angefertigt werden und die Verteidiger werden die Vergünstigung der Prüfung dieser Niederschrift und nachher angemessene Zeit zur Beratung mit ihren Klienten haben. Hierauf kann das Kreuzverhör fortgesetzt werden."

---

142 Protokoll S.1235

143 Protokoll S.1236

144 Protokoll S.1236

145 Protokoll S.1328

cc. Der Kontakt zu den Mandanten

Viel Zeit zur Beratung mit ihren Mandanten hatten die Verteidiger nicht. Die häufigen Sitzungen erschwerten den Kontakt zwischen ihnen. Da beide die Sitzung nur durch Kopfhörer verfolgen konnten und Gespräche während der Verhandlung nicht möglich waren, mußten sie außerhalb des Gerichtssaales geführt werden. Vor der Verhandlung war dafür bei einem Beginn um 09.30 Uhr nur wenig Zeit. Die einstündige Mittagspause verbrachten die Angeklagten unter Aufsicht beim Essen. Echte Gelegenheit zur Besprechung mit dem Mandanten verblieb daher nur am Nachmittag, wobei auch hier der frühe Abendessentermin zu Beginn Probleme bereitete. Hinzu kam, daß Besprechungen im Lazarett nur bis sechs Uhr abends möglich waren[146]. Erst auf Intervention der Verteidigung ergaben sich Änderungen. Berücksichtigt man, daß die Anwälte die Protokolle lesen, das Material der Staatsanwaltschaft auf seine Beweiskraft prüfen und Gegenbeweise ins Feld führen mußten, war der Kontakt zum Klienten zumindest in der Woche stark eingeschränkt. Für die Ermittlungen in eigener Sache wurden zudem die Wochenenden genutzt. Nur an den verhandlungsfreien Tagen ließen sich in gezielterer Form Vernehmungen vorbereiten beziehungsweise Entlastungszeugen anhören. Um dieser Aufgabe nachkommen zu können, hatte sich der ursprünglich aus Breslau stammende Rechtsanwalt Dr.Kubuschok in Nürnberg für die Zeit seiner Prozeßtätigkeit eine kleine Wohnung suchen müssen.

Der Kontakt zwischen Angeklagtem und Verteidiger beschränkte sich nicht nur auf den Prozeß. Egon Kubuschok vertrat Franz Schlegelberger nicht nur während der Verhandlung und der anschließenden Haft, sondern auch nach dessen Freislassung in anderen Verfahren. Beide pflegten darüber hinaus den privaten Kontakt. Häufig kam es vor, daß Schlegelberger bei Besuchen in Bonn oder Umgebung Kubuschok in dessen Haus in Bad Honnef aufsuchte[147]. In Briefen an seinen Anwalt verwendete Schlegelberger die Anrede "Lieber Herr Dr.Kubuschok" und endete mit "Herzlichst wie immer Ihr Schlegelberger"[148]. Vieles spricht dafür, daß es neben der intensiven Arbeit der Verteidiger dem gemeinsamen Rechtswissen mit ihren Mandanten zu verdanken war, daß der "Fall 3" in weniger als einem Jahr abgeschlossen werden konnte.

---

[146] Protokoll S.2384

[147] Vergl. Fn.108

[148] Quelle: Schreiben Schlegelbergers an Dr.Kubuschok, Nachlaß Dr.Kubuschok

c. Die Beweisaufnahme

aa. Die Grundlagen

Die Verordnung Nr.7 der US-Militärregierung in der durch die Verordnung Nr.11 abgeänderten Fassung definierte in Artikel VII die Beweisaufnahme. Danach waren die Gerichte an Beweisregeln nicht gebunden und sollten jedes Beweismaterial, das ihnen Beweiswert zu haben schien, zulassen, um ein "im weiten Ausmaß" schnelles und nicht formelles Verfahren anzuwenden[149]. Weiter hieß es:

> "Unbeschadet der vorstehenden allgemeinen Bestimmungen sind die folgenden Beweismittel als zulässig anzusehen, wenn sie nach Ansicht des Gerichts Informationen zu enthalten scheinen, die bezüglich der Anklage von Beweiswert sind: eidesstattliche Erklärungen, Aussagen vor einem kommissarischen Richter, Verhöre und andere Erklärungen, Tagebücher, Briefe, Protokolle, Untersuchungsergebnisse, Erklärungen und Urteile der Militärgerichte und der nachprüfenden und bestätigenden Behörden einer der Vereinten Nationen und Zweitschriften von Urkunden oder andere indirekte Beweise des Inhalts einer Urkunde, wenn das Original nicht ohne weiteres zur Verfügung steht. Das Gericht hat der Gegenpartei die Gelegenheit zur Bestreitung der Echtheit oder des Beweiswertes eines solchen Beweismittels in dem Ausmaß zu geben, als das nach Ansicht des Gerichts für die Rechtsfindung erforderlich ist."

Und Artikel VIII präzisierte:

> "Die Gerichte können vor der Beweisantretung Auskunft über die Natur des Beweismittels verlangen, um über seine Erheblichkeit entscheiden zu können."

Darüber hinaus machte der Vorsitzende Richter Marshall gleich zu Beginn des Prozesses deutlich, daß als Verfahrensbestimmungen auch die Beschlüsse und Entscheidungen, die die anderen Gerichtshöfe bereits getroffen hatten, verbindlich seien[150].

bb. Die Beweismittel

(1) Die schriftlichen Beweismittel

(a) Beutedokumente

Eine besondere Rolle bei den allgemeinen schriftlichen Beweismitteln spielten die sogenannten Beutedokumente, also Dokumente, die den Alliierten entweder bereits während des Krieges oder aber nach der Kapitulation in die Hände fielen. Wie die Beschlagnahme

---

149 Abgedruckt bei Taylor S.151ff.

150 Protokoll S.30

erfolgte, schilderte der amerikanische Ankläger Oberst Robert G.Storey dem Nürnberger IMT in nüchternen Worten[151]:

"Als die Armeen der Vereinigten Staaten auf deutsches Gebiet vordrangen, befanden sich angegliedert an jede Armeegruppe untergeordnete Abteilungen militärischer Spezialisten, deren Aufgabe es war, Feindnachrichten in Form von Urkunden, Aufzeichnungen, Berichten und anderem Aktenmaterial zu beschlagnahmen und sicherzustellen. Die Deutschen hatten genaue und umfangreiche Akten geführt. Sie wurden in Armeestabsquartieren, Regierungsgebäuden und auch sonst gefunden. Hauptsächlich während der letzten Phasen des Krieges fand man solche Dokumente in Salzbergwerken, in der Erde vergraben, hinter falschen Wänden und an vielen anderen Stellen, die von den Deutschen als sicher angesehen wurden. Zum Beispiel wurden die persönliche Korrespondenz und Tagebücher des Angeklagten Rosenberg, einschließlich seiner Nazikorrespondenz hinter einer falschen Wand in einem alten Schloß in Ostbayern gefunden....
So wie die Armee Dokumente und Protokolle beschlagnahmte, wurde dieses Material sofort unter Bewachung gestellt und späterhin in vorläufigen Dokumentenzentralen gesammelt. Oft waren die Dokumente so umfangreich, daß sie durch ganze Abteilungen von Heereslastkraftwagen nach diesen Zentralen gebracht werden mußten. Schließlich, nachdem das eroberte Gebiet gesichert war, wurden Armeezonen eingerichtet, und jede Armee errichtete ein feststehendes Dokumentenzentrum, wohin die gesammelten Dokumente und Protokolle gebracht wurden. Später wurde dieses Material geordnet und in Katalogen verzeichnet, was ein langwieriges Verfahren war."

Insgesamt 2093 Beweisstücke wurden in der Beweisaufnahme des Falles 3 geprüft[152]. Neben Artikeln aus Zeitungen, Zeitschriften oder Büchern waren dabei Schreiben Hitlers oder Bormanns. Eine Unzahl von Briefen privater oder geschäftlicher Art wurde in den Prozeß ebenso eingebracht wie Protokolle aus Sitzungen und Vermerke von Besprechungen. Schließlich spielten Ge-schäftsverteilungspläne und die Personalakten des Reichsjustizministeriums eine übergeordnete Rolle. Die zumeist erst ins Englische übersetzte, dann für den Prozeß auch wieder in deutscher Sprache vorgelegten Dokumente konnten in ihrer Echtheit nur selten erfolgreich von den Verteidigern angezweifelt werden[153]. Versehen mit

---

[151] Der Nürnberger Prozeß Bd.2 S.184f.; vergl. auch Protokoll S.151

[152] Vergl. Urteilsbegründung Allgemeiner Teil, Protokoll S.10360: 641 Beweisstücke wurden seitens der Anklagebehörde, 1452 Beweisstücke durch die Verteidigung eingebracht.

[153] Damit diese ebenso wie die Ankläger im umgekehrten Fall nicht gänzlich von den Dokumenten und Erklärungen überrascht wurden, gab es eine sogenannte "24 Stunden Regel". Soviel Zeit standen sowohl Anklage als auch Verteidigung zu, die Beweismaterialien vor der Einbringung ins Verfahren zur Kenntnis zu nehmen und

der eidesstattlichen Erklärung des Majors William H. Coogan erhielten die aufgefundenen Dokumente Beweiskraft[154]. Coogan bezeugte, daß alles seitens der Ankläger als Beweis angebotene Dokumentenmaterial von befähigten Übersetzern übersetzt und die Photokopien getreue und richtige Abbilder der Originale seien. So wendete sich beispielsweise Dr. Behling als vertretender Verteidiger Schlegelbergers vergeblich gegen einen Brief mit dessen angeblicher Abzeichnung. Behling konnte auf der zweiten Seite des Dokuments nicht das Zeichen oder die Unterschrift des Angeklagten Schlegelberger finden. Nachdem auch Schlegelberger selbst dieses Zeichen nicht als das Seinige erkennen konnte, schlug Behling vor, einen Schriftsachverständigen zu befragen. Das Gericht ging hierauf nicht ein: trotz der Zweifel ließ es das Dokument als einen "prima facie Beweis von Echtheit" zu und überließ es der Verteidigung, den Anschein des Handzeichens zu widerlegen[155].

Auch unvollständige Dokumente ließ das Gericht als Beweis-material zu. So mußte Dr. Grube anhand eines geschlossenen Aktenbandes des Reichsjustizministeriums feststellen, daß mehrere Seiten fehlten[156]. Wo diese geblieben waren, konnte die Anklage nicht darlegen. Ihrer Ansicht nach würde Vollzähligkeit der Akten ohnehin nur dazu führen, daß sie " zwei oder drei Aktenschränke voll Material vorlegen" müßte. Das Gericht erlaubte daraufhin der Verteidigung, alles das vorzulegen, was sie zu Aktenbänden zugehörig finden könne. Der Anklage sollten jedoch keine Auflagen gemacht werden. Der Einwand Dr. Wandschneiders[157], es komme für die Würdigung des Sachverhaltes auf die Kenntnis

---

gegebenenfalls zu überprüfen. Den Parteien stand es frei, im Einzelfall auf die Anwendung dieser Regel zu verzichten, vergl. z.B. Protokoll S.346 und S.3380f.

[154] Protokoll S.152ff.: Sämtliche Dokumente, die nicht für das IMT vorgesehen waren, verwahrte als Chef der Dokumentenabteilung der amerikanische Oberleutnant Fred Niebergall. Auch er bezeugte die Dokumente als Beutedokumente, ihre qualifizierte Übersetzung und die Richtigkeit der gemachten Ablichtungen. Im übrigen wurde jedes Dokument, das als Beweismittel vorgelegt wurde, von einem Angestellten der Evidence Division of the Office of Chief of Counsel for War Crimes beglaubigt (beispielsweise für die Echtheit der Kopie des in der Berliner Dokumentenzentrale befindlichen Originals). Eine Ausnahme bildeten Entlastungsdokumente wie Affidavits (Eidesstattliche Erklärungen), die von den Angeklagten selbst unterzeichnet waren.

[155] Protokoll S.2436ff.

[156] Protokoll S.1242ff.: Es fehlten beispielsweise die Seiten 1-18 und 24-42 in einem Dokument Thieracks.

[157] Protokoll S.234ff.

sämtlicher Umstände eines Vorganges an, beeindruckte das Gericht nicht. Es drückte lediglich die Hoffnung aus, daß die Anklage alle Dokumente vorbringen werde, die sie in ihrem Besitz oder von denen sie Kenntnis habe[158]. Ohnehin werde das gesamte Dokument unabhängig von seiner Verlesung in der Verhandlung zugelassen. Auf die Teile, die die Verteidigung für wichtig halte, könne sie bei ihrem Beweisvortrag durch Verlesen aufmerksam machen[159]. Daß die Verteidigung nach der totalen Beschlagnahme sämtlichen Aktenmaterials der Ministerien und anderer Behörden des Dritten Reiches keine Gelegenheit zur Vervollständigung der Akten hatte, kümmerte das Gericht zumindest zu Anfang des Prozesses nicht. Erst im weiteren Verlauf des Verfahrens, als die Beschwerden der Verteidiger immer zahlreicher wurden, bot das Gericht in einigen Fällen seine Mithilfe bei der Beschaffung von Dokumenten an[160]. Es ließ allerdings nie einen Zweifel daran, daß es nicht sein Auftrag sei, die Aufgaben des Defense-Informationszentrums oder das Amt des Generalsekretärs zu übernehmen[161]. So blieb es den Verteidigern überlassen, Dokumente zu beschaffen und zur Beweisführung zusammenzustellen[162]. Angesichts dieser Schwierigkeiten war es nicht verwunderlich, daß die Anwälte der Angeklagten ihre Verteidigung hauptsächlich auf Lehrbuchmeinungen, Eidesstattlichen Erklärungen und Zeugenvernehmungen stützen mußten.

---

[158] Protokoll S.1246

[159] Protokoll S.245

[160] Z.B. für die Beschaffung von Akten des ehemaligen Sondergerichtes Nürnberg. Der Präsident des dortigen Oberlandesgerichtes hatte gegenüber dem Verteidiger Dr.Kössl behauptet, 600 - 800 Akten des Sondergerichtes an die Staatsanwaltschaft abgegeben zu haben. Demgegenüber erklärte Mr. Einstein von der Anklage, außer den in den Prozeß eingeführten Akten nur noch 20 von diesen in Verwahrung zu haben: Vergl. Protokoll S.5636ff.

[161] Z.B. Protokoll S.5557

[162] Die Verwendung von Dokumentenbüchern erleichterte die Verhandlung, weil in ihnen die Beweismaterialien in übersichtlicher Form mit Inhaltsverzeichnis und in den jeweilig benötigten Übersetzungen zusammengefaßt waren.
Für die Erstellung der Dokumentenbücher der Verteidigung war das Defense Center zuständig: Vergl. auch Protokoll S.5556ff.

(b) Eidesstattliche Erklärungen

Hunderte von Eidesstattlichen Erklärungen wurden seitens der Verteidigung eingereicht[163]. Zumeist sollten sie bestimmte Vorwürfe näher erläutern oder die Persönlichkeiten der Angeklagten beschreiben. Ein Teil dieser Erklärungen wurde von den im Nürnberger Gefängnis festgesetzten Zeugen oder Angeklagten abgegeben[164]. Eine typische Erklärung in diesem Sinne ist die eidesstattliche Versicherung Georg Klauers vom 6. Mai 1947[165]:

> "Ich, Georg Klauer, geboren am 9.6.1876 zu Berlin wohnhaft Berlin W 15, Olivaer Platz 11, bin zur Zeit von der Militärregierung mit der Leitung des Patentamtes beauftragt. Ich bin zunächst darauf aufmerksam gemacht worden, daß ich mich strafbar mache, wenn ich eine falsche eidesstattliche Versicherung abgebe. Ich erkläre an Eides statt, daß meine Aussage der Wahrheit entspricht und gemacht wurde, um als Beweismaterial dem Militärgerichtshof Nr.III im Justizpalast Nürnberg, Deutschland, vorgelegt zu werden.
>
> Von 1921 bis 1934 gehörte ich - seit 1924 als Ministerialrat - dem Reichsjustizministerium an, zu dessen Verwaltungsbereich ich auch später als Präsident des Reichspatentamts gehörte.
>
> Seit 1921 kenne ich daher Herrn Staatssekretär Dr. Schlegelberger, mit dem ich auch ausserdienstlich, ebenso wie unsere Familien, in freundschaftliche Beziehungen trat. Aus zahlreichen Gesprächen weiß ich, daß Herr Schlegelberger dem nationalsozialistischen Programm sehr ablehnend gegenüberstand, insbesondere erinnere ich mich an ein Gespräch im Jahre 1933, in dem er die größten Besorgnisse gegen die Gewaltmethoden des Nationalsozialismus aussprach und schwere Befürchtungen für Deutschland und besonders für die Unabhängigkeit der Rechtspflege äußerte. In zwei weiteren Gesprächen, einmal im Sommer 1938 in Wien, wo ich ihn nach einem Autounfall im Krankenhaus aufsuchte, und sodann bei einem Zusammensein mit ungarischen Freunden im Sommer 1942 übte er scharfe Kritik an leitenden Personen der Partei, so z.B. an dem damaligen Minister Dr. Frank und an Göring.
>
> An dem früheren Reichsjustizminister Dr. Joel, der volljüdischer Herkunft war, hing er stets mit großer Treue und Verehrung. Wie ich von mehreren Seiten gehört habe, ist es im wesentlichen seinem Eingreifen zu verdanken gewesen, daß Dr. Joel von entwürdigenden und gefährlichen Maßnahmen der Judenverfolgung verschont geblieben ist.
>
> Weiterhin hat sich Herr Schlegelberger auch für meine Nichte, Fräulein Annemarie Kühnemann, Berlin W 15, Sächsische Str.70, sehr maßgeblich und erfolgreich verwandt und sie vor einem Konzentrationslager bewahrt, als diese von einem Sondergericht wegen sogenannter "Führerbeleidigung" mit einer zeitlichen Gefängnisstrafe belegt wurde.

---

[163] Vergl. Urteilsbegründung Allgemeiner Teil, Protokoll S.10360

[164] Z.B. die Erklärung des Nürnberger Oberstaatsanwaltes Karl Schröder: Protokoll S.6680

[165] Schlegelberger Document Nr.40, Protokoll S.4694

Nach alledem bin ich der Überzeugung, daß Herr Staatssekretär Schlegelberger bei völliger Ablehnung des Nationalsozialismus nur von dem Wunsche beseelt war, dem ständig wachsenden Druck der Partei Widerstand zu leisten und die Traditionen des Justizministeriums nach Möglichkeit durch die schlimme Zeit hindurchzuretten. Wenn er zu gewissen Zugeständnissen gezwungen war, so besagt dies noch lange nicht, daß diese Zugeständnisse seiner Einstellung entsprachen, vielmehr wird die intime Kenntnis der damaligen Verhältnisse ergeben, daß diese zwangsläufig waren, um Schlimmeres zu verhüten."

Auch die Anklage arbeitete mit derartigen Affidavits. Ihr kam es in der Hauptsache darauf an, dem Gericht durch eides-stattliche Erklärungen die Skrupellosigkeit der Angeklagter vor Augen zu führen. Sie zog diese Erklärungen auch deshalb vor, weil sie andernfalls Zeugen hätte vorführen müssen, die im Kreuzverhör von der Verteidigung hätten vernommen und in ihrem Beweiswert erschüttert werden können. So erklärte der Landgerichtsrat a.D. Dr.Franz Gros[166]:

"Am 1.Mai 1937 bin ich auf Druck meiner vorgesetzten Behörde, des damaligen Oberlandesgerichtspräsidenten in Darmstadt, der NSDAP beigetreten. Ein Amt oder eine Funktion habe ich nicht inne gehabt, ich habe lediglich vorübergehend und aushilfsweise die Tätigkeit einens Blockhelfers der NSV[167] versehen.
Als ich an das Sondergericht kam, war Dr.Rothaug Vorsitzender. Ich lernte Dr.Rothaug von Anfang an als einen gehässigen und charakterlosen Menschen kennen, der vor nichts zurückschreckte. Er war der gefürchtetste aber auch verhaßte Mann im Justizgebäude und auch wir, seine Mitarbeiter, haben ihn gefürchtet und gehaßt, wenn wir diesen Haß auch nicht offen zur Schau tragen konnten..."

Schlegelberger betreffend gab es derartige Erklärungen nicht. Ohnehin war der Wert solcher Erklärungen von Anfang an umstritten. Fraglich war insbesondere, welchen Anforderungen sie genügen mußten. Handelte es sich nicht um Beutedokumente, gab es nach Ansicht der Verteidigung bei Personenaussagen nur die Möglichkeit, diese durch Zeugen oder notfalls in Form einer Eidesstattlichen Versicherung abzugeben, wenn sie Beweiswert haben sollten. Demgegenüber versuchte die Anklage beispielsweise einen Brief als Beweisstück einzubringen, der nicht mit einer eidesstattlichen Erklärung versehen war[168]. Dr.Kubuschok wandte dagegen ein, daß noch nicht einmal ersichtlich sei, von

---

166 Document NG 652; Protokoll S.1567

167 Abkürzung für "Nationalsozialistische Volkswohlfahrt"

168 Es handelte sich um das Document NG-560. Hierin führte ein Ministerialdirektor Schneller auf Verlangen der Anklage Namen von Beamten an, die vom Reichsjustizministerium und früherem Preußischen Justizministerium aus

wem das in dem Brief enthaltene belastende Verzeichnis erstellt worden sei. Dokumente, deren Urheber unbekannt seien, könnten keinen Beweiswert haben[169]. Dr.Grube ergänzte diese Ausführungen. Solle einem einfachen Brief Beweiswert zukommen, so müsse es der Verteidigung gestattet sein, die Briefe von Entlastungszeugen in den Prozeß einzuführen, die nicht mit einer eidesstattlichen Erklärung versehen seien[170]. Dem Einwand des Vorsitzenden des Gerichtes, es reiche bei dem vorgelegten Dokument aus, daß es mit dem Coogan-Affidavit versehen sei, begegnete Grube mit dem zutreffenden Argument, dieses könne lediglich die Richtigkeit der Abschrift, nicht aber die Richtigkeit der Angaben beweisen[171]. Grube sagte weiter[172]:

> "Ich glaube, daß auch das Coogan-Affidavit nicht geeignet ist, diesem Schreiben Schnellers Beweiskraft zu verschaffen. Bis jetzt wurden auf dem Internationalen Militärtribunal nur solche Dokumente zugelassen als gültige Beweismittel oder Erklärungen, die entsprechend den Verfahrensvorschriften nach ganz bestimmter Form abegegeben waren. Dies galt auch für Beweisdokumente, die die Anklagebehörde vorgelegt hat. Wenn man die Gültigkeit des Coogan-Affidavits auf alle Dokumente ausdehnen würde, dann würde es ja genügen, wenn z.B. die Angeklagten wenn sie ihren Lebenslauf schildern, eine einfache Erklärung abgeben und dann das Coogan-Affidavit dafür vorgelegt wird. Nachdem aber auch in den anderen Fällen die Anklagebehörde selbst offenbar auf dem Standpunkt steht, daß für das Beweismaterial, das sie selbst beizieht, die Form des Affidavits gewählt wird, bin ich der Ansicht, das dasselbe auch für den vorliegenden Fall wie überhaupt für alle derartigen Briefe gelten muß."

Trotz dieser Einwände ließ das Gericht das Dokument zu[173].
Auf die Frage Dr.Grubes, ob das Gericht dementsprechend auch Briefe von Entlastungszeugen als Beweismittel zulassen werde, antwortete der Vorsitzende Marshall[174]:

---

politischen Gründen entlassen worden waren. Schneller selbst bezweifelte die Vollständigkeit des Verzeichnisses. Vergl. Protokoll S.298ff.

[169] Protokoll S.303

[170] Protokoll S.305

[171] Protokoll a.a.O.

[172] Protokoll S.305f.

[173] Protokoll S.311

[174] Protokoll S.310

"Unsere Antwort auf die letzte Frage, die von der Verteidigung gestellt worden ist, ist die, daß es eine sehr allgemein gehaltene Frage ist und wir antworten werden, wenn sich eine Gelegenheit dazu bietet. Wir können nicht antworten, was eventuell auf eine Vorlage beschlossen wird, die wir gar nicht vor uns haben. Diese hier haben wir vor uns und wir versuchen unser bestes, sie korrekt zu beantworten."

Eine Gelegenheit zur Beantwortung ergab sich in der Sitzung vom 2.Juli 1947. Als Dr.Kubuschok für den Angeklagten Schlegelberger eine eidesstattliche Erklärung des Kammergerichtsrates Dr.Cohn vorlegte[175], ergriff seitens der Anklage Mr.Wooleyhan das Wort[176]:

"Hohes Gericht. Die Aussage, auf die Dr.Kubuschok auf Seite 87 des Dokumentenbuches Bezug genommen hat, - ich erhebe den Einspruch als unzulässig und zwar aus dem Grund, da es äußerlich gesehen, eine Aussage an Eides statt ist. Da dem so ist, muß es mit der Anordnung 21 der allgemeinen Verfahrensregel übereinstimmen. Unter dem Unterabschnitt 15 der Verordnung 21 ist zu finden, daß irgendwelche Präambel in einer Erklärung an Eides statt unter anderem enthalten muß, erstens eine Warnung an den Aussteller, darüber, daß er selbst strafbar ist, wenn es nicht der Wahrheit entspricht und zweitens, daß er sich vergegenwärtigt, daß das, was er aussagt, diesem Militärgericht in Nürnberg vorgelegt wird. Keine von diesen beiden wichtigen Erfordernissen ist in diesem Zeugnis enthalten."

Dr.Kubuschok wies das Gericht darauf hin, daß die Erklärung Cohns von einem Notar aufgenommen worden war. Dieser habe schon von Amts wegen den Abgeber einer eidesstattlichen Erklärung darauf aufmerksam zu machen, welche Bedeutung die Erklärung habe, und daß die Abgabe einer falschen Erklärung strafbar sei[177]. Dennoch wies das Gericht die vorgelegte Erklärung zurück[178]. Daraufhin entwickelte sich folgende Diskussion[179]:

---

175 Schlegelberger Document Nr.75; Protokoll S.4582

176 Protokoll S.4582f.

177 Protokoll S.4583: Diese Ausführungen Kubuschoks sind insofern mißverständlich, als der Notar lediglich zur Beurkundung eidesstattlicher Versicherungen, nicht für deren Abnahme zuständig ist. Vergl. Willms in Leipziger Kommentar zu § 156 StGB;, Rn. 9 m.w.Nw.

178 Protokoll S.4583

179 Protokoll S.4585f.

"DR.KUBUSCHOK: Herr Präsident, nach dem deutschen Recht gibt es keinen Schwur vor einem Notar. Ein Notar darf einen Schwur nicht in Empfang nehmen, er darf nur die Abgabe einer Eidesstattlichen Versicherung aufnehmen und beurkunden. Ein Einschwören durch den Notar gibt es gesetzlich nicht.
MR.WOOLEYHAN: Hoher Gerichtshof, da das der Fall ist, erhebe ich jetzt Einspruch, zwar ein wenig spät, zu jedem Affidavit, das in diesem Buch angeboten wird. Wenn der Notar nicht in der Lage ist, einen Eid abzunehmen, dann kann es keine Aussage unter Eid sein und darum muß es in der ordentlichen Form einer Erklärung an Eides statt ergänzt werden, was sie im Augenblick nicht sind.
DR.KUBUSCHOK: Es ist praktisch unmöglich, jede Eidesstattliche Versicherung vor einer alliierten Behörde beschwören zu lassen. Vor einer deutschen Behörde können wir einen derartigen Eid gar nicht abnehmen lassen. Derartige Bestimmungen gibt es nicht. Deshalb ist in allen Tribunalen bis jetzt eine Eidesstattliche Versicherung angenommen worden in der Form, wie sie bei Abgabe einer falschen Eidesstattlichen Versicherung das deutsche Strafgesetz unter Strafe stellt. Ich betone, daß die fairste Form einer Eidesstattlichen Versicherung nach dem deutschen Gesetz die Abgabe vor einem Notar ist. Wenn der Einwand der Staatsanwaltschaft aufrecht erhalten würde, dann würde sicherlich der größte Teil der Vorbereitungen der Verteidiger, nicht nur meiner, sondern auch der anderen Verteidiger, vollkommen hinfällig werden. Es ist unmöglich, zu jedem einzelnen Schwur selbst hinzugehen und als Verteidiger zu beglaubigen, weil dazu die Zeit nicht vorhanden ist.
MR.WOOLEYHAN: Hohes Gericht. Ich habe mit der Eile der Verteidiger nichts zu tun. Ich habe nur mit der Authentität dieser Dokumente zu schaffen. Die Lage im deutschen Gesetz, die Dr.Kubuschok angeschnitten hat, das ist ein Unvermögen der Notare, Eide abzunehmen, ist gerade die Situation, die beachtet werden muß, wie es die Verordnung 21 bekannt gibt. Das sieht eine Methode vor nach deutschem Gesetz zu beglaubigen. Ich erhebe Einspruch aus dem Grund, da dem nicht Rechnung getragen worden ist."

Das Gericht sah diesen Einwand Wooleyhans als verspätet an und lehnte ihn ab. Nachdem jedoch auch bei der Vorlage des nächsten Affidavits Wooleyhan seinen Einwand wiederholte[180], entrüstete sich Dr.Kubuschok[181]:

"Ich muß sagen, die Einwände des Vertreters der Anklage beginnen mir etwas unverständlich zu werden. Es ist selbstverständlich, daß ich keinen Eid abnehmen darf. Selbst wenn ich ein Notar wäre, darf ich keinen Eid abnehmen, weil auch ein Notar einen Eid nicht abnehmen darf. Es kann nur in meiner Gegenwart eine Eidesstattliche Erklärung abgegeben werden. Die Eidesstattliche Erklärung wird perfekt durch die Unterschrift. Diese Unterschrift habe ich beglaubigt. Wenn in der

---

180 Protokoll S.4589f.

181 Protokoll S.4590

Regel bestimmt ist, daß die Verteidiger und ihre Assistenten Beglaubigungen bei Abgabe von Eidesstattlichen Erklärungen vornehmen können, so kann das doch nur den Sinn haben, daß derartige Eidesstattliche Erklärungen, die aufgenommen werden, Gültigkeit haben. Ich möchte wiederholen, daß eine Durchführung des Prozesses mit der Beibringung eines ordnungsgemäßen Beweismaterials unmöglich wäre, wenn jeder Zeuge der ein Affidavit abgibt, diese vor einer amtlichen Stelle, also vor einer amtlichen alliierten Stelle beschwören müßte. Diese Umstände hat sowohl das Internationale Militärgericht als meines Wissens auch sämtliche andere Gerichte, und ich glaube das Gericht III hat das auch getan, bis jetzt und Rechnung getragen und hat die Aufnahme einer Eidesstattlichen Versicherung vor einem Verteidiger als zulässig angesehen."

Das Gericht beschloß, die angebotenen Beweisstücke zur Identifizierung bezeichnen zu lassen. Über die Annahme selbst sollte nach einer Konferenz des Gerichtshofes entschieden werden[182]. Schon am gleichen Tage aber machte das Gericht seinen Standpunkt klar[183]: Unter Bezugnahme auf die bereits angewandten Regeln sollten Zeugenaussagen anstelle eines Eides als Beweismaterial nur zugelassen werden, wenn sie vor Verteidigern, Notaren, Bürgermeistern oder der zuständigen Lagerbehörde unterzeichnet wurden. Zusätzlich sollten sie eine Präambel über die Konsequenzen einer falschen Erklärung und den Ort, wo diese Erklärung verwendet wird, enthalten. Schließlich mußte die Unterschrift des Zeugen beglaubigt werden. Unter Bezugnahme auf diese Anforderungen wies das Gericht Dokumente der Verteidigung zurück.

Ähnlich verhielt es sich bei einem Beweisstück der Anklage, der Erklärung des Rechtsanwaltes a.D. Josef Eichinger bezüglich eines gegen den Grafen Montgelas durchgeführten Standgerichtsverfahrens[184]. Die Präambel des Dokuments enthielt lediglich die Bemerkung, daß Eichinger "zur Wahrheitsangabe ermahnt und entsprechend belehrt" worden sei. Außerdem war das Dokument nach dem bisher von Anklage und Gericht vertretenen Standpunkt insoweit unvollständig, als es Verweisungen auf Briefe enthielt, die selbst nicht vorlagen[185]. Obwohl das Gericht die Anklage auf den oben angeführten Artikel 21 der Verfahrensbestimmungen hinwies[186], dessen Voraussetzungen das Dokument objektiv nicht genügte, entschied es nach längerer Diskussion[187]:

---

182 Protokoll S.4591

183 Protokoll S.4606ff.

184 Protokoll S.1007ff.

185 Protokoll S.1011

186 Protokoll S.1014

"...Wir stimmen mit der Anklagevertretung nicht überein, daß dieses ein Beutedokument ist oder daß es als solches behandelt werden kann; an zwei oder drei Stellen des Dokuments erscheint es aber, daß diese Aussagen eines vorgeladenen Zeugen im Laufe einer Untersuchung waren; und es weist viele Kennzeichen eines Eides auf, auch wenn vielleicht nicht ausdrücklich festgestellt wird, daß ein Eid abgenommen wurde. Es bestehen gewisse Gründe dafür, anzunehmen, daß es all die Feierlichkeit eines Eides hatte; deshalb nehmen wir das Dokument an."

Nicht immer war das Gericht gegenüber der Anklage so zuvorkommend. So ließ es ein Schreiben, das kein Beutedokument war und das Datum vom 15.Juli 1945 trug, nicht zu, weil es nicht beschworen worden war[188]. Der Verhandlungsverlauf läßt erkennen, daß das Gericht erst im Laufe der Zeit die Frage der Zulässigkeit von Eidesstattlichen Erklärungen als Beweismittel richtig beurteilte. Bei Beachtung der eindeutigen Verfahrensbestimmungen wäre dies nicht möglich gewesen. Die Anklage, die auf Grund des Verfahrensablaufes[189] als erste Partei ihre Dokumente in den Prozeß hatte einführen können, profitierte davon. Ob diese Ungleichbehandlung vom Gericht bewußt in Kauf genommen worden ist, läßt sich nicht mehr feststellen.

---

187 Protokoll S.1021

188 Protokoll S.2407

189 Artikel XI der Verordnung Nr.7 in der durch die Verordnung Nr.11 abgeänderten Fassung legte folgenden Verfahrensablauf fest:
"a) Das Gericht richtet an jeden einzelnen Angeklagten die Frage, ob er die auf ihn bezügliche Anklageschrift erhalten und gelesen hat, und ferner, ob er sich schuldig bekennt oder nicht.
b) Die Anklagevertretung kann eine einleitende Erklärung abgeben.
c) Die Anklagevertretung bringt ihr Beweismaterial vor, wobei ihre Zeugen unter Kreuzverhör genommen werden können.
d) Die Verteidigung kann eine einleitende Erklärung abgeben.
e) Die Verteidigung bringt ihr Beweismaterial vor, wobei ihre Zeugen unter Kreuzverhör genommen werden können.
f) Soweit es von Gericht für zulässig angesehen wird, kann entkräftendes Beweismaterial sowohl von der Anklagevertretung als auch von der Verteidigung vorgelegt werden.
g) Die Vorbringen der Ankläger und der Verteidiger finden in der von dem Gericht zu bestimmenden Reihenfolge statt.
h) Jeder Angeklagte kann seinerseits vor dem Gericht eine Erklärung abgeben.
i) Das Gericht verkündigt das Urteil und die Strafe."
Zitiert bei Taylor, S.151ff.

(2) Die Zeugen

Der Zeugenbeweis spielte in den Nürnberger Verfahren eine herausgehobene Rolle. Zum einen konnten oftmals nur Zeugen die tatsächlichen Geschehnisse und das im Dritten Reich verübte Unrecht an Einzelpersonen oder Kollektiven anschaulich beschreiben. Oftmals wurden auf diese Weise die Angeklagten zum ersten Mal mit Vorgängen konfrontiert, von denen sie nichts wußten oder die sie in dieser Art und Weise nie erwartet hätten. Im Rückblick auf den IG-Farben Prozeß beschreibt Heintzeler als die schwersten Tage des Prozesses die Vernehmung von Überlebenden des Konzentrationslagers Ausschwitz. Zwar ließ sich mit dieser Vernehmung eine Schuld der Angeklagten nicht beweisen, aber das von den Zeugen erlebte Grauen erschütterte sowohl Angeklagte als auch Verteidiger[190]. Zudem war es möglich, mit dem Zeugenbeweis nicht nur den Beweiswert vorgelegter Dokumente zu erschüttern, sondern auf Grund des im anglo-amerikanischen Strafprozeß gebräuchlichen Kreuzverhörs Aussagen von Zeugen zu bestätigen oder zu widerlegen. Dies galt auch für die vorgelegten Affidavits. Daher ordnete das Gericht an[191]:

> "In Fällen, wo die Anklagebehörde die eidesstattliche Erklärung eines Zeugen nachgesucht hat, soll der Verteidiger in der üblichen Weise beim Gericht die Durchführung des Kreuzverhörs beantragen. Solches Kreuzverhör soll öffentlich durchgeführt werden, sofern das Gericht nicht bestimmt, daß solches Verhör fair und angemessen vor einem Beauftragten stattfindet, in welchem Falle das Gericht eine entsprechende Anweisung gibt."

Das Gericht unterschied sich insoweit deutlich von dem Internationalen Militärtribunal im Hauptkriegsverbrecherprozeß, wo man mit Hilfe von Affidavits die Möglichkeit von Kreuzverhören durch die Verteidigung zu beschränken bestrebt war.

Insgesamt 138 Zeugen wurden in der mündlichen Verhandlung angehört[192]. Benannt worden waren 146 Namen: 94 seitens der Anklage und 52 seitens der Verteidigung[193]. Der Grund dafür, daß tatsächlich acht Zeugen weniger gehört wurden, lag in Doppelbe-

---

[190] Heintzeler S.127

[191] Protokoll S.3234f.

[192] Vergl. Urteilsbegründung Allgemeiner Teil, Protokoll S.10360

[193] List of Witnesses: Target 6, Roll 1 National Archives Microfilm Publications M889

nennungen von Anklage und Verteidigung[194]. Der Großteil der Zeugen stammte aus der beruflichen oder privaten Umgebung der Angeklagten; ein kleinerer Teil zählte zu den Opfern der Angeklagten. Prominente Persönlichkeiten waren der 1943 bereits zum Tode verurteilte, dann aber durch Vollstreckungsaufschub gerettete Dr. Robert Havemann, Professor für Chemie an der Universität Berlin, und Frau Hanna Solf, die Witwe des ehemaligen Deutschen Botschafters in Japan[195]. Von den Zeugen, die häufig mit dem Angeklagten Schlegelberger Kontakt gehabt hatten, sind an hervorragender Stelle die Namen Lammers und Meissner zu nennen[196]. Beide wurden später im "Fall 11", dem sogenannten "Wilhelmstraßen - Prozeß", angeklagt.

Unter den Nachkriegsverhältnissen war es nicht leicht, Zeugen ausfindig zu machen und herbeizuschaffen. Insbesondere die Verteidigung hatte hier Probleme. Nach der Verordnung Nr. 7 war es Pflicht des Generalsekretärs, die Zeugen nach Nürnberg zu bringen[197]. Wenn der Generalsekretär versagte, beantwortete das Gericht Gesuche der Anwälte in der Form entgegenkommend, wie eine Bemerkung des Vorsitzenden zeigt[198]:

> "Natürlich müssen die Anwälte beider Seiten die Schwierigkeit in der Beschaffung der Zeugen richtig würdigen, und die Tatsache, daß das Gericht keine Zaubermethode besitzt, um sie durch Verschiebung einer Wand hierher zu beschaffen. Wir wollen alles tun, was in unserer Kraft steht, um die Behörden zu beeinflussen, daß die Zeugen, die wir zum Verhör genehmigt haben, beschafft werden können, und das ist alles, was wir tun können."

---

194 Zweimal vernommen wurden Robert Hecker und Dr. Hans Kern; von der Anklage und der Verteidigung als Zeuge benannt wurden Dr. Hans Gramm, Hermann Markl, Dr. Eugen Eggensperger, Robert Hecker, Dr. Wilhelm Miethsam, Dr. Hugo Suchomel.

195 Robert Havemann wurde auch dadurch bekannt, daß er sich in der späteren DDR dem Aufbau des Sozialismus widmete, aber mit seiner Forderung nach einem "demokratischen Sozialismus" in Widerspruch zur SED-Führung geriet und 1964 aus dem Lehramt entlassen wurde. Die Jahre 1976 - 79 mußte er in der DDR in Hausarrest verbringen.

196 Hans Heinrich Lammers war Reichsminister und Chef der Reichskanzlei. Er wurde am 11.4.1949 zu 20 Jahren Haft verurteilt. Otto Meissner war Staatssekretär und Chef der Präsidialkanzlei. Ihn sprach das amerikanische Gericht frei.

197 Art. XIV Buchst. f), abgedruckt bei Taylor S. 151ff.

198 Protokoll S. 7993

Anträge der Verteidiger, Rücksicht auf die Zeit und Verfügbarkeit der Zeugen zu nehmen, lehnte das Gericht jedoch ab. Es gebe kein Recht eines Zeugen, "zu sagen, ob es ihm paßt oder nicht paßt, vor Gericht als Zeuge zu erscheinen"[199]. Sei der Zeuge notwendig, werde er in allernächster Zeit verhört wer-den. Für den Fall, daß er nicht freiwillig kommen wolle, werde das Gericht den Befehl erteilen, den Zeugen nach Nürnberg zu bringen.

Wie die Angeklagten war auch ein Teil der Zeugen in einem der Zellenflügel des Nürnberger Gerichtsgefängnisses untergebracht. Sie wurden ähnlich wie jene behandelt und genossen bei wochenlanger Wartezeit bis zu ihrer Vernehmung wenig Bewegungsfreiheit. Die Zeugen der Anklage oder Personen hohen Ranges dagegen verbrachten die Wartezeit in bequemen Hotels oder Unterkünften außerhalb des Gerichtsgefängnisses[200].

Nicht immer problemlos schließlich verlief die Ladung der Zeu-gen. Öfter wurden sie ohne große Kenntnis dessen, was sie erwartet, herbeigeschafft. Häufig mußten sie deswegen ihre berufliche Tätigkeit tage- oder wochenlang unterbrechen. Teilweise aber zeigte das Gericht auch Verständnis für die Situation der Zeugen: auf besonderen Antrag zog es Vernehmungen vor oder entließ die Zeugen vorzeitig, wenn absehbar war, daß ein weiteres Verhör nicht stattfinden werde.

cc. Die Verhöre

Gemäß dem anglo-amerikanischen Strafprozeßsystem wurden die Zeugen zuerst von der Partei verhört, die sie geladen hatte. Dem Ablauf des Verfahrens folgend, kam es somit zuerst zur Vernehmung der Belastungszeugen[201]. Im Unterschied zum deutschen Strafprozeß führte nicht der Vorsitzende Richter die Vernehmung durch, sondern Anklage oder Verteidigung. Damit war die Wahrheitsermittlung abhängig von dem Geschick der den Prozeß gestaltenden Parteien. Fragen des Gerichts fanden nur in ergänzender Form statt.

Die Vernehmung gliederte sich in das Hauptverhör, gefolgt von dem Kreuzverhör, dem cross-examination, durch die Gegenpartei und einem möglichen Wiederverhör, der re-examination. Letzteres gab der Partei, die den Zeugen geladen hatte, Gelegenheit zur Klärung von Aussagen im Kreuzverhör. Die Fragen, die unter diesen Bedingungen zu

---

199 Protokoll S.5402: Es ging diesbezüglich um die Vernehmung des sachverständigen Zeugen Prof. Niethammer, der in Tübingen noch Vorlesungen zu halten hatte.

200 Vergl. Maser S.99ff. m.w.Nw.

201 Protokoll S.579-3419

Aussagen der Zeugen führen sollten, unterlagen strengen Beweisregeln[202]: unzulässig waren sowohl Fragen nach Vorstrafen als auch alle Fragen, die der Zeuge nicht aus eigener Wahrnehmung beantworten konnte. Suggestivfragen waren schließlich nur innerhalb des Kreuzverhörs gestattet. Der Vorsitzende Richter Marshall selbst gab den Parteien während des Prozesses die Regeln für das Kreuzverhör kund[203]:

> "Da wir nun in die Kreuzverhöre einer grösseren Anzahl von Ausstellern Eidesstattlichen Erklärungen eintreten, deren Affidavits zuvor von der Anklagebehörde als Beweismaterial vorgelegt wurden, sind einige Beobachtungen hinsichtlich des Kreuzverhöres von Zeugen am Platze ....Es ist weder dessen Zweck, dem Verteidiger Gelegenheit zu einer Diskussion mit gegnerischen Zeugen zu geben, noch ist das Kreuzverhör in erster Linie eine Waffe der Verteidigung. Das Kreuzverhör soll nicht über das Gebiet des direkten Verhöres hinausgehen und Kreuzverhöre von Unterzeichnern Eidesstattlicher Erklärungen müssen sich genau auf die Anschuldigungen in den Affidavits beschränken. Wenn sich der Kreuzverhörer in ein ausgedehnteres Gebiet begibt, macht er den Zeugen zu seinem eigenen Zeugen und ist in diesem Ausmass für die Antwort des Zeugen verantwortlich. Wenn er auch nicht unbedingt durch derartige Antworten in dem Sinne gebunden ist, den Zeugen nachher nicht widerlegen zu können, handelt es sich wenigstens um Annahme der prima facie Wahrheit solcher Erklärungen....Kreuzverhöre sollen keinesfalls unverhältnismäßig umfangreich sein. Das Gericht hat das Recht, Kreuzverhör innerhalb normaler Bahnen zu begrenzen. Es wird so handeln, wenn Fragen nicht wesentlich sind oder Wiederholungen darstellen. Die Verteidigung wird erinnert, daß nur jene Mitglieder der Verteidigung einen Zeugen kreuzverhören können, wenn das Affidavit dieses Zeugen Beschuldigungen enthält, die den Klienten des betreffenden Verteidigers betreffen..."

Insbesondere zu Beginn des Juristenprozesses hatten manche der Verteidiger Probleme mit dieser Art des Verhörs. So war es Rechtsanwalt Dr.Grube nicht klar, daß ins Kreuzverhör auch solche Personen genommen werden können, die in Abwesenheit dem Gericht eine eidesstattliche Erklärung übermittelt hatten und deren Glaubwürdigkeit bezweifelt wurde[204]. Unklarheiten gab es auch in Bezug auf die Bindungswirkung von Aussagen: der Umstand, daß der Inhalt der Aussage der Partei zugerechnet wird, die den Zeugen geladen hat, war für die meisten Verteidiger neu. Es bedurfte der Klarstellung durch das Gericht, daß der im Nachhinein als Zeuge geladene Verfasser einer Eidesstattlichen Erklärung dann zum Zeugen der Gegenpartei wird, wenn an ihn Fragen gerichtet werden, die über die

---

202 Roxin Kap.16, § 73 A III 3

203 Protokoll S.3393f.

204 Protokoll S.404

Ange-legenheiten hinausgehen, auf die er in der eidesstattlichen Erklärung Bezug nimmt[205]. Andererseits wußten die Verteidiger die vom Gericht erteilten Belehrungen sehr schnell in die Tat umzusetzen. So nutzte Rechtsanwalt Dr.Schilf das Kreuz-verhör[206] des Zeugen der Anklage Dr.Behl dazu, diesem nicht nur zu entlocken, daß Behl selbst seinen Beamteneid auf Hitler geleistet hatte, sondern ebenso die Ansicht, daß die ganze Ungeheuerlichkeit der Entwicklung bis Beginn der vierziger Jahre selbst die Beamten in allen Einzelheiten nicht überblicken konnten[207]. Behl mußte weiterhin einräumen[208], daß bereits die Brüning`sche Notverordnung die Einsetzung von Sondergerichten durch die Reichsregierung gestattet hatte und die Sondergerichtsbarkeit als solche auch nicht neu war, wie zum Beispiel die Existenz von Volksgerichten der Münchener Räterepublik bereits in den zwanziger Jahren zeigte[209]. Schließlich gelang es Schilf durch die Vernehmung Behls nachzuweisen, daß gegen Urteile der Sondergerichte Rechtsmittel in Form der Wiederaufnahme des Verfahrens möglich waren[210]. Behl, der vorher anders augesagt hatte, mußte vor dem Gericht seinen Irrtum eingestehen[211]. Als sich im Laufe des weiteren Kreuzverhörs Rechtsanwalt Dr.Wandschneider anschickte, Behls Aussagen zu relativieren, intervenierte das Gericht. Der Vorsitzende befürchtete angesichts weiterer angemeldeter Vernehmungen Behls durch die übrigen Verteidiger ständige Wiederholungen und schaltete sich wie folgt ein[212]:

> "...Die Fragen durch die Verteidigung, die jetzt am Mikrophon vorgelegt werden, sind natürlich etwas verschieden von denen, die Dr.Schilf gestern vorgetragen hat. Aber dem Sinne nach sind sie eine Herausforderung an die Richtigkeit der Meinung des Zeugen, wenn er diese gleichen Angaben zur Verteidigung der Richtigkeit seiner

---

[205] Protokoll S.405f.

[206] Protokoll S.604ff.

[207] Protokoll S.615

[208] Protokoll S.624ff.

[209] Die Volksgerichte waren gegen innere Unruhen eingerichtet worden. Vergl. Gesetz vom 12.7.1919, BayrGVBl. S.365. Im Jahre 1924 wurden sie wieder aufgehoben, vergl. VO v.27.3.1924, BayrGVBl. S.128

[210] VO v.21.2.1940, RGBL.I, S.405

[211] Protokoll S.636ff.

[212] Protokoll S.697

Meinung machen muss. Nun, ich sehe ein, daß das eine sehr schwierige Angelegenheit ist, darauf acht zu geben, und es muss jetzt klar sein, so wie es mir seit dem Beginn unserer Verhandlungen heute Morgen klar war, daß wir zu viele Wiederholungen haben würden. Nun vertritt Dr. Wandschneider einen Angeklagten und er hat auch Pflichten zu erfüllen, aber der Gerichtshof hat natürlich ebenfalls ein gewisses Recht, das Dr. Wandschneider, ich bin überzeugt, beachten wird. Versuchen Sie ein wenig auf dieser Linie zu bleiben, andernfalls werden weitere Verweise ausgesprochen."

Derartige Rügen des Gerichts kamen öfter vor. Als der im anglo-amerikanischen Recht erfahrene Rechtsanwalt Dr. Brieger nachzuweisen versuchte, daß sich die Gesetzeslage nach der Machtergreifung durch Hitler nicht abrupt geändert habe, sah sich zuerst der Ankläger Mr. La Folette zu einem Einwand gezwungen[213]:

"Entschuldigen Sie. Hohes Gericht, ich möchte den Verteidiger nicht beeinträchtigen, besonders weil ich den Anwalt sehr achte. Ich nehme an, daß er einen Zweck verfolgt - ich kenne ihn und ich denke, er hat einen Zweck der sehr weitschweifig ist und mit einer wüsten Fragerei endet...."

Nachdem Brieger seine Absicht bekundete, keine überflüssigen Fragen stellen zu wollen, gab der Vorsitzende Richter Marshall zur Kenntnis[214]:

"Darf ich für die Handlungsweise des Gerichts sagen, ich spreche für mich selbst, und ich glaube, auch für meine Kollegen zu sprechen, daß wir nicht zu müde sind, zuzuhören, wenn es wesentlich ist. Wir wollen allem geduldig zuhören, von dem wir denken, daß es wesentlich ist. Müdigkeit ist nicht unser Problem."

In der weiteren Vernehmung fruchtete auch dieser Hinweis nicht. Die Absicht, die Befragung abzukürzen, faßte Dr. Brieger erst, nachdem Richter Brand ihn mit den Worten unterbrach[215]:

"...Wenn Sie als Teil Ihres Kreuzverhörs eine Abschrift dieses Gesetzes, aus dem sie vorgelesen haben, vorlegen würden, glaube ich, könnte man viel schneller die Schlüsse ziehen, die Sie versuchen vorzusetzen und wir könnten viel schneller dazu kommen, wenn Sie nicht gerade annehmen, daß der Gerichtshof aus Schwachsinnigen besteht."

---

[213] Protokoll S. 785f.

[214] Protokoll S. 786

[215] Protokoll S. 795f.

Die Frage, wie weit ein Verhör abschweifen dürfe, spielte auch bei dem Wiederverhör Behls durch den Anklagevertreter La Folette eine Rolle. Als der Verteidiger Dr.Schubert monierte, daß Behl eine Frage gestellt worden sei, deren Thematik im ersten Verhör nicht angesprochen worden war, gelang es La Folette nur mit Mühe, das Gericht von dem Gegenteil zu überzeugen. Kurze Zeit später, nach einem Einwand Dr.Kubuschoks, war auch dies nicht mehr der Fall: die Anklage mußte sich vom Gericht eine Belehrung über die Grenzen des Wiederverhörs gefallen lassen[216]. Auch bei anderen Vernehmungen mußte die Anklage Korrekturen durch das Gericht hinnehmen. So entwickelte sich bei der Vernehmung des Zeugen der Anklage Dr.Hugo Gieringer am 28. März 1947 folgender Disput[217]:

"(Dr.Grube tritt ans Vortragspult).
MR.WOOLEYHAN: Hohes Gericht, ich möchte jetzt nicht gerne in meinem direkten Verhör unterbrochen werden.
VORSITZENDER: Wenn der Herr Verteidiger aber in dieser besonderen Frage einen Einspruch erheben will, so kann er das tun.
DR.GRUBE: Hohes Gericht! Ich stehe auf dem Standpunkt, daß die Frage, welche Meinung der Zeuge darüber hat, wann und ob die Todesstrafe berechtigt ist, nicht zulässig ist. Es handelt sich hier um eine rein persönliche Meinung, nicht um eine Wahrnehmung oder um ein Sachverständigenurteil.
VORSITZENDER: Ich möchte die Frage noch einmal hören.
RICHTER BRAND: Darf ich Sie fragen, ob ihre direkte Frage an den Zeugen darauf gerichtet war, ob dieser Zeuge glaubt, daß das Todesurteil in dieser Art von Diebstahl auferlegt werden sollte. Das war die Frage, nicht wahr?
MR.WOOLEYHAN: Meine Frage, Hohes Gericht, war --
JUDGE BRAND: War es das nicht?
MR.WOOLEYHAN: Nein, eine Meinung --
JUDGE BRAND: War es das nicht?
MR.WOOLEYHAN: Ja.
VORSITZENDER: Was ich gerne wissen möchte ist, ob Sie den Zeugen nach seiner Meinung in Bezug auf die Interpretation eines Gesetzes fragten oder ob Sie nach seiner persönlichen Meinung fragten?
MR.WOOLEYHAN: Ich habe den Zeugen nicht nach seiner Meinung über die Interpretation des Gesetzes gefragt.
VORSITZENDER: Der Einwand wird aufrecht erhalten."

Dem darauf folgenden Antrag der Verteidigung, diejenigen Stellen aus dem Protokoll zu streichen, in welchen der Zeuge seine Meinung über die Todesstrafe gesagt hatte, gab das Gericht statt[218].

---

216 Protokoll S.840f.

217 Protokoll S.1298ff.

218 Protokoll S.1300

Ein weiteres Problem stellte die Vernehmung der Angeklagten als Zeugen durch ihre Verteidiger dar, wie sie im anglo-amerikanischen Strafprozeßsystem gestattet ist. Fraglich war, ob nicht jeder der Angeklagten auch als Zeuge für die anderen Angeklagten durch die Verteidiger benannt werden dürfe, was einen erheblichen Zeitaufwand mit sich gebracht hätte[219]. Auf Anraten Dr. Kubuschoks machte sich das Gericht zur Lösung dieses Problems eine Regel des Hauptkriegsverbrecherprozesses zu eigen. Danach durfte jeder Angeklagte nur einmal in den Zeugenstand treten, konnte aber gleichzeitig für alle diejenigen Verteidiger als Zeuge auftreten, die ihn in ein direktes Verhör nahmen. Zusätzlich einigte man sich darauf, daß die Verteidiger ihre Absicht, einen Angeklagten als Zeugen zu behandeln, dem Gericht vorher mitteilen sollten, damit eine bessere Zeiteinteilung ermöglicht war und die Anklage sich darauf vorbereiten konnte. Sieht man davon ab, daß das Gericht noch im August 1947 die langwierige und weitschweifige Zeugenvernehmung insbesondere durch die Verteidigung kritisierte und mit Maßnahmen drohte[220], so gab es keine weiteren Auseinandersetzungen über die Verhöre. Die meisten Verteidiger merkten sehr schnell, daß das Kreuzverhör eine ideale Möglichkeit zur Überprüfung von Glaubwürdigkeit und Glaubhaftigkeit bot. Auch wenn sich die Verteidiger häufig nicht an die im Kreuzverhör übliche knappe Form von Fragestellung und Antwort hielten, drängt sich der Eindruck auf, daß die meisten Verteidiger nicht nur Nutzen aus dieser Methode zogen, sondern darin auch eine Plattform der Spitzfindigkeiten erkannten. Aus der Durchführung dieser Verhöre erwuchsen den Angeklagten formell zumindest keine Nachteile.

---

219 Protokoll S.4420ff.

220 Protokoll S.7007f: Der Vorsitzende Richter Brand rügte Rechtsanwalt Dr. Kössl: "Anwälte und Zeugen wurden vielfach angeregt und ermahnt, mit größere Kürze und Schnelligkeit fortzufahren. Die Vorschläge und Ermahnungen haben nicht genügt, um das vom Gericht gewünschte Ergebnis zu erzielen. Wir wollen, soweit es möglich ist, die Kontrolle des Verhörs dieses Zeugen seinem Verteidiger überlassen, aber wir sagen dem Herrn Anwalt und dem Zeugen jetzt, daß, wenn nicht durch Konzentration Ihrer Bemühungen auf die wesentlichen Dinge und durch kürzere Antworten auf die gestellten Fragen bessere Fortschritte gemacht werden, das Gericht heute mittag in Erwägung ziehen wird,...(zu verlangen)...im voraus zu sagen, was Sie beweisen möchten, bevor man Ihnen erlaubt, es zu beweisen. Wir wollen auch in Erwägung ziehen, ob wir Ihnen eine zeitliche Grenze für Ihr Verhör setzen..."

d. Der "Fall Schlegelberger"

aa. Die Anklage

Zu Beginn des Prozesses konkretisierten die Amerikaner die Anklagepunkte in ihrem "opening statement" personenbezogen. Die Anklage gegenüber Schlegelberger lautete:

- die Beseitigung des Justizsystems in Deutschland nach Hitlers Machtergreifung vorangetrieben zu haben[221]
- Hitler gegenüber willfährig gehandelt und sich hinsichtlich dessen Wünschen bezüglich der Justiz opportun verhalten zu haben[222]
- durch seine Gesetzes- und Verordnungsentwürfe dafür gesorgt zu haben, daß den Polen und Juden in den Ostgebieten "die letzte Spur von Rechtsschutz" geraubt wurde[223]
- für das Justizministerium den berüchtigten "Nacht- und Nebel Erlaß" gezeichnet zu haben[224]. Dieser Erlaß führte nicht nur zu der Verschleppung von Tausenden von Ausländern ins Reichsgebiet, sondern häufig zu deren Verurteilung zum Tode durch die Sondergerichtsbarkeit
- Gefangene an die Geheime Staatspolizei ausgeliefert zu haben und an der "Endlösung der Judenfrage" beteiligt gewesen zu sein[225].

bb. Die Beweisaufnahme

(1) Die Beseitigung des Justizsystems

(a) Das Vorbringen der Anklage

Neben Verweisen auf Reden von Hitler, Frank und Goebbels über Aufgaben und Funktionen der Justiz[226] wollte die Anklage Schlegelberger als Gegner des bisherigen Justizsystems und Befürworter einer nationalsozialistischen Rechtsbeugung entlarven. Sie hielt ihm seine eigenen Worte vor[227]. In dem bereits auszugsweise zitierten Vortrag "Ein Volk erlebt sein Recht" hatte der Staatssekretär unter anderem ausgeführt[228]:

---

[221] Protokoll S.50f.

[222] Protokoll S.63,69f.

[223] Protokoll S.93ff.

[224] Protokoll S.99ff.

[225] Protokoll S.106ff.,2717

[226] Protokoll S.199ff. m.w.Nw.

[227] Protokoll S.200f.

"Auf dem Gebiet des Strafrechts ist die Bahn zur Rechtsschöpfung, die der sittlichen Auffassung des neuen Reichs entspricht, freigemacht durch die Neufassung des § 2 des Strafgesetzbuches, wonach nunmehr auch der zu bestrafen ist, dessen Tat zwar im Gesetz nicht für strafbar erklärt ist, aber nach dem Grundgedanken eines Strafgesetzes und gesundem Volksempfinden Bestrafung verdient."

Dieser Vortrag, in dem Schlegelberger das neue Selbstbewußtsein der Deutschen lobte, hatte nicht nur die Einfachheit der Sprache des Gesetzes zum Gegenstand gehabt, sondern auch dessen Billigung durch das Volk. Entschieden hatte sich Schlegelberger gegen starre, nicht auslegungsfähige und überholte Vorschriften gewandt und eine an die nationalsozialistische Werterevolution angelehnte Umgestaltung des Rechts gefordert. Vorgehalten wurde Schlegelberger ferner das Bestreben, Einfluß auf die Strafrechtspflege zu gewinnen. Die Möglichkeit zur Bestätigung eines Strafurteiles, so Schlegelberger in einem Schreiben an Lammers im Mai 1942, sei für einen Reichsminister nicht entbehrlich. Er bat deshalb Lammers, sich bei Hitler für die Einräumung dieses Rechts einzusetzen[229].

(b) Das Vorbringen der Verteidigung

Im Verhör wurde Schlegelberger durch Dr.Kubuschok auf den Vortrag in Rostock angesprochen[230]. Der Staatsekretär erwiderte, der Anlaß dieser Rede sei der Absicht Freislers zu verdanken, dem gesamten Parteiprogramm Gesetzeskraft zu verleihen. Diesem Bestreben habe er nur dadurch Einhalt gebieten können, indem er deutlich machte, daß auch die geltenden Gesetze den nationalsozialistischen Plänen gerecht werden könnten. An Stelle der von Freisler verlangten revolutionären Rechtsänderung sei er für die evolutionäre Rechtsänderung eingetreten. Schlegelberger weiter[231]:

"Ich stützte mich auf das Prinzip des inneren Wandels der Rechtsordnung, ein Prinzip, das ich erstmals bereits im Jahre 1929 schriftstellerisch entwickelt und beleuchtet hatte, zu einer Zeit also, in der man doch wirklich nicht behaupten kann, daß ich damals nationalsozialistisches Denken zugrunde gelegt hätte....Ich wandte mich gegen die Eingriffe in der Vollziehung der Rechtsprechung, die ich für unerträglich hielt, durch vorangegangene peinliche Vorfälle veranlaßt, warnte ich den Richter vor dem Schielen nach der Gunst von Parteistellen, stärkte damit ihren Richterstolz und das Bewußtsein ihrer Unabhängigkeit."

---

229 Protokoll S.4483f.; Document NG-102, Anklagebeweisstück Nr.75

230 Protokoll S.4317ff.

231 Protokoll S.4319

Auf die Steuerung der Strafrechtspflge angesprochen, verwies Schlegelberger auf einen Erlaß Gürtners aus dem Jahre 1939, der es der Staatsanwaltschaft zur Pflicht machte, mit dem Gericht Verbindung zu halten, damit kein zu großer Abstand zwischen dem Antrag der Staatsanwaltschaft und dem Urteil entstehe[232]. Seine Begründung habe dieser Erlaß in der damaligen großen Zahl neuer Gesetze und einer deshalb noch uneinheitlichen höchstrichterlichen Rechtsprechung gefunden. Die Besprechungen sollten vor der Hauptverhandlung erfolgen. Dennoch kam es vor, daß Staatsanwälte nach der Beweisaufnahme, also während der Verhandlung, dem Gericht die mit Billigung des Reichsjustizministeriums zustande gekommenen Strafanträge nannten. Als Schlegelberger 1942 vom Oberlandesgerichtspräsidenten in Hamm derartige Mißbräuche gemeldet wurden, habe er diesen Punkt auf die Tagesordnung des nächsten Zusammentreffens der Gerichtspräsidenten setzen wollen. Durch sein Ausscheiden aus dem Dienst habe dazu aber keine Gelegenheit mehr bestanden. In diesem Zusammenhang sprach Mr. La Follette Schlegelberger im Kreuzverhör auf das Bestätigungsrecht für Strafurteile an[233]. Dessen Einführung hatte er sich nach Vorgesprächen mit Göring in einem Schreiben an Hitler von diesem erbeten. Schlegelberger berief sich gegen den Vorwurf auf Worte Görings, wonach das Bestätigungsrecht für den Justizminister zu diesem Zeitpunkt die einzige Möglichkeit gewesen sei, noch Herr über die Dinge, das heißt die Angriffe von Partei und SS auf die Justiz, zu werden[234]. Nur auf diese Weise, so meinte der Angeklagte, habe er den ständigen Beanstandungen der Rechtsprechung durch Hitler ohne Preisgabe der Unabhängigkeit der Richter begegnen können.

(2) Opportunismus gegenüber Hitler

(a) Das Vorbringen der Anklage

Eine servile Haltung Schlegelbergers gegenüber Adolf Hitler und der Partei versuchte die Anklage insbesondere durch Vortrag zweier Sachverhalte zu beweisen. In einem Schreiben Schlegelbergers an Hitler habe der Justizstaatssekretär Hitler den Rang eines obersten Richters zuerkannt. Schlegelberger hatte am 10. März 1941 geschrieben[235]:

---

[232] Protokoll S.4359ff.

[233] Protokoll S.4482ff.; Document NG-102, Anklagebeweisstück Nr.75

[234] Protokoll S.4485

[235] Protokoll S.339f.; Document NG-152, Anklagebeweisstück Nr.63

"Mein Führer!
In Fortführung des Wirkens des verstorbenen Reichsministers Dr.Gürtner setze ich meine ganze Kraft dafür ein, die Justiz in allen ihren Zweigen immer fester in den nationalsozialistischen Staat einzuordnen. Bei der Fülle der täglich ergehenden Rechtssprüche kommen immer noch hin und wieder Entscheidungen vor, die den zu stellenden Anforderungen nicht voll entsprechen. Ich werde in solchen Fällen die notwendigen Maßnahmen treffen. Um solche Entscheidungen mit Beschleunigung zu beseitigen, haben Sie, mein Führer, für Strafsachen die Nichtigkeitsbeschwerde und den ausserordentlichen Einspruch geschaffen. Für Zivilsachen könnte demselben Zweck das Antragsrecht des Obereichsanwalt am Reichsgericht auf Wiederaufnahme des Verfahrens dienen, das in einem von mir ausgearbeiteten Verordnungsentwurf vorgesehen ist. Um es zu solchen Fehlentscheidungen überhaupt nicht kommen zu lassen, ist in demselben Entwurf die Staatsanwaltschaft zur Mitwirkung in Zivilsachen berufen, sie soll gegenüber den Individualinteressen der streitenden Parteien das Recht der Volksgemeinschaft zur Geltung bringen. Daneben bleibt es erforderlich, die Richter immer mehr zu richtigem staatsbewußten Denken hinzuführen. Hierfür wäre es von unschätzbarem Wert, wenn Sie, mein Führer, sich entschließen könnten, falls ein Urteil Ihre Zustimmung nicht findet, diese zu meiner Kenntis zu bringen. Die Richter sind Ihnen, mein Führer, verantwortlich; sie sind sich ihrer Verantwortung bewußt und haben den festen Willen, demgemäß ihres Amtes zu walten. Ich fühle mich Ihnen, mein Führer gegenüber verpflichtet, die Richter darauf aufmerksam zu machen, falls eine Entscheidung mit dem Willen der Staatsführung nicht übereinstimmt.
Heil mein Führer
Dr.Schlegelberger"

Zusätzlich zu diesem Dokument legte die Anklage einen Brief Schlegelbergers an Hitler vom 24. März 1941 vor. Hierin hatte Schlegelberger einer Rüge Hitlers bezüglich der Verurteilung des Wilhelmshavener Bautechnikers Ewald Schlitt zu 10 Jahren Zuchthaus entsprochen. Durch Schlegelberger angewiesen, hatte der Oberreichsanwalt außerordentlichen Einspruch beim Besonderen Senat des Reichsgerichts gegen das Urteil erhoben. Nach dessen Kassation wurde Schlitt zum Tode verurteilt und sofort hingerichtet. Im Falle des neunzehnjährigen Anton Scharff, der vom Münchener Sondergericht wegen Diebstahls unter Ausnutzung der Dunkelheit zu 10 Jahren Zuchthaus verurteilt worden war, versprach Schlegelberger nach Hitlers Einspruch in Zukunft härtere Bestrafung dieser Verbrechen[236]. Unterwürfigkeit gegenüber SS und Partei hatte Schlegelberger nach Ansicht der Anklage auch im Falle Klinzmann bewiesen[237]. Dieser hatte als Hauptwachtmeister der Schutzpolizei einen Zeugen der Freiheit beraubt und beim Verhör mehrfach geschlagen.

---

236 Protokoll S.341ff; Document NG-611, Anklagebeweisstück Nr.64

237 Protokoll S.464ff; Document NG-612, Anklagebeweisstück Nr.107

Vom Landgericht Stendal war er deswegen zu einer Gesamtstrafe von 6 Monaten Gefängnis verurteilt worden. Nachdem sich Himmler bei Schlegelberger darüber beschwert hatte, sorgte dieser für einen außerordentlichen Einspruch und anschließende Niederschlagung des Verfahrens. Außerdem wurden Schlegelberger seine sogenannten "Führer-Informationen" vorgeworfen[238]. Mit diesen hatte Schlegelberger Hitler wöchentlich im Telegrammstil über wichtige Gerichtsurteile und Lebensvorgänge sowie über die Maßnahmen und Pläne des Reichsministers der Justiz unterrichten wollen. Die Anklage deutete die "Führer-Informationen" als eine Geste Schlegelbergers, Hitler das Entgegenkommen der Rechtsprechung beweisen zu wollen. Aus diesem Grunde habe Schlegelberger auch dafür gesorgt, daß Bormann eine Kopie der Informationen erhalten habe[239].

(b) Das Vorbringen der Verteidigung

Im Verhör auf sein Verhältnis zu Hitler angesprochen, kennzeichnete Schlegelberger diesen als mißtrauisch und distanziert[240]. Obwohl Hitler ihm ein gewisses Maß an Achtung entgegengebracht habe, sei es gerade Schlegelbergers unpolitische Haltung gewesen, die bei Hitler Mißtrauen erzeugt habe. Die Beauftragung mit der Geschäftsführung des Justizministeriums erklärte Schlegelberger als eine Verlegenheitslösung Hitlers zugunsten des rangältesten Staatssekretärs. Schlegelberger antwortete unter Eid weiter:

> "Das Mißtrauen Hitlers gegen mich war sachlich durchaus gerechtfertigt. Ich kann sagen, und betone das hier mit besonderem Nachdruck, ich habe mich nie von der Dämonie Hitlers betören oder beeinflussen lassen und mir auch ihm gegenüber mein Gewissen bewahrt. Hitler war für mich der erklärte Gegner, ja Verächter der Justiz. Diese Erkenntnis brachte mich in eine klare Abwehrstellung, und soweit es meine sachlichen Ziele nicht gefährdete, habe ich Hitler gegenüber meine abweichende Meinung mit Freimut vertreten, so war es schon zur Regierungszeit Gürtners. Ich kann sagen, daß ich mein ganzes Leben lang im Amt für die Gerechtigkeit und gegen die Willkür gekämpft habe. In dem Bekennntnis zur Gerechtigkeit gab es zwischen Gürtner und mir keinen Unterschied..."

Daß Schlegelberger seine eigenen Wege gegangen sei und die Justizpolitik nicht in unterwürfiger Form gegenüber Hitler ausgeübt habe, versuchte die Verteidigung durch das Verhör des Zeugen Meissner zu beweisen[241]. Dieser hatte als Leiter der Präsidialkanzlei

---

[238] Protokoll S.3060f.; Document NG-759, Anklagebeweisstück Nr.430

[239] Vergl. Wiederverhör Gramm, Protokoll S.8687f.

[240] Protokoll S.4319ff.

[241] Protokoll S.4537ff.

zusammen mit Schlegelberger die Gnadensachen bearbeitet. Er attestierte ihm, bis zur "Grenze des Erreichbaren" bei Hitler gegangen zu sein. Schlegelberger und er hätten häufig beraten, wie man über unangenehme Stellen eines Urteils oder über den Widerspruch des Generalstaatsanwaltes oder Freislers hinwegkommen würde, um bei Hitler die Begnadigung aussichtsvoll begründen zu können. Schlegelberger sei in den meisten Fällen erfolgreich gewesen. Auch in Fällen, in denen es sich um kommunistische Zersetzungsarbeit oder Sabotage in den Rüstungsbetrieben gehandelt habe, seien von Schlegelberger Gnadenvorschläge gekommen. Davon habe er sich auch nicht durch das meist ablehnende Votum Freislers abhalten lassen. Schließlich bekundete Meissner, daß eine direkte Kritik gegen Hitler zweifellos gefährlich gewesen wäre. Wenn man etwas habe ändern wollen, sei es sinnvoller gewesen, durch unmittelbare Einwirkungen, persönlichen Kontakt und persönliche Beziehungen den Versuch zu machen, Auffassungen zu mildern oder die Sache im Stillen zu sabotieren. Mit dieser Antwort des Zeugen Meissner versuchte die Verteidigung darzulegen, daß offener Widerstand die Situation nicht verbessert hätte und leichtes Entgegenkommen in der Betrachtung des Ganzen häufig erfolgversprechender gewesen sei als direkte Konfrontation. Diese Strategie war auch nötig, nachdem Schlegelberger zuvor eingeräumt hatte, daß die Behandlung der "einzelnen Fälle nicht meine Sache in diesem Verfahren" sei[242].

Eine Entlastung seines Mandanten versprach sich Dr. Kubuschok endlich von Schlegelbergers vorzeitigem Abschied. Dieser Schritt mache deutlich, daß es auch bei Schlegelberger eine Grenze des Erträglichen gegeben habe. Diese bestand in der Wahrung der Unabhängigkeit der Gerichte. Als Hitler sie in seiner Reichstagsrede vom 26. April 1942 in Abrede gestellt habe, habe Schlegelberger gewußt, daß es zum Bruch kommen würde[243].

(3) Die Behandlung der Polen und Juden

(a) Das Vorbringen der Anklage

Zu den schwersten Vorwürfen der Anklage gegen Schlegelberger zählte dessen Einflußnahme auf die rechtliche Ungleichbehandlung der Polen und Juden. Dabei wurde ihm nicht nur zum Vorwurf gemacht, Richter wegen angeblich zu milder Urteilsfindung abgelöst zu haben[244]. So sorgte Schlegelberger dafür, daß der Vorsitzende Richter und die beiden Beisitzer einer Strafkammer abgelöst wurden, weil sie einem polnischen Landar-

---

[242] Protokoll S.4337

[243] Protokoll S.4338

[244] Vergl. Protokoll S.353ff.

beiter in einem Notzuchtsprozeß mildernde Umstände zugebilligt hatten. Die Richter waren der Auffassung, daß der Pole nicht die gleichen Hemmungen gegenüber weiblichen Mitarbeitern besitze wie ein deutscher Landarbeiter[245]. Die Anklage warf ihm ebenfalls eine Verwicklung in den Fall "Katzenberger" vor[246]. Der 67jährige Leo Katzenberger war der Vorsteher der jüdischen Kultusgemeinde Nürnberg. Ihm wurde vorgeworfen, mit der dreißigjährigen "arischen" Irene Seiler ein Liebesverhältnis zu pflegen. Obwohl beide beteuerten, niemals sexuellen Kontakt gepflegt zu haben, und Zeugenaussagen den Verdacht nicht erhärten konnten, wurde Katzenberger in einer Art Schauprozeß im März 1942 durch das Sondergericht Nürnberg unter Vorsitz des Angeklagten Dr. Rothaug wegen "Rassenschande" zum Tode verurteilt. Irene Seiler, die ihre Aussage beeidigt hatte, wurde wegen Meineids zu 2 Jahren Zuchthaus verurteilt. Ferner sollte Schlegelberger einen Erlaß mitvorbereitet haben, der es den Grundbuchrichtern erlaubt hatte, bei der Übertragung jüdischen Grundvermögens in die Hände Deutscher nur 10 Prozent des Einheitswertes als Kaufpreis zu beurkunden[247]. Diese sogenannten "Maßnahmen zur Arisierung des jüdischen Grundbesitzes" wurden als Ausfluß der Hoheitsgewalt der Partei eingestuft. Schlegelberger hatte keine Bedenken gegen dieses Vorgehen der Partei geäußert[248].

Von größerer Bedeutung für die Anklage war Schlegelbergers Justizpolitik in den eingegliederten Ostgebieten. Unter der Nummer NG-144 legte Mr. La Follette ein Dokument Schlegelbergers vom 17. April 1942 vor, welches die Frage des Strafrechts gegen Polen und Juden behandelt[249]. Darin bekräftigt der zu dieser Zeit noch geschäftsführende Justizminister seine Überzeugung von der Richtigkeit der besonderen Strafrechtspflege gegen Polen und Juden, die durch die Einführung der Sondergerichte in den Ostgebieten bereits am 5. September 1939 eingesetzt hatte. Er gab auch der Forderung Hitlers nach einer grundsätzlichen Andersbehandlung der Polen und Juden auf strafrechtlichem Gebiet nach und entwarf eine Verordnung, die ein völliges Sonderrecht auf dem Gebiet des sachlichen

245 Document NG-280, Anklagebeweisstück Nr. 70

246 Protokoll S. 1039f.; Document NG-154, Anklagebeweisstück Nr. 152. Vergl. auch Müller S. 119ff.

247 Verhör Friedrich Doebig, Protokoll S. 1786f.: Die im Prinzip erpreßten Übereignungen wurden vornehmlich in Franken unter der Obhut des Gauleiters Julius Streicher durchgeführt.

248 Protokoll S. 2542ff.; Document Ng-616, Anklagebeweisstück Nr. 370

249 Protokoll S. 1507ff.; Document NG-144, Anklagebeweisstück Nr. 199

Strafrechts wie auch auf dem des Verfahrensrechts enthielt. Danach konnte durch einen allgemein gefaßten Tatbestand

> "...jedes strafwürdige, gegen das Deutschtum gerichtete Verhalten eines Polen oder Juden der Ostgebiete strafrechtlich erfaßt werden und mit jeder Art von Strafe belegt werden... Diese Vorschrift wird ergänzt durch die bereits in der Einführungsverordnung enthaltenen Nr.1 Abs.2, die absolute Todesstrafe androht, wenn gegen einen Deutschen wegen seiner Zugehörigkeit zum deutschen Volkstum eine Gewalttat begangen wird."

La Follette verlas weiter[250]:

> "Die Vorschrift läßt außerdem eine weitgehende, auf die Bedürfnisse der Ostgebiete abgestellte entsprechende Rechtsanwendung (Paragraph 2 StGB) zu. Schon bisher bin ich in Übereinstimmung mit der Auffassung des Stellvertreters des Führers davon ausgegangen, daß der Pole gegen den Vollzug einer gewöhnlichen Freiheitsstrafe weniger empfindlich ist. Ich hatte deshalb schon im Verwaltungsweg dafür gesorgt, daß Polen und Juden von anderen Gefangenen getrennt gehalten werden und daß der Strafvollzug gegen sie in strengerer Form durchgeführt wird. Nr.III geht noch einen Schritt weiter und setzt an Stelle der reichsrechtlichen Gefängnis- und Zuchthausstrafen andere neuartige Freiheitsstrafen, nämlich das Straflager und das verschärfte Straflager..."

Der Entwurf sah ferner vor, daß seine Vorschriften auch dann zur Anwendung kommen sollten, wenn der polnische oder jüdische Täter die Straftat in einem anderen Gebiet des Großdeutschen Reiches begangen hatte. Schlegelberger betonte in diesem Schreiben die aus dem Entwurf klar herauszulesende politische Ungleichheit zwischen Deutschen einerseits und Juden und Polen andererseits. Als mit dem Kulturstande des deutschen Volkes nicht vereinbar lehnte er dagegen die vom Stellvertreter des Führers Rudolf Heß geforderte Einführung der Prügelstrafe ab.

In weiteren Schreiben des Jahres 1942 an die Reichsministerien und die Partei hatte Schlegelberger vorgeschlagen, für Juden eine Rechtsmittelbeschränkung in Strafsachen vorzusehen und ihnen die Leistung von Eiden und Abgabe von Eidesstattlichen Versicherungen wegen Eidesunwürdigkeit zu untersagen[251]. Diese Entwürfe, so die Anklage, seien die Voraussetzung für die später zwischen Thierack und Himmler getroffene

---

250 Protokoll S.1510f.

251 Protokoll S.1523ff.; Document NG-151, Anklagebeweisstück Nr.204

Abrede des Übergangs der Strafrechtpflege gegen Juden von der Justiz auf die Polizei gewesen.

Vorgehalten wurden Schlegelberger ferner seine Verhandlungen mit den anderen Reichsstellen bezüglich der Einführung von Teilen des deutschen bürgerlichen Rechts in den eingegliederten Ostgebieten im Jahre 1940[252]. Die Anklage beschuldigte Schlegelberger anhand von Urkunden, für die Ablösung des polnischen Rechtssystems sowie die Einrichtung eines unterschiedlichen Rechts zwischen Deutschen und Polen eingetreten zu sein. Schließlich warf man ihm vor, im Jahre 1942 das Recht zur Anordnung der Vollstreckung von Todesurteilen wie auch der Begnadigung von Polen und Juden in den eingegliederten Ostgebieten auf die Reichsstatthalter und Oberpräsidenten dieser Gebiete übertragen zu haben[253].

(b) Das Vorbringen der Verteidigung

In seinem Verhör von Dr. Kubuschok auf das Polenurteil angesprochen, sah sich Schlegelberger zu einer längeren Rechtfertigung veranlaßt. Er schilderte einmal mehr die Situation der unter Druck stehenden Justiz und führte bezugnehmend auf die vom Gericht gewährten "mildernden Umstände" aus[254]:

> "...Diese Begründung war offensichtlich unhaltbar. Sie ist vom Reichsgericht scharf zurückgewiesen worden; sie war aber auch sehr gefährlich. Denn wenn diese Begründung zur Kenntnis Hitlers gekommen wäre, da wäre eine neue schwere Gefahr für die Juristen entstanden. Ich habe mich deshalb veranlaßt gesehen, diese mit den Lebensverhältnissen wohl nicht völlig vertrauten Richter anderweitig richterlich zu beschäftigen..."

Die Verteidigung konnte den Vorwurf einer Einflußnahme Schlegelbergers auf die Entscheidung im Fall Katzenberger erfolgreich in Frage stellen. Gelang es der Anklage schon nicht, hierfür einen eindeutigen Beweis zu erbringen, so ließ sich auch den Aussagen der Zeugen Markel[255] und Engert[256] nicht entnehmen, daß Schlegelberger die

---

[252] Protokoll S.2491ff.; Document NG-229, Anklagebeweisstück Nr.338

[253] Protokoll S.2523f.; Document NG-129, Anklagebeweisstück Nr.355; Document NG-126, Anklagebeweisstück Nr.356

[254] Protokoll S.4365f.

[255] Protokoll S.3618ff.

[256] Protokoll S.3662ff.

Sachbehandlung dieses Falles in irgendeiner Weise beeinflußt hatte. Engert sagte sogar aus, daß er als Vortragender den Fall ausnahmslos mit Freisler besprochen habe. Der Name Schlegelberger sei dabei in keiner Weise in Erscheinung getreten. Hierzu paßt die Aussage Schlegelbergers, wonach er von dem Fall Katzenberger erst in der Gnadeninstanz Kenntnis erhalten habe. Er habe Hitler die Begnadigung vorgeschlagen, dieser habe sie aber abgelehnt[257].

Hinsichtlich der Herabsetzung des Einheitswertes jüdischen Grundbesitzes hatte Schlegelberger gemäß den Worten des Zeugen Doebig[258] die Entscheidung, wie verfahren werden solle, dem Ermessen des einzelnen Richters überlassen. Hilfe in der von der Partei geschaffenen Zwangslage hatte der Richter aus dem Reichsjustizministerium indes auch nicht erhalten. Schlegelberger begründete sein Verhalten damit, daß jede Weisung ein Eingriff in die Unabhängigkeit des Richters dargestellt hätte, was er strikt abgelehnt habe[259]. Ohnehin seien später die Eintragungen in das Grundbuch nach Einsetzen einer Untersuchungskommission rückgängig gemacht worden.

Ausführlich widmete sich die Verteidigung der Frage der Einführung des deutschen Strafrechts in den eingegliederten Ostgebieten. Die Verordnung vom 6. Juni 1940, die im Unterschied zum ursprünglichen Entwurf Sonderregelungen für Polen und Juden enthalten hatte, war nach Aussage Schlegelbergers ohne seine Mitarbeit von Freisler geschaffen worden. Dieser habe offensichtlich dem Druck der Partei nachgegeben und für diese Regelung nach langen Kämpfen auch die Zustimmung Gürtners erhalten[260]. Die Entstehung der Verordnung vom 7.Dezember 1941 sei darauf zurückzuführen, daß die vorangegangene Verordnung nach Ansicht der Strafrechtsabteilung des Reichs-justizministeriums weder vom Strafrahmen noch von den Verfahrensvorschriften her befriedigend gewesen sei. Außerdem habe die Partei ein deutliches Sonderstrafrecht für Polen und Juden gefordert. Als er das Ministerium übernommen habe, sei ein diesbezüglicher Entwurf bereits in Arbeit gewesen. Freisler habe Schlegelberger hierüber berichtet und ihm mitgeteilt, daß Himmler und Bormann sowie der Gauleiter des Warthegaus, Greiser, die Justiz mit Hilfe von Standgerichten ausschalten wollten. Die Zuständigkeit für Polen- und

---

257 Protokoll S.4407

258 Protokoll S.1787

259 Protokoll S.4357f.

260 Protokoll S.4383f.; Schlegelberger Document Nr.60

Judenstrafsachen solle in die Hände Himmlers und damit in die der SS übergehen[261]. Ihm, Schlegelberger, sei es in dieser Situation darauf angekommen, den Polen und Juden unter allen Umständen ein formelles Verfahren zu garantieren. Damit habe er nur Aussicht auf Erfolg gehabt, wenn er auf eine Verordnung hätte verweisen können, nach der den Gerichten ein ausreichender Strafrahmen sowie ein den schwersten Fällen gewachsenes Verfahren zur Verfügung stehe[262]:

> "Ich mußte nach den gesetzlichen Bestimmungen...die Zustimmung der Parteikanzlei haben. Ich hatte aber nur dann Aussicht, diese Zustimmung zu erlangen, wenn dieser Entwurf mit den Akzenten, die ich für notwendig hielt, vorgelegt wurde. Hätte ich in meinem Schreiben den Inhalt und die Tragweite des Entwurfs ohne Übertreibung geschildert, so hätte ich auf die Zustimmung der Parteikanzlei nie rechnen können. Es blieb mir darnach gar nichts anderes übrig, als wie Verschärfungen mit stark übertreibenden Worten hervorzuheben, erleichternde Vorschriften zu verschweigen und Hinweise auf die in Aussicht genommene Anweisung für die Antragung der Verordnungen zu unterlassen...Im Sommer 1941 bat mich Himmler zu einer Rücksprache, und zwar der einzigen Rücksprache, die ich je mit Himmler gehabt habe, zu sich. Die Bitte wurde mit starken Zeitdruck unterstrichen. Himmler sagte mir, er sei auf dem Wege zu Hitler und er müsse von mir die Zustimmung haben, daß die Polen- und Judenstrafsachen ihm, d.h. der Polizei, übergeben würden, und zwar ganz gleichgültig, wo die Tat begangen worden sei. Ich lehnte kategorisch ab und sagte ihm, zu einer solchen Änderung der Zuständigkeit läge nicht der geringste Grund vor, zumal seit allerkürzester Zeit mit einer Neuregelung der Frage durch den Ministerrat für die Reichsverteidigung zu rechnen sei. Das machte Himmler dann doch wohl stutzig. Es schien ihm wohl nicht opportun, gegen den Ministerrat der Reichsverteidigung anzukämpfen, der ja schließlich unter dem Vorsitz Görings, also damals noch eines starken Gegners, war....Der Ministerrat verabschiedete den Entwurf im Dezember des Jahres, und damit war die gerichtliche Zuständigkeit für die Polen- und Judenstrafsachen gesichert. Nach meinem Ausscheiden aus dem Amt ist das dann,wie die Verhandlung ja ergeben hat, sofort anders geworden..."

Der Angeklagte sagte weiter aus, es sei sehr darauf angekommen, wie die Verordnung von den Richtern gehandhabt wurde. Diesen habe sie ein weites Feld des Ermessens eröffnet. Auf Schlegelbergers Veranlassung hin habe Freisler in "Die deutsche Justiz" einen halbamtlichen Aufsatz zu der Verordnung veröffentlicht[263]. Darin sei dem Richter seine Verantwortung hinsichtlich des Ermessensspielraumes deutlich gemacht und die

---

[261] Protokoll S.4384ff.

[262] Protokoll S.4385f.

[263] Protokoll S.4387

Richterschaft dazu aufgefordert worden, bei Polen genau die gleiche Sorgfalt in der Sachverhaltsfeststellung, Wahrheitserforschung und der Strafbemessung walten zu lassen wie bei Deutschen[264]. Auf diese Weise sollten die Gerichte zu einer möglichst engen Auslegung der Verordnung angehalten werden. Bestätigt wurden diese Bemühungen Schlegelbergers durch dessen ehemaligen persönlichen Referenten Dr. Hans Gramm[265]. Schlegelberger habe, so Gramm, bei den regelmäßigen Zusammenkünften der Generalstaatsanwälte und Oberlandesgerichtspräsidenten in Berlin diese um Ermahnung der in den Ostgebieten tätigen Richter ersucht, bei den Urteilen bezüglich Polen und Juden mit der gleichen Gewissenhaftigkeit zu verfahren, wie sie es bei Deutschen gewohnt seien. Verurteilungen sollten nicht auf bloßen Verdacht gestützt werden und Gegenteiliges werde er im Gnadenwege abändern.

Die gleiche Begründung gab Schlegelberger zur Frage der Rechtsmittelbeschränkung für Juden und der Aberkennung ihrer Eidesfähigkeit[266]. Erst nachdem Freisler den Gesetzentwurf den beteiligten Stellen unterbreitet gehabt hätte, habe er ihn, Schlegelberger, darüber informiert. Auf Grund des abermaligen Drucks von Himmler und dessen Drohung, die "Judensachen" von der Polizei lösen zu lassen, habe Schlegelberger nachgegeben und die Rechtsmittelbeschränkung zugelassen:

> "Es lag wiederum hier ein Fall vor, den ich leider hier oft exerzieren mußte, durch eine sachlich unbedingt nach aussenhin, aber immerhin bindende Konzession, Parteikreise zu beruhigen. Will man diese Vorgehen werten, so muß man beachten, daß Thierack einen Monat später nunmehr eine wirklich endgültige und umfassende Regelung traf. Er gab einen neuen Entwurf auf und die Juden zur Polizei."

Einem Beweisstück der Anklage läßt sich entnehmen, daß dem Leiter der Parteikanzlei Bormann diese Regelung nicht weit genug ging[267]. Am 9. September 1942, also nach Schlegelbergers Demission, schrieb Bormann aus dem Führerhauptquartier an den Reichsminister der Justiz:

> "Die von Ihnen vorgeschlagene Einschränkung der Rechtsmitteleinlegung durch Juden erstreckt sich für den Bereich der gerichtlichen Entscheidungen nur auf die

---

264 Protokoll S.4533, Schlegelberger Document Nr.61

265 Protokoll S.4649f.

266 Protokoll S.4352ff.

267 Protokoll S.1526f; Document NG-151, Anklagebeweisstück Nr.204

Rechtsmittel im engeren Sinne, also auf die Berufung, die Revision und die Beschwerde. Diese Regelung bedeutet keine umfassende Lösung des Problems, da den Juden weiterhin die Möglichkeit der Einlegung von Rechtsbehelfen im weiteren Sinne gelassen wird..."

Bormann nannte als Beispiel den Einspruch gegen einen Strafbefehl und den Antrag auf Wiederaufnahme des Verfahrens. Schließlich wollte er auch die zivilrechtlichen Rechtsbehelfe ausgeschlossen wissen.

Kein Nachteil, wie die Anklage es darstellte, sondern ein Vorteil war nach der Verteidigung die Einführung des Bürgerlichen Rechts in den eingegliederten Ostgebieten. Schlegelberger führte aus, daß es nach der restlosen militärischen Unterwerfung Polens und der Durchführung des Teilungsvertrages zwischen Deutschland und Rußland keine maßgebende politische Autorität und auch keine polnischen Gerichte mehr in Polen gegeben habe[268]. Der Standpunkt des Reichsjustizministeriums sei eindeutig gewesen: nach dem Grundsatz der Gleichheit aller Bewohner vor dem Gesetz sollte das deutsche Bürgerliche Recht, das ohnehin schon in einigen Teilen Polens gegolten habe, überall eingeführt werden. Bormann und Himmler hätten dagegen ein Sonderrecht für die Polen befürwortet. So hatte Bormann an Himmler geschrieben[269]:

> "Wie mir berichtet wird, lassen deutsche Gerichte schon in einer Zeit, in der das deutsche Bürgerliche Recht in den Ostgebieten noch nicht eingeführt ist, in Anwendung dieses Rechts Polen eine Behandlung angedeihen, die allein den deutschen Volksgenossen vorbehalten bleiben muß.... Es ist daher zu befürchten, daß Urteilen die von deutschen Gerichten in Anwendung deutschen Bürgerlichen Rechts auf Polen und auf polnische Verhältnisse gefällt werden, zu einer Beunruhigung der deutschen Volksgenossen führen. Vielleicht wird in einzelnen Fällen die Ausführung richterlicher Entscheidungen sogar durch Polizeimaßnahmen verhindert werden müssen."

Entgegen dem Parteiwunsche nach einem Sonderrecht beharrte Schlegelberger auf dem Standpunkt der Gleichberechtigung aller Bewohner der Gebiete. Zur Beruhigung der anderen Seite stellte er in Aussicht, daß man später den Erlaß bestimmter Sondervorschriften diskutieren könne. Schlegelberger sagte aus, dies habe die Herbeiführung einer grundsätzlichen Entscheidung Hitlers zu dieser Frage verhindern sollen. Allerdings sei es zu dem Erlaß derartiger Vorschriften nie gekommen. Obwohl Bormann - seine ersten Forderungen abschwächend - höchstens eine sinngemäße Anwendung des Bürgerlichen Rechts

---

268 Protokoll S.4379ff.

269 Protokoll S.4380; Document Schlegelberger Nr.65

habe zulassen und jede Klage eines Polen gegen einen Deutschen der Vorprüfung durch den Kreisleiter unterwerfen wollen, sei ihm, Schlegelberger, die uneingeschränkte Einführung des deutschen Zivilrechts gelungen. Lediglich eine Klausel, die nach Schlegelbergers Ansicht bedeutungslos gewesen sei, sei der Einführungsverordnung hinzugefügt worden. Danach habe die Anwendung der Gesetzesbestimmungen dem Sinn der Eingliederung nicht widersprechen dürfen.

Die Übertragung des Rechts zur Anordnung der Vollstreckung von Todesurteilen und des Gnadenrechts auf die Reichsstatthalter konnte Schlegelberger nach eigener Ansicht nicht verhindern. Hier hätten sich Bormann und Himmler bei Hitler durchgesetzt. In dessen Auftrage teilte der Chef der Reichskanzlei Dr. Lammers Schlegelberger mit, daß Standgerichte einzurichten seien und das Gnadenrecht übertragen würde. Schlegelberger waren, so erklärte er den Nürnberger Richtern, durch diese "Führer-Entscheidung" die Hände gebunden[270].

(4) Der "Nacht und Nebel-Erlaß"

(a) Das Vorbringen der Anklage

Der "Nacht und Nebel-Erlaß"[271] ist ein von Generalfeldmarschall Keitel unterschriebener Erlaß Hitlers, wonach "bei Straftaten nichtdeutscher Zivilisten gegen das Reich oder die Besatzungsmacht, die deren Sicherheit oder Schlagkraft gefährden", grundsätzlich die Todesstrafe zu verhängen war[272]. Soweit ein Todesurteil unwahrscheinlich war, sollten die Täter anonym nach Deutschland verbracht werden. Ohne Verständigung der Angehörigen oder Bekannter wurden hauptsächlich Personen aus den besetzten westlichen Ländern nach Deutschland verschleppt. Viele von ihnen verschwanden aus Gründen der Abschreckung[273] bei "Nacht und Nebel" in Gefängnissen oder Konzentrationslagern. Im Februar 1942 erließ das Reichsjustizministerium eine Verfügung, die Zuständigkeit und Verfahren dieser Fälle regelte. Danach sollten regionale Sondergerichte die Verhandlungen gegen die Angeklagten führen. In der von der Anklage angeführten Durchführungsverordnung hieß es[274]:

---

[270] Schlegelberger Protokoll S.4391f.

[271] Siehe Anhang B

[272] Vergl. hierzu Müller, S.175ff.

[273] Protokoll S.2438; Document PS-660, Anklagebeweisstück Nr.305

[274] Protokoll S.2443; Document NG-232, Anklagebeweisstück Nr.308

"... Der Oberstaatsanwalt teilt mir die Anklage, den beabsichtigten Antrag und das Urteil, ebenso seine Absicht, im Einzelfall von einer Anklage abzusehen, mit....Die Wahl dieses Verteidigers bedarf der Genehmigung des Vorsitzers, der sie nur mit Zustimmung des Staatsanwalts erteilt. Die Genehmigung kann zurückgezogen werden...Die Aufhebung des Haftbefehls kann nur mit seiner Zustimmung erfolgen. Wird sie beabsichtigt, so berichtet mir der Oberstaatsanwalt zuvor. Er holt ferner eine Entscheidung ein, bevor er ausländische Beweismittel oder ihrer Beiziehung durch das Gericht zustimmen will...Anderen als den mit der Sache befaßten Stellen der Wehrmacht und der Polizei wird auf Anfragen nach dem Beschuldigten oder dem schwebenden Verfahren nur mitgeteilt, daß ... festgenommen ist und der Stand des Verfahrens keine weiteren Mitteilungen erlaubt..."

In diesem Zusammenhang legte die Anklage die eidesstattliche Versicherung des Leiters der juristischen Abteilung des Oberkommandos der Wehrmacht, Generalleutnant Rudolf Lehmann, vor[275]. Lehmann führte hierin aus, daß Freisler mit Schlegelberger zwecks Übernahme der "Nacht und Nebel-Fälle" durch das Reichsjustizministerium sprechen wollte. Nach Ansicht Lehmanns sei Schlegelberger als seinerzeitiger geschäftsführender Justizminister die einzige Person gewesen, die einer solchen Übernahme habe zustimmen können. In seinem Verhör durch die Staatsanwaltschaft bestätigte Lehmann diese Versicherung und betonte nochmals, daß nach seiner Kenntnis der ministeriellen Gepflogenheiten Schlegelberger der Übernahme hätte zustimmen müssen[276]. Die Anklage schloß daraus, daß Schlegelberger den "Nacht und Nebel-Erlaß" nicht nur gebilligt habe, sondern ihn in Kenntnis seiner furchtbaren Folgen durch das Ministerium habe ausführen lassen.

(b) Das Vorbringen der Verteidigung

Schlegelberger bestritt seine Kenntnis der Durchführungsverordnung nicht. Sein Verhör durch Dr.Kubuschok nutzte er zur Vervollständigung dees Sachverhaltes und einer abermaligen Darstellung der schwierigen Situation, in der er sich zu diesem Zeitpunkt angesichts der möglichen Alternative befunden habe. Auf die Frage, in welchem Umfang er an den gesetzgeberischen Arbeiten und an der Durchführung des "Nacht und Nebel-Erlasses" mitgewirkt hatte, antwortete der Staatssekretär[277]:

"Ich muß zunächst hier eine zeitliche Beschränkung machen. Dem hohen Gericht ist bekannt, daß ich am 20. August 1942 aus dem Justizministerium ausgeschieden bin.

---

275 Protokoll S.2441f.; Document NG-484, Anklagebeweisstück Nr.307

276 Protokoll S.2582

277 Protokoll 4408ff.

Für meine Person kommt also nur die vorhergehende Zeit in Betracht. Und in dieser Zeit ist sowohl das Verfahren wie die Verwahrung der Gefangenen ausschließlich in der Hand der Justiz geblieben.... Hitler hatte Keitel den Befehl gegeben, daß in Zukunft lediglich in klarliegenden Fällen und in solchen, bei denen mit Sicherheit die Todesstrafe zu erwarten sei, die Militärgerichte urteilen sollten. Die übrigen Täter sollten zu Abschreckungszwecken durch die Polizei nach Deutschland geschafft werden, bei der Polizei verbleiben und - nach seinem Ausdruck - bei Nacht und Nebel verschwinden. Der Chef der Wehrmachtsrechtsabteilung Dr. Lehmann erkannte die Situation und suchte nach vergeblichen Bemühen bei Keitel und Hitler die Belassung der Gefangenen in Polizeihänden durch ein Verfahren vor den allgemeinen Gerichten zu vermeiden. Er nahm Rücksprache bei Freisler. Freisler verschloß sich dem Gedanken Lehmanns nicht und stimmte ihm grundsätzlich zu, vorbehaltlich meiner Zustimmung. Ich habe diese Zustimmung erteilt. Auch hier war mir wieder eine schwere Entscheidung auferlegt. Auf der einen Seite das Schicksal der betreffenden Gefangenen, das in Polizeihänden unkontrollierbar blieb. Auf der anderen Seite die Notwendigkeit, gewisse Verfahrensbestimmungen zu lockern, die erst Bestandteil unseres Rechtes waren. Der Führerbefehl beruhte ja auf dem Grundgedanken, daß die Abschreckung durch die Absperrung der Gefangenen von jeglicher Verbindung mit der Aussenwelt erreichbar sei. Wollten wir nun - und das ist das Entscheidende - das Verbleiben der Gefangenen in Polizeihänden vermeiden und damit den Erlass Hitlers nicht durchführen, sondern ihm die Spitze abbrechen, so blieb uns nichts anderes übrig, als unser gerichtliches Verfahren auf den Gesichtspunkt der Geheimhaltung auszurichten, da andernfalls Hitler sofort die Bearbeitung der Sachen durch die allgemeinen Gerichte verboten und tatsächlich verhindert hätte..."

Im folgenden erläuterte Schlegelberger die Verfahrensbestimmungen der Durchführungsverordnung, um den Ausschluß der Öffentlichkeit bei Verhandlung und Urteilsverkündung zu rechtfertigen. Zur Beschränkung der freien Auswahl der Verteidiger verlor er sich in die Formulierung

"...Deutschland hatte einen hochstehenden Anwaltsstand und es war im allgemeinen ganz selbstverständlich, daß jeder Anwalt die Verpflichtung zur Geheimhaltung, die ihm das Gesetz auferlegte, erfüllte. - Aber man durfte sich der Erkenntnis nicht verschliessen, daß, wie jeder andere Stand, auch der Anwaltsstand in diesen Zeiten mit Trägern von Widerstandsgedanken durchsetzt war..."[278]

Die in der Ausführungsanweisung enthaltene Möglichkeit des Staatsanwaltes, einen Aussetzungsantrag zu stellen, sollte nach Schlegelbergers Ansicht der Justiz die Möglichkeit geben, eine Auslieferung der Gefangenen nach Verbüßung ihrer Haftzeit an die Gestapo zu verhindern. Mit der Beantragung der Aussetzung, zum Beispiel weil das Gericht eine

---

[278] Protokoll S.4410

mildere Strafe in Betracht zog, sei die Sache in Justizhand und der Gefangene damit in der Justizverwaltung geblieben[279].

(5) Das Euthanasieprogramm

(a) Das Vorbringen der Anklage

Hitlers Bestrebung, unheilbar Geisteskranke schmerzlos zu beseitigen, war im Nürnberger Hauptkriegsverbrecherprozeß zum erstenmal behandelt worden[280]. Nun warf die Anklage Schlegelberger Kenntnis von den Tötungen und pflichtwidrige Untätigkeit vor[281]. Dabei war ihr klar, daß es ein Euthanasiegesetz nie gegeben hatte: Hitler hatte einen im Auftrag von Dr.Lammers hierzu ausgearbeiteten Gesetzentwurf abgelehnt. Vielmehr wurden Reichsleiter Bouhler und Professor Dr.med Brandt von Hitler in einem nichtamtlichen Schreiben des Parteiführers beauftragt, durch namentlich zu bestimmende Ärzte unheilbar Kranken den "Gnadentod" zu gewähren.

(b) Das Vorbringen der Verteidigung

Schlegelberger erwiderte auf den Vorwurf, selbst Gürtner habe von den Euthanasiemaßnahmen erst etwas erfahren, als in den Lageberichten der Oberlandesgerichtpräsidenten der Verdacht auf Durchführung solcher Maßnahmen aufgetreten sei[282]. Er selbst habe bis zu Gürtners Tod mit diesen Vorgängen nie etwas zu tun gehabt. Nach Übernahme der Amtsgeschäfte habe er sofort Reichsleiter Bouhler aufgesucht und diesem mitgeteilt, daß die Bevölkerung für eine derartige Vorgehensweise insbesondere in der Kriegszeit kein Verständnis habe[283]. Er habe Beschwerden, zum Beispiel aus kirchlichen Kreisen, an Bouhler weitergeleitet. Seines Erachtens sei diese Taktik der Grund dafür gewesen, daß im August 1941 die Maßnahmen eingestellt worden seien. Schlegelberger weiter[284]:

> "Wenn man mich nun fragt, ob ich nicht noch mehr hätte tun können, so muß ich das mit aller Bestimmtheit verneinen. Ich hatte mir die Sache sehr wohl überlegt.

---

279 Protokoll S.4411f.

280 Vergl. Heydecker/Leeb S.306ff.

281 Protokoll S.2680ff.; Document NO-832, Anklagebeweisstück Nr.385; Document NO-681-PS, Anklagebeweisstück Nr.390

282 Protokoll S.4328

283 Protokoll S.4412ff.

284 Protokoll S.4414f.

> Das Schreiben Hitlers an Bouhler und Brandt lautete - ich darf noch einmal den Text hier erst kurz wiederholen: <Bouhler und Brandt werden unter Verantwortung beauftragt, die Befugnisse namentlich zu bestimmender Ärzte so zu erweitern, daß nach menschlichem Ermessen unheilbar Kranken bei kritischer Beurteilung ihres Krankheitszustandes der Gnadentod gewährt werden kann. > Ob dieses Schreiben Hitlers an Bouhler und Brandt den Charakter eines Gesetzes hat, ist oft diskutiert worden. Ich bejahe es. Woraus folgt, daß nach meiner Ansicht Ärzte, die sich an das Schreiben Hitlers gehalten haben, eine strafbare Handlung nicht begangen haben..."

Die bewiesene Behauptung der Ankläger, Euthanasiemaßnahmen hätten auch noch in den Jahren 1943 und 1944 stattgefunden, führte Schlegelberger auf Initiativen nach seinem Ausscheiden zurück[285].

(6) Die "Endlösung"

(a) Das Vorbringen der Anklage

Beschuldigt wurde Schlegelberger ebenfalls der Beteiligung an der "Endlösung" der Judenfrage[286]. Hierzu führte die Anklage ein Rundschreiben Schlegelbergers vom 5. April 1942 in den Prozeß ein, welches unter der Aufschrift "Geheime Reichssache" unter anderem folgenden Inhalt hatte[287]:

> "...Wegen der Behandlung der jüdischen Mischlinge ersten Grades schließe ich mich der vom Reichsminister des Innern in seinem Schreiben vom 16. Februar 1942 vertretenen Auffassung an, daß nämlich die Verhinderung der Fortpflanzung dieser Mischlinge ihrer Gleichschaltung mit den Volljuden und der hiermit verbundenen Abschiebung vorzuziehen ist. Dem würde es entsprechen, daß die Abschiebung bei denjenigen Halbjuden von vornherein ausscheidet, die nicht mehr fortpflanzungsfähig sind. Ein völkisches Interesse an der Lösung der Ehe zwischen einem solchen Halbjuden und einem Deutschblütigen besteht nicht. Den fortpflanzungsfähigen Halbjuden sollte die Wahl gelassen werden, sich der Unfruchtbarmachung zu unterziehen oder in gleicher Weise wie Juden abgeschoben zu werden..."

---

[285] Protokoll S.4475

[286] Die von der Anklage in diesem Zusammenhang genannte Beteiligung Schlegelbergers an Gesetzen zur Sterilisation geisteskranker Personen oder Trägern von Erbkrankheiten wurde durch Verfügung des Gerichtshofes vom 2.7.1947 nicht weiter verfolgt: Protokoll S.4573f.

[287] Protokoll S.2717f.; Document 4055 PS, Anklagebeweisstück Nr.401

Dieses Schreiben Schlegelbergers hatte sich an die Teilnehmer der sogenannten "Wannsee-Konferenz" gerichtet, die am 20.Januar 1942 stattgefunden hatte[288]. Er selbst hatte an dieser Konferenz, auf der die endgültige Massenvernichtung der Juden beschlossen worden war, nicht teilgenommen.

---

288 Reitlinger S.197

(b) Das Vorbringen der Verteidigung

In seinem Verhör durch Dr.Kubuschok verteidigte sich Schlegelberger mit der Bemerkung, die Sterilisierung sei der einzige Weg gewesen, eine katastrophale Entwicklung für Unzählige abzuwenden[289]. Einmal mehr habe er vor der Situation gestanden, ein großes Übel nur durch ein kleines abwenden zu können, wobei seine Möglichkeiten ohnehin beschränkt gewesen seien. Die Frage der "Endlösung" habe nicht das Ressort des Reichsjustizministeriums betroffen. Der Gedanke einer freiwilligen Sterilisierung habe von den betroffenen Mischlingen selbst gestammt, führte Schlegelberger aus[290]. Diese hätten zum Teil zwecks einer möglichen Befreiung von der Anwendung der Nürnberger Gesetze Ärzten derartige Vorschläge unterbreitet. In seinem Verhör bestätigte der Zeuge Dr.Lammers diese Sichtweise[291]. Tatsächlich habe die nie endgültig beschlossene, aber von einem Teil der in Mischehen lebenden Juden wahrgenommene Sterilisierung Tausenden von ihnen das Leben gerettet[292].

(7) Die Überstellung von Gefangenen an die Gestapo

(a) Das Vorbringen der Anklage

Ein schwerer Vorwurf war schließlich die bereits unter Gürtner praktizierte Überstellung von Gefangenen aus den Händen der Justiz an die Gestapo. Als Beispielfall führte die Anklage das Dokument-287 an. Es enthielt einen Briefwechsel zwischen Lammers und Schlegelberger[293]. Anlaß hierfür war ein Artikel der "Berliner Illustrierten" vom 20. Oktober 1941 gewesen. Danach hatte der Jude Markus Luftglas aus Kalwarja 65000 Eier der

---

289 Heydrich sagte auf der "Wannsee-Konferenz":
"In großen Kolonnen (Arbeits-), unter Trennung der Geschlechter, werden die arbeitsfähigen Juden straßenbauend in diese Gebiete (in die besetzten Ostgebiete) geführt, wobei zweifellos ein Großteil durch natürliche Verminderung ausfallen wird. Der allfällig verbleibende Restbestand wird, da es sich bei diesem zweifellos um den widerstandsfähigsten Teil handelt, entsprechend behandelt werden müssen, da dieser, eine natürliche Auslese darstellend, bei Freilassung als Keimzelle eines neuen jüdischen Aufbaus anzusprechen ist."
Zitiert bei Reitlinger, S.107f.

290 Protokoll S.4351

291 Protokoll S.5464

292 Reitlinger S.194ff.: Die von Hitler im Rahmen der "Endlösung" bevorzugte Deportation der Partner von Mischehen war damit größtenteils gescheitert. Reitlinger bezeichnet dies als eine von Hitlers Niederlagen.

293 Protokoll S.426ff.; Anklagebeweisstück Nr.88

allgemeinen Bewirtschaftung entzogen und diese in Bottichen und einer Kalkgrube verborgen. 15000 der Eier waren bei ihrem Auffinden bereits verdorben. Vom Sondergericht in Bielitz wurde der 74jährige wegen Verbrechens gegen die Kriegswirtschaftsordnung zu zweieinhalb Jahren Gefängnis verurteilt. Am 25.Oktober schrieb der Chef der Reichskanzlei aus dem Führerhauptquartier an den mit der Führung der Geschäfte des Reichsjustizministers beauftragten Staatssekretär:

> "Sehr verehrter Herr Schlegelberger!
> Dem Führer ist die anliegende Pressenotiz über die Verurteilung des Juden Markus Luftgas zu $2^1/_2$ Jahren Gefängnis durch das Sondergericht in Bielitz vorgelegt worden. Der Führer wünscht, daß gegen Luftgas auf Todesstrafe erkannt wird. Ich darf Sie bitten, das Erforderliche beschleunigt zu veranlassen und dem Führer zu meinen Händen über die getroffenen Maßnahmen zu berichten."

Am 29.Oktober 1941 antwortete Schlegelberger auf dieses Schreiben mit den Worten:

> "Betrifft den Fall des Juden Luftglas, nicht Luftgas.
> Sehr verehrter Herr Reichsminister Dr.Lammers!
> Nach dem Befehl des Führers und Reichskanzlers vom 24.Oktober 1941, vom Staatsminister und Chef der Präsidialkanzlei, habe ich der Gestapo zum Zwecke der Hinrichtung den Juden Markus Luftglas übergeben, der zu $2^1/_2$ Jahren Gefängnis durch das Sondergericht Kattowitz verurteilt worden war.
> Heil Hitler! Ihr sehr ergebener Schlegelberger."

Der Fall Luftglas diente als Beispiel. Wie der Zeuge Dr.Lam-mers ausführte, waren derartige Überstellungen bereits Gürtner befohlen worden, zumeist über die Führeradjudantur oder über den Reichsleiter Bormann[294]. Immer habe es sich dabei um be-reits gerichtlich verurteilte Personen gehandelt, deren Über-stellung an die Gestapo und damit Tötung durch Hitler veranlaßt worden sei.

(b) Das Vorbringen der Verteidigung

Schlegelberger erläuterte in seiner Verteidigung dem Gericht, daß die Überstellungen bereits bald nach Beginn des Krieges im Jahre 1939 begonnen hätten[295]. Gürtner habe hiervon durch Pressenotizen erfahren. Auf dessen Intervention habe Hitler ihm erklärt, keine allgemeine Anweisung gegeben zu haben. Im Einzelfall könne er auf solche Maßnahmen nicht verzichten, da sich die Militär- und Zivilgerichte den besonderen

---

[294] Protokoll S.5464ff.

[295] Protokoll S.4394ff.

Verhältnissen des Krieges nicht gewachsen zeigen. Schlegelberger bezeichnete diese Entscheidung Hitlers als das Schwerste, was der ganz auf Gerechtigkeit eingestellte Gürtner während seiner Amtszeit erfahren hatte[296]. Obwohl Gürtners Versuch, den Respekt vor den Gerichtsurteilen herzustellen, gescheitert sei, habe er, Schlegelberger, sich nicht zufrieden gegeben. Ihm sei es darum gegangen, der Justiz noch eine Interventionsmöglichkeit zu sichern. Sein Verlangen, rechtzeitig von den der Polizei erteilten Befehlen informiert zu werden, wurde erfüllt. Da die Polizei aber den Vollzug des Befehls nach spätestens 24 Stunden zu melden gehabt habe, sei der Justiz nicht viel Zeit geblieben[297]:

> "Ging nun ein solcher Befehl ein, so setzte eine rastlose Arbeit ein. Zunächst mußte versucht werden, bei der Polizei die Verlängerung der Frist zu erreichen, das heißt die Polizei zu bestimmen, ihre Meldung weiter hinauszuschieben. Schon das verursachte große Schwierigkeiten, denn schließlich traf ja auch den Polizeibeamten ein starkes Risiko. Aber es gelang hin und wieder. Gleichzeitig wurden die Akten des Falles auf schnellstem Wege nach Berlin beordert und die Zeitungsausschnitte herbeigeholt, die vermutlich Hitler zu diesen Überstellungsbefehlen veranlaßt hatten. Dann wurde ein ausführlicher Bericht über die Tat und den Täter selbst gemacht und damit das Urteil gerechtfertigt, und zur Unterstützung fanden noch Telefonate mit verschiedenen Stellen statt, weil man sich von dieser Verbindung einen Erfolg versprechen konnte. Einige Erfolge wurden erzielt. Gelang es aber nicht, die Rücknahme des der Polizei erteilten Befehls zu erreichen, obwohl alle Möglichkeiten erschöpft waren, so blieb gar nichts anderes übrig, als der Vollstreckungsbehörde die Weisung zu geben, es solle kein Widerstand geleistet werden, sondern der Polizei auf Verlangen den Mann herauszugeben. Hätte das Reichsjustizministerium die Herausgabe verweigert, so hätte die Polizei den Widerstand mit Gewalt gebrochen."

Der Zeuge Lammers bestätigte diese Aussage Schlegelbergers. Davon abgesehen, so Dr.Lammers, daß eine staatliche Stelle nicht mit einer anderen in Konflikt habe geraten sollen, hätte die Polizei auf jeden Fall Hitlers Befehl befolgt und den Überstellten im Zweifel mit Waffengewalt aus dem Gefängnis geholt[298]. Auch Dr.Gramm sah keine Möglichkeit des Ministeriums, sich einem solchen Befehl zu widersetzen[299]. Im Zusammenhang mit der Überstellung von Gefangenen von Dr.Kubuschok auf den Fall

---

296 Vergl. Gruchmann S.675ff.

297 Protokoll S.4395f.

298 Protokoll S.5465f.

299 Protokoll S.4644ff.. Im übrigen bestätigte Gramm den von Schlegelberger geschilderten Ablauf von Interventionsbemühungen.

Luftglas angesprochen, zeigte Schlegelberger ein schwaches Erinnerungsvermögen[300]. Aus dem ihm vorgelegten Briefwechsel schloß er, daß auch in diesem Fall Bemühungen um eine Rücknahme des Befehls stattgefunden hatten[301], die aber vergeblich gewesen seien. Mangels Erinnerungsvermögen wirkte die übrige Einlassung des angeklagten Staatssekretärs unsicher[302]:

> "...Nun fällt mir auf, daß ich in diesem Brief an Lammers mitgeteilt habe, Luftglas sei der Polizei zur Exekution überstellt. Das ist deshalb auffällig weil die Benachrichtigung von den der Polizei erteilten Befehlen niemals etwas von Hinrichtungen oder Exekutionen sagen, sondern lediglich Überstellung als Gegenstand bezeichneten. Wenn ich also in dem Schreiben an Lammers mitgeteilt habe, Luftglas sei zur Exekution übergeben, so kann das nur auf Mitteilung der Polizei beruhen, und mir ist ganz klar, daß ich die Fassung so gewählt habe, um Lammers mitzuteilen, wie denn der direkte Führerbefehl, also der Befehl wirklich gelautet hat, und ihm klarmachen, wohin denn solche Überstellungsbefehle, so wie sie uns mitgeteilt wurden, führten..."

Weitere Erläuterungen zu diesem Fall konnte Schlegelberger nicht geben. In seinem Verhör bezeichnete er die Überstellungen für jeden, der Sinn für Recht hat, als "sehr trübes Kapitel"[303].

cc. Die Plädoyers

Am 13.Oktober 1947 schloß Richter Brand die Beweisaufnahme des "Falles 3"[304]. Die Anklage eröffnete durch Mr. La Follette ihr Schlußplädoyer, welches zwei Verhandlungstage in Anspruch nahm. Das von der Anklage gehaltene Plädoyer untergliederte sich in die fünf Kapitel

---

300 Protokoll S.4398ff.

301 Schlegelberger schloß dies aus dem Datum seines Antwortschreibens, das erst 4 Tage nach dem Schreiben aus der Reichskanzlei erging. Diese 4 Tage seinen genutzt worden, denn sonst wäre das Schreiben vom 25.Oktober 1941 umgehend beantwortet worden.

302 Protokoll S.4399

303 Protokoll S.4394

304 Protokoll S.9213. Allerdings wurden noch während des Plädoyers der Anklage nachträglich eingereichte Beweisstücke angenommen.

- Die durch den Erlaß und Durchführung der Verordnung über das Strafrecht gegen Polen und Juden begangenen Verbrechen
- Strafrechtliche Verantwortlichkeit für "Nacht und Nebel-Verfahren"
- Verbrechen der Strafverfolgung und Verurteilung fremder Staatsangehöriger wegen angeblichen Verrats- und Hochverrats gegen das Deutsche Reich
- Verbrechen gegen die Menschlichkeit
- Organisationen.

Jedem dieser Kapitel ordnete die Anklage die Angeklagten zu, die sich ihrer Ansicht nach eines derartigen Verbrechens schuldig gemacht hatten. Schlegelberger hielt sie in den ersten vier Anklagepunkten für schuldig. Nur auf den Vorwurf einer Mitgliedschaft in einer der von den Viermächten im IMT für verbrecherisch erklärten Organisationen verzichtete sie. Im Anschluß daran erfolgte der Schlußvortrag der Anklage.

Demgegenüber plädierte seitens der Verteidigung jeder Verteidiger einzeln für seinen Mandanten. Für diese Plädoyers verwendete der Gerichtshof über vier Tage, beginnend mit der Verteidigungsrede Dr.Kubuschoks für den Angeklagten Dr.Schlegelberger am 14.Oktober 1947[305].

---

305 Protokoll S.9453

(1) Das Plädoyer der Anklage betreffend Schlegelberger

Die Anklage hielt es nach der Verhandlung für erwiesen, daß Schlegelberger an dem Entwurf der Verordnung vom 4.Dezember 1941, die ein besonderes Recht für Polen und Juden in den besetzten Ostgebieten schaffte, nicht nur maßgeblich mitgewirkt hatte, sondern sich über ihren Zweck, nämlich die Tötung, Versklavung, Freiheitsberaubung und Folterung voll bewußt gewesen sei[306]. Ihr Zweck sei keineswegs die Aufrechterhaltung der Ordnung in den einverleibten Ostgebieten gewesen, was völkerrechtlich gerechtfertigt gewesen wäre, sondern allein die Bestrafung von Verbrechen, die Polen und Juden gegen Deutsche verübt hätten. Die Verordnung habe einzig rassischen und politischen Zielen gedient. Ihre Anwendung habe zu Sondergerichts- und Volksgerichtsurteilen in ungeheurer Zahl geführt: Allein 1942 habe es in der Annahme eines Verstoßes gegen die Verordnung 62.000 Angeklagte vor deutschen Gerichtshöfen gegeben. Diese hätten in der Zuständigkeit Schlegelbergers gelegen; er habe gewußt oder habe wissen müssen, daß die Verordnung und ihre Durchführung außerhalb jeder militärischen Notwendigkeit gestanden habe und ein Bruch des Artikels 46 der Haager Konvention Nr.IV von 1907 und damit ein Kriegsverbrechen gewesen sei. Selbst wenn der Gerichtshof diese Taten nicht als Kriegsverbrechen werten sollte, müsse er sie als Verbrechen gegen die Menschlichkeit verurteilen. Die erwiesenen politischen und rassischen Verfolgungsabsichten seien ein Verstoß gegen die Menschlichkeit und kein Angeklagter, auch nicht Schlegelberger, habe ausgesagt, daß er derartige Gesetze als völkerrechtlich zulässig betrachtet habe. Schlegelberger habe darüberhinaus rassische Maßnahmen forciert, zum Beispiel durch die Ausdehnung des Geltungsbereiches der Nürnberger Gesetze auf die eingegliederten Ostgebiete im Jahre 1941[307]. Schließlich habe er Gefangene wie Markus Luftglas an die Gestapo überstellt. Schlegelberger habe wissentlich gehandelt und als notwendige Folge dieses Handelns, die Verurteilung Tausender zum Tode oder zu Gefängnis, in Kauf genommen. Er sei sogar verantwortlich für die Urteile, die auf Grund der Verordnung nach seinem Ausscheiden aus dem Amt getroffen worden seien. Er habe den "Stein ins Rollen" gebracht und gewußt, daß dem noch radikalere Kräfte folgen würden. Sein diesbezüglich auf den einfachen Nenner zu bringender Vortrag "Man sollte mich nicht der Tötung von fünf Männern schuldig sprechen, weil es zu dieser Zeit Leute gab, die 25 töten wollten", verdiene es nicht, Verteidigung genannt zu werden[308].

---

[306] Protokoll S.9217ff.

[307] Protokoll S.9225f.

[308] Protokoll S.9230

Weiter habe sich Schlegelberger durch seine Beteiligung am völkerrechtswidrigen "Nacht- und Nebel Erlaß" schuldig gemacht[309]. Er habe in Kenntnis der von Freisler vorbereiteten Pläne diese nach eigenem Bekunden unterzeichnet. Schlegelberger habe selbst eingeräumt, daß das Verfahren wegen der den Angeklagten verweigerten Rechte völkerrechtswidrig gewesen sei. Der Umstand, daß die ersten Urteile erst zu der Zeit getroffen worden seien, als er aus dem Amt geschieden war, könne ihn nicht entlasten. Außerdem sei bereits davor, nämlich am 4. August 1942, eine Anordnung erlassen worden, die die Verlegung von "Nacht- und Nebel-Gefangenen" in Konzentrationslager vorsah, soweit diese nicht den Sondergerichten überstellt werden konnten. Schlegelberger habe hiervon Kenntis gehabt.

Mit der Duldung und Förderung von Verurteilungen wegen Hochverrats oder Anstiftung dazu gegen Polen, Tschechen und andere Ausländer durch den Volksgerichtshof habe Schlegelberger ein Kriegsverbrechen begangen[310]. Es liege auf der Hand, daß diese Personen nach internationaler Rechtsanschauung keinen Hochverrat hätten begehen können. Die Staaten, aus denen sie stammten, hätten nicht zum Deutschen Reichsgebiet gehört. Schlegelberger habe gewußt oder habe wissen müssen, daß diesen Volksgruppen keine Treuepflicht gegenüber dem Deutschen Reich oblegen hätten. Gleichwohl habe er ihrer Bestrafung zugestimmt und die Besetzung des Volksgerichtshofes mit willfährigen Richtern teilnahmslos hingenommen.

Schließlich fand die Anklage Schlegelberger auch des Verbrechens gegen die Menschlichkeit schuldig[311]. Der gleiche Schlegelberger, der von sich bekunde, nicht antijüdisch eingestellt gewesen zu sein, sei es gewesen, der den Juden Markus Luftglas der Gestapo überantwortet habe. Er sei derselbe, der die Nürnberger Gesetze ausgeweitet habe und für die Sterilisierung der Halbjuden eingetreten sei. Schlegelberger war es nach Ansicht der Anklage auch, der Richter versetzt, Urteile zu korrigieren versprochen und auf strenge Urteile gegen Polen gedrängt habe. Er habe das nationalsozialistische Programm der Gewinnung neuen Lebensraumes gekannt. Seine immer wieder vorgetragene Sorge um den Einfluß der Partei sei nicht dem Motiv entsprungen, daß die Politik falsch gewesen sei. Sie habe vielmehr der Prärogative des Reichsjustizministeriums gegolten. Schlegelbergers Einlassung, nach Hitlers Rede gegen die Justiz am 26. April 1942 zum Rücktritt entschlossen gewesen zu sein, sei durch die nachfolgenden, im ergebensten Ton ge-

[309] Protokoll S.9254ff.

[310] Protokoll S.9282ff.

[311] Protokoll S.9339ff.

schriebene Briefe an Dr.Lammers und Göring unglaubwürdig. Er habe der Arisierung jüdischen Besitztums tatenlos zugesehen, obwohl er die Macht gehabt hätte, zu handeln. Er nahm die 100.000,- DM Abfindung entgegen und ließ sich noch 1944 die Erlaubnis des Führers erteilen, dafür ein Gut zu kaufen. Die Anklage endete[312]:

> "...Die Akten in diesem Prozess zeigen uns einen schwachen Menschen, der es besser wußte, aber dieser Mann beging Verbrechen wissentlich, willentlich und ohne Zwang...Der Angeklagte ist schuldig. Gesichtspunkte, die mildernde Umstände rechtfertigen, sind nicht erwiesen."

(2) Das Plädoyer Dr.Kubuschoks betreffend Schlegelberger

Als "erstmalig" in der Geschichte beschrieb Dr.Kubuschok bei der Eröffnung seines Plädoyers die Aufgabe der Richter, festzustellen, ob die Angeklagten nach allgemein anerkannten Rechtsprinzipien kriminell schuldhaft gehandelt hätten[313]. In diesem Verfahren seien die Richter gefordert, sich in eine andere Welt zu versetzen, in die Welt des Diktaturstaats Adolf Hitlers. In diesem Staat hätten die Angeklagten gelebt, in diesem Staat hätten sie gehandelt. Kurz skizzierte Kubuschok diesen Staat: Die Spitze habe sich nicht an das Recht gehalten und für sich überragende Machtmittel beansprucht. Dadurch sei eine ungewöhnliche Interessenlage aufgetreten: ein drohendes Unrecht habe nur durch einen milderen Eingriff in die Rechtssphäre des Betroffenen abgewendet werden können. Von dieser Beschreibung ausgehend gelangte Kubuschok zur Anwendung des schuldausschließenden Notstandsgedankens, der auch auf das Gebiet einer Diktatur Anwendung finden müsse. Der Verteidiger führte aus[314]:

> "Auch dort entsteht eine Lage, aus der auf andere Weise ein Entrinnen nicht möglich ist, weil die überwältigenden Machtmittel nicht zur Verhütung des drohenden Unrechts, vielmehr sogar zu seiner Durchführung eingesetzt werden. Damit steht derjenige, der die Möglichkeit hat, das drohende Unrecht zu verhüten, vor der Frage, ob sein Eingriff gegenüber demjenigen, was er erreichen kann, zu rechtfertigen ist. Sein Entschluß liegt somit auf moralischem Gebiet. Von dieser Grundlage aus ist gleichzeitig über die rechtliche Schuld oder Nichtschuld seines Handelns, hier konkret gesprochen, über den Vorwurf des Kriegs- und Menschlichkeitsverbrechens zu entscheiden..."

---

[312] Protokoll S.9347

[313] Protokoll S.9453ff.

[314] Protokoll S.3455f.

Nach dieser grundsätzlichen Einführung ging Kubuschok auf Schlegelbergers Person und dessen Wirken ein. Er stellte seinen Werdegang dar, die wissenschaftliche Betätigung und seinen Status als Staatssekretär, als Hitler am 30. Januar 1933 die Macht übernahm. Kubuschok beschrieb seine Tätigkeitsbereiche seit dieser Zeit bis zur Beauftragung mit der Geschäftsführung des Ministeriums. Unter Verweis auf das vorgelegte Beweismaterial versuchte er nochmals zu verdeutlichen, weshalb der Vorwurf einer nationalsozialistischen Gesinnung in Bezug auf Schlegelberger falsch sei und worin weiter der Sinn des in Rostock 1936 gehaltenen Vortrages gelegen habe. Kubuschok betonte Schlegelbergers Entscheidung, nicht Parteigenosse zu werden, als symbolische Haltung für seine Einstellung zu Hitler und der NSDAP. Auch der Druck der Parteiseite, den er und Gürtner ständig hätten erfahren müssen, habe diese Einstellung und den Glauben an eine rechtmäßige Verwaltung nicht erschüttern können[315]. Abweichungen von diesen Grundsätzen und die von der Anklage als Zugeständnis an die Nationalsozialisten bewerteten Handlungsweisen rechtfertigten keine andere Sicht der Dinge. Der von der Anklage behauptete Opportunismus entbehre jeder sachlichen Grundlage, erläuterte Dr.Kubuschok und fuhr fort[316]:

> "Ich bitte hierbei auch folgendes zu bedenken: Ist es wirklich so etwas Unwahrscheinliches, daß ein Mann, der ein langes Leben dem Gedanken und dem Dienst des Rechts geweiht hat und den das Schicksal an eine verantwortungsvolle Stelle der Justiz gesetzt hat, in sich die Verpflichtung fühlt, in dem Amte zu bleiben trotz aller auf ihn einstürmenden und an den Grundlagen seines Denkens rührenden Zeitverhältnisse? Muß ein solcher Mann es nicht als seine Pflicht ansehen, unter allen Umständen die Justiz als solche zu erhalten, selbst wenn man bereits schwerste Einbrüche in Kauf nehmen mußte?"

Darauf folgend stellte Kubuschok seine Auffassung von der Annexion Polens dar. Er kennzeichnete den polnischen Staat durch die Ereignisse des September 1939 als restlos unterworfen[317]. Aus diesem Grunde hätten die Angeklagten zu Recht staatliche Befugnisse ausgeübt; Kubuschok verwies auf die seit langem gängige Völkerrechtspraxis, Gebiete bereits zu annektieren, wenn der Kriegszustand noch fortbestehe. In Bezug auf Polen habe sich diese Auffassung seinerzeit auch die Sowjetunion zu eigen gemacht. Soweit es die Geltung deutscher Gesetze in Böhmen und Mähren betreffe, habe ein Kriegszustand nie bestanden, so daß die Einführung auch kein Kriegsverbrechen sein könne. Wegen der "Verordnung über die Strafrechtspflege gegen Polen und Juden in den eingegliederten

---

315 Protokoll S.9462ff.

316 Protokoll S.9466f.

317 Protokoll S.9471ff.

Ostgebieten" führte der Strafverteidiger aus, daß keine Besatzungsmacht auf derartiges Recht verzichten könne[318]. Dies zeige das nunmehr geltende Besatzungsrecht der Alliierten in Deutschland. Hinzu komme die angemessene Berücksichtigung eines Kriegszustandes. Schlegelberger brauche sich deswegen keine Vorwürfe machen zu lassen. Er habe dafür gesorgt, daß die Durchführung eines zur gerechten Urteilsbildung geeigneten Verfahrens möglich war. Geschickt verwies Kubuschok in diesem Zusammenhang auf das IMT: Dessen Urteil stellte fest, daß der Stellvertreter des Führers, Rudolf Heß, ein Sonderstrafrecht für Polen und Juden gefordert habe. Dennoch habe diese Feststellung nicht ausgereicht, Heß wegen eines Verbrechens gegen die Menschlichkeit zu verurteilen. Reiche es nun bei Schlegelberger aus? Kubuschok weiter[319]:

> "Er handelte nicht aus freiem Willen wie Heß, der ungehemmt durch irgendwelche Gegenströmungen lediglich die politische Zielsetzung der Partei in eigener Iniative verfolgte. Schlegelberger war gerade durch Heß, dem sich insoweit Himmler verbündet hatte, vor die Alternative gestellt, entweder der verlangten Überlassung an die Polizei nachzugeben oder den Versuch zu unternehmen, diese Stellen und Hitler selbst durch Schaffung eines neuen Gesetzes von ihrem Vorhaben abzubringen. Die Wahl lautete praktisch, ob Polen und Juden bei der Polizei einem unkontrollierbaren Schicksal preisgegeben werden - dies war die Lösung, die nach Schlegelbergers Abgang Thierack wählte - oder ob die Gesetzesbestimmungen so umgestaltet werden sollten, daß diesen die Möglichkeit eines ordnungsmäßig durchgeführten Gerichtsverfahrens gesichert blieb..."

Sodann kam Kubuschok auf einzelne Vorwürfe zu sprechen. Durch Schilderung des Geschehensablaufs und Darstellung der Einflußmöglichkeiten der Partei gelang ihm nicht die Widerlegung von Tatsachen, wohl aber die Relativierung der Vorwürfe bis hin zur völligen Entlastung, zum Beispiel hinsichtlich Schlegelbergers Gnadenpraxis gegenüber Polen und Juden[320]. In ausführlicher Weise legte Dr. Kubuschok seine Beurteilung zur Judenfrage dar[321]. Er begann mit der ministeriellen Zuständigkeit, indem er richtigstellte, daß die gesetzliche Durchführung dieser Frage in den Händen des Innenministeriums lag. Kennzeichnend dafür sei gewesen, daß das Justizministerium schon 1935 bei der Vorbereitung der vom Reichstag beschlossenen sogenannten "Nürnberger Gesetze" in keiner Weise beteiligt war.

---

318 Protokoll S.9482ff.

319 Protokoll S.9489

320 Protokoll S.9495ff.

321 Protokoll S.9497ff.

Kubuschok bezeichnete die Rechtsmittelbeschränkung für Juden als "unvermeidbares Nachgeben angesichts viel weitergehender Parteiforderungen" und die Praxis der Herabsetzung des Einheitswertes jüdischer Grundstücke als "Mangel der Entschlußkraft der Richter." Eine Verantwortung des Angeklagten für die "Endlösung" ablehnend führte er zur "Mischlingsfrage" und dem Plan, diese nach Osten abzuschieben, aus[322]:

> "Gegenüber diesem ungeheuer schwerwiegenden Vorhaben schaltet sich Schlegelberger ein. Er wendet sich an Lammers. Bei ihm, der ein langjähriger Fachbeamter war, und der nicht im Ruf eines Scharfmachers stand, glaubt er, auf eine Unterstützung hoffen zu können. Im Brief an Lammers hat er die Forderungen der Partei in einer sonst im amtlichen Schriftwechsel nicht üblichen Form als <unmöglich> bezeichnet. Sein Vorschlag (gemeint ist die Sterilisierung) ist einfach nicht anders zu erklären, als aus dem Bestreben, einer Unzahl von Menschen in einer verzweifelten Situation zu helfen. Bei nüchterner Betrachtung der Vorgänge, bei Beurteilung der notwendigen Taktik und der Wahl des Weges kann man zu keinem anderen Ergebnis kommen....Ich glaube, man kann dieses Eingreifen Schlegelbergers hier wirklich nicht anders charakterisieren, als daß er aus seinem Rechtsgefühl heraus und als anständiger Mensch in einer verzweifelt erscheinenden Lage helfen wollte. Wenn diese Hilfe den jüdischen Mischlingen bestimmt war, können wir am besten seine Einstellung in der jüdischen Frage erkennen..."

Im Anschluß daran verwies Kubuschok auf die eidesstattlichen Erklärungen, die Schlegelberger ein judenfreundliches Verhalten bescheinigten. In ähnlicher Weise begründete der Strafverteidiger Schlegelbergers Tätigwerden im Bereich der "Nacht- und Nebel-Fälle". Nur wenn man habe beweisen können, daß der verfolgte Zweck mit anderen Mittel hätte erreicht werden können, habe man gegen eine von Hitler getroffene Maßnahme ankämpfen können[323].

Die Schwere der Vorwürfe zu mildern versuchte Schlegelbergers Anwalt auch bei der Besprechung der Überstellungsfälle[324]. Er schilderte nochmals den Plan der rechtzeitigen Information des Reichsjustizministeriums von Überstellungen, um erfolgreich intervenieren zu können[325]. Gleichermaßen ging er auf den Einfluß Bormanns ein, der den Plan der

---

322 Protokoll S.9502f.

323 Protokoll S.9504ff.

324 Protokoll S.9506ff.

325 Auf diese Weise konnte z.B. der Verurteilte Scharff gerettet werden: Protokoll S.9509

Delegation des Bestätigungsrechtes auf das Justizministerium und die Oberlandesgerichtspräsidenten erfolgreich durchkreuzt habe. So sei dem Angeklagten letztlich nichts anderes übrig geblieben, als die Gefangenen zu überstellen, zumal die Polizei sich diese sonst mit Gewalt geholt hätte.

In Bezug auf die Sterilisation aus rassischen oder politischen Gründen und der Euthanasiemaßnahmen schloß Kubuschok eine Verantwortlichkeit Schlegelbergers schon mangels Beweises aus. Auch dazu verwies Kubuschok auf die von seinem Mandanten im Zeugenstand gemachten Aussagen. Er versuchte das Gericht davon zu überzeugen, daß Schlegelberger gegen das Unrecht tätig eingegriffen habe[326]. Schließlich befaßte er sich mit der Ausübung des Gnadenrechtes und der Auseinandersetzung, ob der Staatssekretär Deutsche, Ausländer und Juden ungleich behandelt habe[327]. Eingehend auf die Rechtslage schilderte Kubuschok dem Gericht nochmals den Vorgang der Begnadigung, Hitlers letzte Entscheidungsbefugnis und die von Zeugen bestätigte unterschiedlose Befürwortung von Begnadigungen durch Schlegelberger.

Den Schluß des Plädoyers Dr.Kubuschoks bildete ein Vergleich der Verhältnisse in Deutschland zu Zeiten Schlegelbergers mit denen zu Zeiten des Reichsjustizministers Thierack[328]. Einzeln zählte der Verteidiger die Verschlimmerung des Justizsystems vom August 1942 an auf. An Beispielen legte er dar, wie bedingungslos Thierack den Forderungen der Partei nachgab. Dr.Kubuschok fuhr fort[329]:

> "Hält man sich diesen steilen und totalen Absturz der Justiz unter der Herrschaft Thieracks vor Augen, in den das große Heer pflichtgetreuer Richter und Staatsanwälte schuldlos mit hineingezogen wurde, so muß man zu dem Ergebnis kommen, daß jede Verzögerung ein Gewinn für das deutsche Volk war, und daß dieser Gewinn auch die Opfer rechtfertigte, die der in langjährigem Dienst am Recht gereifte Angeklagte für notwendig erachtete....Jeder, der in den damaligen Tagen mit Bangen den Ansturm der gegnerischen Kräfte erlebt hat, weiß, was die Person Schlegelberger damals bedeutet hat: Die Existenz einer Justiz schlechthin, eines Begriffes, der wohl das einzige aus früheren Tagen noch gerettete Gut war - trotz aller unvermeidlich gewordenen Einschränkungen, bedingt durch die uns ja täglich plastisch vor Augen stehenden Zwangsverhältnisse.... In Schlegelberger offenbart

326 Protokoll S.9513

327 Protokoll S.9514ff.

328 Protokoll S.9517ff.

329 Protokoll S.9520ff.

sich mit aller Deutlichkeit das Problem des Mitarbeiters im nationalsozialistischen Staat. Es ist so mühelos, alle diejenigen zu verdammen, die in diesem Staate in einer führenden Stellung auf ihrem Posten geblieben sind. Der Staat war schlecht, also waren auch seine Mitarbeiter schlecht. Ist diese billige Schlußfolgerung nicht längst durch die Erkenntnis überholt, daß gerade die in ihrer Stellung verbliebenen Beamten <alter Schule> noch lange all das erhalten haben, was die Partei seit ihrer <Machtübernahme> im Jahre 1933 zu stürzen bemüht war... Sie, Hohes Gericht, haben jetzt zu entscheiden. Die Entscheidung geht nicht darum, ob die Justiz in der Amtszeit Schlegelbergers gut oder schlecht war, sie geht darum, ob Schlegelberger in den Zwangsverhältnissen des Diktaturstaates anders handeln konnte und auch anders handeln durfte, als er es getan hat. Eine ungeheure Fülle des Materials ist in einer 6-monatlichen Verhandlung einzeln, aber auch im Zusammenhang mit den Gesamtverhältnissen mit Hingabe an die hohe Aufgabe der Rechtsfindung geprüft worden. Das rechtfertigt in mir das Vertrauen, daß Ihr das Schicksal des Angeklagten entscheidender Urteilsspruch lauten wird: Schlegelberger ist der gegen ihn erhobenen Anklage nicht schuldig."

dd. Das Schlußwort des Angeklagten Schlegelberger

Artikel XI der Verordnung Nr.7 der US-Militärregierung in der durch die Verordnung Nr.11 abgeänderten Fassung räumte allen Angeklagten das Recht ein, vor Gericht eine nicht vereidigte Erklärung abzugeben[330]. Am 18.Oktober 1947 machten alle 14 Angeklagten hiervon Gebrauch[331]. Gut vorbereitet gaben sie in der Regel kurze Schlußworte ab. Das des Angeklagten Schlegelberger, der in der Reihenfolge der Sitzplätze als erster zu sprechen hatte, wird der Vollständigkeit halber in seinem gesamtem Wortlaut wiedergegeben[332]:

"Weltberühmt ist das Wort des Papstes Gregor VII.: <Ich liebte die Gerechtigkeit und haßte die Willkür. Deshalb sterbe ich in der Verbannung.> Ich habe die Zuversicht, daß mir Ihr Urteil dieses Schicksal ersparen wird. Aber auch ich konnte in der Gefangenschaft die Bitternis nicht unterdrücken, daß mir als Lohn für den schweren Kampf um das Recht diese Zeiten der Schmach und des Elends zuteil wurden. Die Vorwürfe und Kränkungen des Anklägers treffen mich nicht. Mein Leben ist mit dem Vorsatz zu einem Verbrechen nicht zu vereinbaren. Der Versuch, den angeblichen Mythos um meine Person dadurch zu zerstören, daß man einem Mann, der in Ehren grau geworden ist, mit Beleidigungen überschüttet, mußte mißglücken; die Göring-Angelegenheit ist als völlig einwandfrei geklärt. Ihre Verbindung mit meinem Gesetzesentwurf, mit meiner Verabschiedung, beruht auf freier, übelwollender Konstruktion, der jede Grundlage fehlt. Trotz der Zahl meiner Jahre ist mir meine Verteidigung leicht geworden, ich brauchte ja dem Hohen

---

330 Abgedruckt bei Taylor, S.151ff.

331 Protokoll S.10341ff.

332 Protokoll S.10341

Gericht nur die Wahrheit zu sagen, und ich habe dieses getan in dem festen Vertrauen auf den Sieg der Wahrheit und mit dem unbeugsamen Stolz eines reinen Gewissens."

Nach den Schlußworten vertagte sich das Gericht. Eineinhalb Monate sollte es sich zur Urteilsfindung Zeit nehmen. Am 3.Dezember 1947 wurde das Urteil verkündet.

ee. Das Urteil gegen den Angeklagten Schlegelberger

Die Urteilsbegründung einschließlich der Urteilsverkündung im Nürnberger Juristenprozeß umfaßt insgesamt 305 Protokollseiten. 165 Seiten davon sind allein dem Allgemeinen Teil gewidmet, der neben den Grundlagen des Verfahrens die angeklagten Verbrechen in ihrer Gesamtheit unter Einschluß der Beweismittel würdigt[333]. Hierauf wie auf die Frage der rückwirkenden Strafrechtsanwendung des Kontrollratsgesetz Nr.10 soll nicht eingegangen werden[334]. Die Urteilsbegründung gegen den Angeklagten Schlegelberger umfaßt sieben Seiten: sie gehört damit zu den kürzeren Einzelurteilen, die in diesem Prozeß getroffen wurden. Der Grund dafür ist in der Überzeugung des Gerichts zu finden, Schlegelberger sei fast aller schwerwiegenden Anklagepunkte schuldig.
Das Gericht schenkte der Einlassung Schlegelbergers, zu Hitler ein kritisches Verhältnis gehabt zu haben, keinen Glauben. Seine - wenn auch befohlene - Parteimitgliedschaft, das

---

333 Im einzelnen wurden folgende Punkte behandelt:
- Die gesetzlichen Grundlagen der Zuständigkeit (Protokoll S.10363f.)
- Die Verfahrensvorschrift (Protokoll S.10364ff.)
- Quelle der Rechtsgrundlage des Kontrollratsgesetzes Nr.10 (Protokoll S.10366ff.)
- Die Konstruktion des Kontrollratsgesetz Nr.10: Kriegsverbrechen und Verbrechen gegen die Menschlichkeit (Protokoll S.10382ff.)
- Der Ex-post-facto-Grundsatz (Protokoll S.10387ff.)
- Verbrechen gegen die Menschlichkeit als Verletzung des Völkerrechts (Protokoll S.10394ff.)
- Die Rechtspraxis (Protokoll S.10433ff.)
- Hoch- und Landesverrat (Protokoll S.10456ff.)
- Mitgliedschaft in verbrecherischen Organisationen (Protokoll S.10458ff.)
- Verbrechen unter dem "Nacht- und Nebel"-Erlaß (Protokoll S.10460ff.)
- Konzentrationslager (Protokoll S.10477ff.)
- Prozesse gemäß dem NN-Erlaß (Protokoll S.10480ff.)
- Aufstellung von NN-Fällen (Protokoll S.10489f.)
- Verwendung von NN-Gefangenen in der Rüstungsindustrie (Protokoll S.10490f.)
- Gnadenerweis in NN-Sachen (Protokoll S.10491ff.)
- Rassische Verfolgung (Protokoll S.10502ff.)

334 Vergl. hierzu Ostendorf/ter Veen S.43ff sowie S.113 - S.216

Anerkennungsschreiben nach dem Ausscheiden, die Annahme der Dotation in Höhe von 100.000,- Mark und das besondere Privileg, dieses Geld für den Ankauf eines Gutes verwenden zu dürfen, hätten gezeigt, "daß Hitler und Schlegelberger doch nicht so viel gegeneinander einzuwenden hatten[335]."

Die Rostocker Rede "Ein Volk erlebt sein Recht" im Jahre 1938 diente dem Gericht bei der Urteilbegründung. Dieser Vortrag habe die unbestimmte Fassung des § 2 StGB unter Verwendung des Begriffes "gesundes Volksempfinden" gerechtfertigt. Mit der Neufassung dieses Paragraphen und der entsprechenden Norm in der StPO sei bereits im Jahre 1935 ein entscheidender Eingriff in die Rechte der Staatsbürger gemacht worden. Er habe nicht nur das Gefühl der Rechtssicherheit zerstört, sondern insbesondere bei der Durchsetzung nazistischer Grundsätze in den besetzten Gebieten eine Atmosphäre des Terrors geschaffen.

Keine Entlastung gewährte das Gericht dem Angeklagten auch in Bezug auf die "Nacht und Nebel-Fälle". Ohne auf die Verteidigung einzugehen, reichte den Richtern die Unterschrift Schlegelbergers unter diesem Erlaß zum Beweis seiner Verantwortung aus. Daß Schlegelberger nach Ansicht der Richter "weniger brutal" über die Juden dachte als seine Kollegen, nützte ihm ebenfalls nichts. Es sei "kaum als menschlich zu bezeichnen"[336]. Der Angeklagte habe um die schwebenden Verfahren zur Abschiebung von Juden gewußt und sie stillschweigend gebilligt. Seinen Vorschlag, Halbjuden die Wahl zu lassen zwischen Unfruchtbarmachung oder Abschiebung, erkannte das Gericht nicht als Entlastung an. Es sah hierin die Wahl "zwischen zwei gleichermaßen schrecklichen Aussichten". Das Gericht folgte der Anklage auch in dem Vorwurf, Schlegelberger habe mit der Verordnung über die Strafrechtspflege gegen Polen und Juden in den eingegliederten Ostgebieten Kriegsgesetze und Kriegsbrauch verletzt. Diese Verordnung sei nicht nur die Grundlage für die später erlassene und berüchtigte Polen- und Judenstrafrechtsverordnung gewesen, sondern habe durch die Ausdehnung des Strafrechts auf besetztes Gebiet die Haager Konvention unmittelbar verletzt. Zudem habe Schlegelberger durch Erlaß dafür gesorgt, daß diese Bestimmungen rückwirkend hätten angewendet werden durften. Das Gericht warf Schlegelberger vor, zwischen "Neigung und Verhalten" geschieden zu haben[337]. Zwar habe er einerseits die Revision von Urteilen mißbilligt, andererseits aber den Juden Luftglas auf Befehl Hitlers an die Polizei ausgeliefert und damit dessen Ermordung angeordnet. Den

---

[335] Protokoll S.10527

[336] Protokoll S.10529

[337] Protokoll S.10531

Geständnisse herauspressenden Polizeibeamten Klinzmann, der deswegen bereits verurteilt gewesen war, habe Schlegelberger nach Intervention Himmlers freigelassen und sich dafür dessen Anerkennung erworben.

Hiernach widmeten sich die Richter Schlegelbergers Verteidigung. Ohne auf die einzelnen Gesichtspunkte einzugehen, maßen sie seiner Behauptung, ein früheres Ausscheiden hätte den Zustand noch viel eher verschlimmert, Glauben bei. Dies hätten die Jahre unter Thierack gezeigt. Aber gleichzeitig kamen die Richter zu dem Ergebnis, daß diese Behauptung der Verteidigung "weder der Wahrheit noch der Logik oder den Umständen" standhielte[338]. Davon völlig unabhängig hätten Schlegelberger und die anderen Angeklagten dazu beigetragen, daß das Justizministerium

> "als ein Werkzeug zur Vernichtung der jüdischen und polnischen Bevölkerung, zur Terrorisierung der Einwohner der besetzten Gebiete und zur Ausrottung des politischen Widerstandes im Inland"

gedient habe. Sie hätten die schmutzige Arbeit übernommen, die die Staatsführer forderten. Mit der Preisgabe des Rechtssystems hätten sie dieses mehr untergraben als "ausgesprochene Greueltaten, welche den Talar des Richters nicht besudeln".

Das Gericht hielt Schlegelberger vor, zu spät ausgeschieden zu sein. Der Schaden sei bereits angerichtet gewesen. Er, Schlegelberger, habe versagt. Aus dieser Sicht formulierten die amerikanischen Richter Brand, Blair und Harding den Schluß des Einzelurteils[339]:

> "Seine zögernden Ungerechtigkeiten befriedigten die dringenden Forderungen der Stunde nicht mehr. Er zog sich unter Feuer zurück. Trotz allem, was er getan hatte, behielt er immer noch den unverdienten Ruf des letzten deutschen Juristen, und so gab Hitler ihm seinen Segen und Hunderttausend Mark als Abschiedsgeschenk. Wir geben uns keiner falschen Auffassung hin. Schlegelberger ist eine tragische Gestalt. Er liebte das Geistesleben, die Arbeit des Gelehrten. Wir glauben, er verabscheute das Böse, das er tat, aber er verkaufte diesen Intellekt und dieses Gelehrtentum an Hitler für ein politisches Linsengericht und für die eitle Hoffnung persönlicher Sicherheit. Er ist nach Anklagepunkt II und III schuldig."

Nach Verlesen der Urteilsbegründungen für die anderen Angeklagten kam das Gericht zur Verkündung des Strafmaßes. Viermal sprach es "lebenslängliches Gefängnis" als Strafe

---

338 Protokoll S.10532

339 Protokoll S.10533

aus[340]. Betroffen waren Klemm, Rothaug, Oeschey und Schlegelberger. Danach vertagte sich der Gerichtshof auf unbestimmte Zeit[341].

---

340 Protokoll S. 10664f.

341 Der Grund ist darin zu sehen, daß das Verfahren gegen Karl Engert wegen dessen Verhandlungsunfähigkeit als noch nicht abgeschlossen galt. Tatsächlich tagte das Gericht bis zum heutigen Tage nicht wieder.

IV. Schlegelberger nach dem Urteil

A. Die Haft

1. Unterbringung und Krankheit

Schlegelberger teilte sich seine Zelle mit Joel und Lautz. Bereits am 19. November 1947, also noch vor der Urteilsverkündung, machte eine Herzerkrankung seine Verlegung ins Lazarett notwendig. Während eines Spazierganges seiner Zellenkameraden war Schlegelberger ohnmächtig in der Zelle zusammengebrochen[1]. Die Ärzte stellten eine altersbedingte Angina Pectoris fest. Eine Röntgenuntersuchung erbrachte zudem den Verdacht auf Lungenentzündung, da in der rechten Lunge eine Caverne festgestellt worden war. Entsprechende Therapien wurden eingeleitet.

Im März 1948 war Schlegelberger noch immer nicht genesen. Die Ärzte entschlossen sich daraufhin zu einer Bronchoskopie, die dem 71-jährigen stark zusetzte. Als Ergebnis dieser Untersuchung ergab sich ein Tumorverdacht. Sofort erklärten sich die Ärzte bereit, einen Entlassungsantrag Schlegelbergers wegen Haftunfähigkeit zu unterstützen. Nachdem Dr. Kubuschok einen entsprechenden Antrag gestellt hatte, wurde Schlegelberger am 12. Mai 1948 in das Amerikanische Hospital in Nürnberg verlegt. Dort beobachtete man seine Erkrankung und die wiederholten Herzanfälle. Am 6. Juni kehrte er zurück in das deutsche Lazarett. Auf Weisung der Amerikaner wurde im Juli 1948 die Bronchoskopie wiederholt. Als Ergebnis wurde eine Verengung der Bronchien festgestellt, die die Ärzte mit hoher Wahrscheinlichkeit auf einen Tumor zurückführten.

Lange sollte Schlegelberger hier aber nicht bleiben. War schon im Dezember 1947 und im Juli 1948 gegen den Rat der Ärzte versucht worden, ihn nach Landsberg zu verbringen, so veranlaßten dies die Amerikaner schließlich im September 1948[2]. Landsberg diente den Amerikanern als Gefängnis für die Verurteilten der Nürnberger und Dachauer Prozesse. Zu dieser Zeit beherbergte es ungefähr 800 Gefangene[3]. Als Gefängnis war es bekannt geworden durch die Festungshaft, die Adolf Hitler in den Jahren 1923/24 hier verbracht hatte.

---

[1] Quelle: Handschrifliche Aufzeichnung "Meine Erkrankung", Nachlaß Dr. Kubuschok

[2] Quelle: Unvollständige handschriftliche Aufzeichnungen Schlegelbergers, Nachlaß Dr. Kubuschok

[3] So Schlegelberger in seinen Aufzeichnungen: Vergl. Fn.2

Ohne ihn oder seinen Verteidiger vorher darüber zu informieren, verbrachte man Schlegelberger am 15. September vom Hof des Justizpalastes in einem Autobus nach Landsberg. Schlegelberger mußte auf einer Bahre getragen werden. In Landsberg nahm sich Dr. Becker-Freysing in sehr freundlicher Weise des Schwerkranken an. Das Hospital selbst war ein Gefängnis im Gefängnis. Eine Kommunikation zwischen den Hospitalinsassen und den anderen Gefangenen war nicht möglich. Zu den Verhältnissen führte der Staatssekretär a.D. aus[4]:

> "Die Krankensäle und Krankenzimmer sind hell und freundlich. Auffallend ist die Ähnlichkeit der Bett- und Leibwäsche, wobei zu bemerken ist, daß man kein Stück eigener Bekleidung behalten kann. Die Bewachung erfolgt durch Polen. Briefe 2 x wöchentlich. Besuche erst nach 3 Monaten und dann nur 1 Stunde und hinter Drahtgittern. Gefängnis und Hospital verwalten sich selbst. Jeden Arbeitsplatz nimmt ein Gefangener ein. So rasiert mich tgl. Reichsanwalt R. Auch die ärztliche Betreuung ist Sache der Gefangenen, die auch das Sanitätspersonal stellen. Nur der Chefarzt ist ein vom Amerikaner angestellter freier deutscher Arzt. Unter ihm ist sozusagen Unter-Chefarzt Dr. Puhr, der in Dachau zum Tode verurteilt und dann zu lebenslanger Haft begnadigt wurde."

Nachdem Schlegelberger zunächst in einem der großen Säle untergebracht worden war, wurde er in ein Zwei-Personen-Zimmer verlegt. Dort lag er mit dem früheren SS- und Polizeiführer Fürst zu Waldeck zusammen, den er als sympatischen und hilfsbereiten Mann schilderte[5]. Von diesem Zimmer aus konnte Schlegelberger die jeweils freitags stattfindenden Hinrichtungen verfolgen: von seinem Bett aus hörte er die letzten Ansprachen und den Absturz der Körper[6].

Dem Strafvollzug selbst maß Schlegelberger eine "gewisse Großzügigkeit" bei und charakterisierte ihn im Verhältnis zu deutschen, aber auch englischen und französischen Inhaftierungen als "strenge Internierung". So waren für alle, die nicht Todeskandidaten waren, die Zellen bis 21.00 Uhr geöffnet. Es bestand eine Schule, an der sich die Gefangenen weiterbilden konnten. Handwerkerbetriebe wurden durch deutsche Werkmeister geleitet, und die Freizeit konnte mit Vorträgen, Konzerten und Kinovorführungen verbracht werden. Dazu gab es auch eine Bücherei. Belastend empfand Schlegelberger die Or-

---

4 Quelle: Unvollständige handschriftliche Aufzeichnungen Schlegelbergers, Nachlaß Dr. Kubuschok

5 Waldeck pflegte z.B. Schlegelberger, als dieser unter Typhusverdacht streng isoliert wurde.

6 Laut Maser S.433 wurden in den Jahren 1945 bis 1951 in Landsberg am Lech 255 Personen als Kriegsverbrecher gehenkt.

ganisation des Gefängnisses durch die Amerikaner und die zum Teil unfreundliche Behandlung. So wurden Weihnachtspakete auf der Bettdecke ausgeschüttet und verbotswidrig verschickte Weinflaschen zerschellt oder ausgegossen. Mit wachsender Sympathie der deutschen Bevölkerung für die Verurteilten nahm die Ablehnung durch die Amerikaner zu.

Bis zum Jahr 1951 blieb Schlegelberger in Landsberg. Dabei wechselten seine Zimmerpartner öfter. So folgte dem Fürsten Waldeck, der auf die Rekonvaleszenzabteilung verlegt worden war, ein streng katholischer Volksschullehrer namens Endress. Nachdem dieser sich einer schweren Operation hatte unterziehen müssen wurde Gauleiter Koch und nach diesem ein Verurteilter der sogenannten "Chinesenprozesse"[7] namens Detleffs in Schlegelbergers Zimmer verlegt[8]. Detleffs war bei Kriegsbeginn Angestellter der HAPAG in Columbia. Er versuchte, über Japan und Sibirien nach Deutschland zu kommen, wurde dabei von den Russen verhaftet und an die Chinesen ausgeliefert. In Shanghai verurteilte ihn ein amerikanisches Gericht als Kriegsverbrecher. Schließlich wohnte ein 27-jähriger Schlosser zusammen mit Schlegelberger in der Zelle. Zeitweise kam Schlegelberger auch wieder in den Krankensaal.

---

7 So wurden die zahlreichen Verfahren gegen deutsche Kriegsverbrecher in China bezeichnet. Vergl. auch Maser S.545 Fn.*

8 Quelle: Unvollständige handschriftliche Aufzeichnungen Schlegelbergers, Nachlaß Dr.Kubuschok

2. Schlegelbergers Kritik am Urteil

Durch das Nürnberger Urteil fühlte sich Schlegelberger nicht nur mißverstanden, sondern in seiner Ehre verletzt. In einer 13seitigen, während der Haft geschriebenen Stellungnahme[9] führte er seine Verurteilung auf fünf Punkte zurück. Als ersten nannte er den "Fall Luftglas"[10]. Er stellte die Herausgabe des Gefangenen an die Polizei als ein Nachgeben der Justiz im "Notstande" dar, zumal damit zu rechnen gewesen sei, daß die Polizei Gewalt andernfalls angewendet hätte. Das Eingreifen der Gestapo sei auch wegen des für die damaligen Verhältnisse sehr niedrigen Strafmaßes gegen Luftglas provoziert worden. Unter Berücksichtigung dieses Tatbestandes sei die Feststellung des Nürnberger Urteils, er habe "persönlich die Ermordung des Juden Luftglas auf Verlangen Hitlers angeordnet", unrichtig. Hätte man Luftglas nicht herausgegeben, wären durch das Eingreifen der Polizei noch weitere Leben gefährdet worden.

Als nächsten Punkt ging Schlegelberger auf seinen Vorschlag einer Sterilisierung von Halbjuden ein. Vorweg stellte er klar, daß ihm weder Judenfeindlichkeit vorzuwerfen sei, noch daß er mit der Behandlung der Judenfrage etwas zu tun gehabt habe. Als er aber davon erfahren habe, daß eine Verbringung der Juden in polnische Ghettos beabsichtigt sei, habe er eine entsprechende Intervention beim Innenministerium für notwendig gehalten. Dabei hätte ein einfacher Protest die Situation der Halbjuden nicht verbessern können, sondern nur eine "an die bekämpften Bestrebungen anknüpfende positive Anregung":

> "Ich verwies deshalb auf die von Halbjuden mir wiederholt geäußerten Bitten, ihnen wenigstens die Möglichkeit zu geben, durch "freiwillige" Sterilisation dem Ghetto zu entgehen und schrieb, daß man doch zumindest dieser Bitte stattgeben müsse....Hätte ich nichts getan, hätte ich meine Empörung unterdrückt, hätte ich die Angelegenheit nicht durch mein Schreiben aufgehalten, bis sie schließlich durch das Schwergewicht der Zeit gegenstandslos wurde, keine Anklagebehörde, kein Gericht hätte mich mit dieser Sache in Verbindung bringen können."

Als dritten Punkt führte Schlegelberger die "Nacht- und Nebel-Sachen" an. Einer Verbringung der Betroffenen in Konzentrationslager wäre nur durch Einführung eines wenn auch ungewöhnlichen, justizmäßigen Verfahrens abzuhelfen gewesen. Die Möglichkeit der gerichtlichen Untersuchungshaft hätte dann Schutz vor der Überstellung an die Polizei bieten können. Daß Thierack nach der Amtsübernahme diese Möglichkeit aufgehoben und alle Nacht- und Nebel-Häftlinge der Polizei ausgeliefert habe, sei bezeichnend genug.

---

9 Nachlaß Dr. Kubuschok, siehe Anhang C

10 Vergleiche oben S. 149

Auch zu der Polen- und Judenstrafverordnung von 1941 bezog Schlegelberger noch einmal Stellung. Ihm war wichtig,

> "daß ich auch hier für die Justiz die Verpflichtung fühlte, die Betroffenen nicht der Gewalt einer Himmler'schen Polizei zu überlassen....Die Verordnung ist auch im IMT-Verfahren erörtert und beurteilt worden. Das IMT hat Rudolf Hess, den Initiator dieser Verordnung, in diesem Punkte freigesprochen. Es hat demgegenüber den Angeklagten Martin Bormann verurteilt, weil er dieses Gesetz aufgehoben und die Verfolgung der Betroffenen der Polizei überlassen hat."

Schließlich ging Schlegelberger noch einmal auf den "Fall Klinzmann" ein[11]. Er bezeichnete das Verlangen Himmlers, Klinzmann zu begnadigen, als für seine Entschließung völlig gleichgültig. Er selbst sei von der Auffassung geleitet gewesen, daß die Ausübung des Gnadenrechts nicht nur ein Recht, sondern auch eine Pflicht sei, wenn die Vorraussetzungen vorlägen. Eine Amtsenthebung mit den daraus folgenden Konsequenzen sei aber bei der einmaligen Entgleisung des sonst untadeligen Klinzmann nicht gerechtfertigt gewesen. Im übrigen stellte er noch einmal dar, er habe Hitler drei-, Hess zwei- sowie Himmler und Bormann nur einmal in seinem Leben gesprochen und Hitler habe ihm politisch niemals getraut. Bei seinem Ausscheiden nach 45 Dienstjahren sei eine besondere Ehrung angebracht gewesen. Die stattdessen erhaltene Gelddotation sei zudem viel niedriger als in vergleichbaren Fällen gewesen. Schlegelberger war verbittert:

> "Wenn ich nach einem langen Leben, das nur der Arbeit und meiner Familie gewidmet war, die letzten Tage dieses Lebens in Unehre hinter Gefängnismauern verbringen muß, so trifft mich das deswegen besonders schwer, weil ich in allen meinen Handlungen nur das Beste gewollt habe. Dieses Los ist für mich umso bitterer, wenn ich an meine Familie denke, die hilflos zusehen muß, wie ich unter schwersten körperlichen Leiden in der Gefangenschaft zugrunde gehe."

Seine Kritik am Urteil äußerte Schlegelberger auch in anderer Weise. Neben Vorträgen über das Bonner Grundgesetz, das amerikanische und deutsche Strafverfahren sowie das "Recht der Gnade" bereitete Schlegelberger im April 1949 handschriflich einen Vortrag vor, den er kurze Zeit später im Gefängnis hielt. In der Abhandlung über "Gesetz und Recht"[12], offenbarte Schlegelberger zum einen eine deutliche Distanz gegenüber ethisch begründeten Völkerrechtsnormen wie dem Kontrollratsgesetz Nr.10 und betonte die Notwendigkeit des Festhaltens an dem immer mehr in Frage gestellten Rechtspositivismus. "Dieser jetzt oft leichtfertig preisgegebene Grundsatz" werde geschützt "durch die Lehre

---

[11] Vergleiche oben S.130f.

[12] Nachlaß Dr.Kubuschok, siehe Anhang D

vom Rechtsmißbrauch, die ihn vor Übertreibungen behütet." Er räumte ein, daß offensichtliches Unrecht nicht dadurch Recht werde, daß es in die Form eines Gesetzes gekleidet werde, fand aber aber gleichzeitig weder an den Nürnberger Gesetzen noch einem möglichen Euthanasiegesetz rechtsmißbräuchlichen Charakter. Dieser liege eher in dem Kontrollratsgesetz Nr.10, weil danach Handlungen strafbar seien, die nicht das nationale Recht des Landes verletzen. In der daraus erwachsenden Schlußfolgerung der Richter des Juristenprozesses, der Deutsche sei strafbar, wenn sein Verhalten zwar einem deutschen Gesetz, nicht aber dem Völkerrecht entsprochen habe, lag nach Ansicht Schlegelbergers "die klare Aufforderung zum Ungehorsam, strafrechtlich ausgedrückt, zum Widerstand gegen die Staatsgewalt." Dies sei "die Torpedierung des Staates überhaupt von innen heraus". Ein deutsches Gericht habe den Begriff der Menschlichkeitsverbrechen als Handlung beschrieben, "die vom Standpunkt der modernen Zivilisation aus mit der sittlichen Anschauung billig und gerecht denkender Menschen unvereinbar ist und von ihnen als verwerflich beurteilt wird." Er hielt diese Begriffsbestimmung nicht nur für verfehlt und unverantwortlich, sondern bedauerte den Umstand, daß mancher deutsche Gelehrte unter dem Druck des neuen "Völkerrechts" die bislang positive Stellung zum Rechtspositivismus geräumt habe. Seine eigene Lösung des Problems liege in der Berücksichtigung des "respice finem" (denke an das Ende). Nur ein Richter, der das "Was kommt danach" berücksichtige, werde seiner Verantwortung gerecht. Dieser Gedanke habe bei den amerikanischen Urteilen jedoch keine Rolle gespielt. Nun sei die "Erziehung zum Gehorsam" und die "Achtung vor dem Gesetz" gefährdet.

B. Die vorzeitige Entlassung

Der Gesundheitszustand Schlegelbergers verschlechterte sich zusehends. Die Zahl der Herzanfälle erhöhte sich auf 41 allein im November 1949[13]. Gerüchteweise erfuhr Schlegelberger, daß ihn auch der amerikanische Gefängnisarzt in Landsberg nach einer Herzuntersuchung für nicht haftfähig erklärt habe. Problematisch sei jedoch, so führte Schlegelberger in seinen Aufzeichnungen aus, daß die

> "USA grundsätzlich den Begriff der Haftfähigkeit nicht kennen. Die Ärzte sorgen nur dafür, daß der Patient jede mögliche ihm zuträgliche Therapie erhält, mehr kann er doch nicht verlangen. Daß für Herzkranke meiner Art Freiheit die einzige wirksame Therapie ist, wird jedoch verschwiegen."

---

13 Quelle: Unvollständige handschriftliche Aufzeichnungen Schlegelbergers, Nachlaß Dr. Kubuschok

Unter Hinweis auf die schwere Krankheit seines Mandanten hatte Dr.Kubuschok inzwischen den Nürnberger Gerichtshof[14] um vorzeitige Haftentlassung gebeten. Kubuschok verwies darauf, daß insbesondere die Symptome der Angina Pectoris stark psychisch bedingt seien. Eine weitere Vollstreckung der Haftstrafe werde zu einer Verschlechterung der Krankheit mit immer höherer Lebensgefahr führen. Als Dr.Kubuschok erfuhr, daß Schlegelberger vom Hospital des Justizgefängnisses in Nürnberg nach Landsberg verlegt werden sollte, bat er General Clay um Unterlassung dieser Maßnahme[15]. Nach einem Aufschub wurde Schlegelberger dennoch im September 1948 nach Landsberg verbracht.

Ende des Jahres 1948 konnte Dr.Kubuschok Schlegelberger wieder Mut auf eine vorzeitige Entlassung machen. Bis zum März 1949 erfuhr dieser jedoch nichts Genaueres. In einem Gespräch konnte Dr.Kubuschok ihn über die Hintergründe aufklären. Angeblich hatte eine amerikanische Kommission vorgeschlagen, daß Urteil gegen ihn, Joel und Altstötter nicht zu bestätigen[16]. Wider Erwarten habe dies der Gouverneur dennoch getan[17]. Es sei damit zu rechnen, daß auch die Appellation beim Supreme Court ergebnislos verlaufen werde[18]. So sei nunmehr über die Entlassung aus Gesundheitsgründen zu verhandeln.

Der Verteidiger teilte seinem Mandanten ferner mit, in den USA sei der sogenannte "legal status" der Gefangenen völlig unklar. Bisher wisse niemand, wer über Gnadengesuche, Berufungsbeschwerde und über Haftfähigkeit zu entscheiden habe. Ein Gespräch mit General Taylor habe ergeben, daß er sich hinsichtlich Schlegelbergers durchaus eine Unterbringung im Sanatorium vorstellen könne. Weil dies aber nicht im Interesse Schlegelbergers sei, werde er Taylor die Idee auszureden versuchen. Begründete Aussicht auf eine baldige Entlassung bestand dennoch nicht. Obwohl Dr.Kubuschok und Dr.Behling als dessen Vertreter ständig auf der Suche nach Möglichkeiten einer vorzeitigen Haftentlassung

---

14 Schreiben an den Generalsekretär vom 13.4.1948, Nachlaß Dr. Kubuschok

15 Schreiben vom 27.7.1948, Nachlaß Dr.Kubuschok

16 Quelle: Unvollständige handschriftliche Aufzeichnungen Schlegelbergers, Nachlaß Dr.Kubuschok

17 Gemäß Artikel XVII Abs.a) der Verordnung Nr.7 der US-Militärregierung in der durch die Verordnung Nr.11 abgeänderten Fassung steht dem Militärgouverneur das Recht zu, "die von dem Gericht festgesetzten Strafen zu mildern, zu verkürzen oder anderweitig zu ändern, jedoch ist eine Erhöhung des Strafmaßes nicht statthaft".

18 Dies deshalb, weil Art. XV der Verordnung Nr.7 in der durch die Verordnung Nr.11 abgeänderten Fassung bestimmte, daß das Urteil selbst (nicht das Strafmaß) endgültig und nicht anfechtbar sei.

waren[19], ergaben sich dafür keine Aussichten. Erst die vorzeitige Entlassung des im Wilhelmstraßen-Prozeß ("Fall 11") verurteilten ehemaligen Staatssekretärs im Innenministerium, Wilhelm Stuckart, wegen schwerer Herzkrankheit, ließ in Schlegelberger wieder Hoffnung aufkommen. So schrieb er im März 1950[20]:

> "Das Gericht, das sonst auf "lebenslänglich" erkannt hätte, hat die Strafe auf die bereits verbüßte Zeit bemessen und sofortige Entlassung St. angeordnet, weil St. so schwer herzkrank sei, daß er die Verkündigung einer höheren Strafe und den Transport nach Landsberg nicht überleben würde. Er ist inzwischen bei seiner Familie bei Hannover eingetroffen. Kub. wird daraus Folgerungen ziehen."

Einen Monat vorher hatte der bekannte Berliner Chirug Prof. Dr. Sauerbruch Schlegelberger Trost zugesprochen[21]. Er hatte Schlegelberger schon während dessen Dienstzeit öfter behandelt und vermutete die Ursache für die Angina Pectoris ebenfalls im seelischen Zustand seines ehemaligen Patienten.

Mit Datum vom 7. September 1950 erging ein ärztlicher Bericht über den Zustand Schlegelbergers an dessen Verteidiger Dr. Kubuschok[22]. Er war abgefaßt von dem Chefarzt des Gefängnishospitals in Landsberg, Dr. Höfle. Der Bericht wurde Schlegelberger und seiner Familie nicht bekanntgemacht[23]. Zusätzlich zu der Herzschwäche hatte sich bei Schlegelberger Ende August 1950 ein Verwirrtheitszustand eingestellt, der mit aller Wahrscheinlichkeit auf einen Schlaganfall im Stirnhirn zurückzuführen war. Obwohl es gelang, den Inhaftierten nach ca. zwei Tagen aus seinem lethargischen Zustand zu retten, berichtete Dr. Höfle, daß bei einem weiteren Anfall mit einem ernsthaften Ausgang zu rechnen sei. Nachdem Schlegelberger Dr. Kubuschok um eine weitere Unterredung angesichts dieser

---

19 Nach Schlegelbergers Aufzeichnungen wurde auch ein Gnadengesuch gestellt. Quelle: Unvollständige handschriftliche Aufzeichnungen Schlegelbergers, Nachlaß Dr. Kubuschok. Weiter belegt ein Brief von Dr. Johannes Krohn vom 14.12.1953, daß dieser sich im Jahre 1949 in einem Gnadengesuch an Präsident Truman für Schlegelberger verwandt hatte. Quelle: Nachlaß Dr. Kubuschok

20 Unvollständige handschriftliche Aufzeichnungen Schlegelbergers, Nachlaß Dr. Kubuschok

21 Brief v. 9.2.1950, Nachlaß Dr. Kubuschok

22 Schreiben v. 7.9.1950, Nachlaß Dr. Kubuschok

23 Dies geht zumindest aus dem mit gleichem Datum versehenen Begleitschreiben hervor.

Verschlimmerung seines Zustandes gebeten hatte[24], wurde der Anwalt wieder tätig. Mitte Oktober 1950 verfaßte er ein Schreiben an das Bundeskanzleramt und bat um eine Intervention zugunsten Schlegelbergers beim Hohen amerikanischen Kommissar[25]. Schon vorher hatte es Kontakte zur Bundesregierung gegeben. So hatte Justizminister Dehler Kubuschok gegenüber die Bemühungen dargestellt, die Entlassung des fast 74 Jahre alten Gefangenen aus der alliierten Haft zu erwirken[26].

Mit Datum vom 30. Dezember 1950 teilte Colonel Graham vom War Criminal Prison No.1 Frau Olga Schlegelberger mit, daß ihr Mann am 2. Januar 1951 aus medizinischen Gründen auf Ehrenwort entlassen und in die Obhut seiner Ehefrau übergeben werde[27]. Den Antrag auf Übernahme des Gefangenen hatte aller Wahrscheinlichkeit nach Olga Schlegelberger gestellt[28]. Die neugewonnene Freiheit Schlegelbergers war jedoch keine normale Entlassung. Sie erfolgte unter Bedingungen und Ehrenwort Schlegelbergers, der sich aus Rechtsgründen in der Obhut seiner Ehefrau befand. Er hatte unter ihrer Obhut oder eines anderen Instituts bis zur Beendigung seiner Strafe beziehungsweise Freilassung zu verbleiben. Vor dem 10. jedes Monats war ein Bericht über den Gesundheitszustand abzuliefern. Er durfte sich weder geschäftlich noch schriftstellerisch betätigen, mußte sich jederzeit ärztlicher Untersuchungen zur Verfügung stellen und die Kosten seines Lebensunterhaltes selbst bestreiten. Schließlich hatte er seinen Aufenthaltsort zu melden und anzuerkennen, daß der Hohe Kommissar für Deutschland die Bedingungen der Haftverschonung jederzeit ändern konnte. Es bestand auch die Möglichkeit, daß er zur Verbüßung der Haft wieder in ein Gefängnis verbracht wurde. Andererseits wurde die Zeit der Parolierung auf die Zeit der Strafvollstreckung angerechnet. Schlegelberger hatte es der

---

24 Brief v. 7.9.1950, Nachlaß Dr.Kubuschok

25 Schreiben v. 15.10.1950, Nachlaß Dr.Kubuschok

26 Schreiben vom 16.2.1950, Nachlaß Dr.Kubuschok. Dehler stellte als besonders wichtig dar, daß die deutschen Stellen ein Mitwirkungsrecht bei der Behandlung der Gesuche der Gefangenen erhielten und das sogenannte Paroleverfahren eingeführt wurde (So wird im amerikanischen Strafvollzug die vorzeitige Entlassung aus dem Gefängnis bei guter Führung und nach Verbüßen eines Teils der Strafe bezeichnet; dabei handelt es sich nicht um einen Straferlaß, sondern der Entlassenen darf ein zugewiesenens Gebiet nicht verlassen und muß sich regelmäßig melden).

27 Schreiben vom 30.12.1950, Nachlaß Dr.Kubuschok

28 Dies läßt sich aus dem Entlassungsschreiben sowie Mitteilungen der Amerikaner v. 25.1.1950 und 7.2.1950 schließen. Der Antrag selbst ist im Nachlaß Dr.Kubuschok nicht vorhanden.

am 27. Dezember 1950 durch John McCloy erlassenen Anweisung zu verdanken, daß er sich im Januar 1951 in die Drei-Zimmer-Wohnung der Familie in die Waitzstraße 5 nach Flensburg begeben durfte[29].

C. Die Folgen der Verurteilung

1. In persönlicher Hinsicht

Im Gegensatz zu vielen anderen in Nürnberg Verurteilten[30] wurde Schlegelbergers Strafe erst 1957 durch den amerikanischen Botschafter auf den verbüßten Teil der Strafe herabgesetzt[31]. Ob dem ein Antrag auf Begnadigung vorangegangen war, ist aus den Unterlagen Dr. Kubuschoks nicht ersichtlich. Schlegelberger war bis dahin zwar frei, aber in rechtlicher Hinsicht weiterhin vom Willen des Hohen Kommissars der Vereinigten Staaten für Deutschland abhängig.

Das Leben seiner Familie empfand Schlegelberger nach der Rückkehr als ärmlich[32]. Die Armut des Nachkrieges war an ihm in der Gefangenschaft vorübergegangen. Im Vergleich zu den früheren Jahren waren die Verhältnisse schlecht. Schlegelberger hielten dies und sein Alter indes nicht davon ab, die wissenschaftlichen Arbeiten wieder aufzunehmen. Während der Gefangenschaft hatte er über den Rechtsanwalt Dr. Behling Kontakt zu dem Verlag Franz Vahlen aufgenommen, der schon vor dem Kriege einen Großteil seiner Schriften Schlegelbergers publiziert hatte[33]. Behling war es auch, der die Fortführung der Kommentare zum Aktiengesetz und zum Handelsgesetzbuch vermittelte[34]. Das Lieblingswerk Schlegelbergers aber, das rechtsvergleichende Handwörterbuch, war in der Zwischenzeit von anderen Autoren übernommen worden. Dabei drängte sich der Eindruck auf, daß die

---

29 Darauf läßt das oben genannte Entlassungschreiben Colonel Grahams schließen

30 Vergl. die Aufstellung bei Maser, S.612ff.

31 So der Tatbestand des Urteils des VG Schleswig vom 8.11.1960, Az: 5K - 198/59

32 Gedenkrede Franz Schlegelberger

33 Nachlaß Dr. Kubuschok

34 Vergl. Schreiben Behlings vom 4.10.1949 und vom 28.2.1950, Nachlaß Dr. Kubuschok

Verurteilung und die Abwesenheit Schlegelbergers diesen Wechsel den neuen Autoren erleichtert hatte[35].

Trotz ständiger Herzanfälle gewöhnte sich Schlegelberger bald wieder an einen strengen Arbeitsrhythmus[36]. Zeit zur Entspannung blieb dennoch. Der fast 80-jährige widmete sich weiterhin der Kunst und unternahm Reisen mit der Familie bis nach Spanien. Statt seiner Frau, die inzwischen verstorben war, standen ihm nun die Söhne mit ihren Ehefrauen und eine immer größer werdende Zahl von Enkeln zur Seite.

2. Beamtenrechtliche Prozesse

Diese Ruhe währte sieben Jahre. Im Jahre 1959 erschien eine Neuauflage von Schlegelbergers "Zur Rationalisierung der Gesetzgebung". Der Text war in ursprünglicher Form bereits 1928 verfaßt worden. In diesem Aufsatz setzte er sich mit dem Arbeitsablauf der Gesetzgebung auseinander und bezog kritisch Stellung zur Tätigkeit des Parlaments. Sätze wie "Leider ist das Gesetz infolge der Einschaltungen im Bundestag nicht ganz glücklich ausgefallen"[37] oder "In dieser Weise lähmt das Parlament als Gesamtheit der Abgeordneten die behördliche Tätigkeit"[38] mündeten in Bezug auf das Parlament in die Feststellung,

> "daß überzählige oder falsch angesetzte Arbeitskräfte die Gesetzgebung in Leerlauf zwingen und die Erledigung wirklich wichtiger Aufgaben behindern"[39].

Mit derlei Ausführungen - mögen sie sich heutzutage auch in vielfacher Hinsicht als berechtigt erweisen - zog Schlegelberger sich den Unmut einiger Abgeordneter und an der Gesetzgebung beteiligter Beamten zu[40]. Die Folge war, daß Schlegelberger von dieser Zeit an einen fast bis an sein Lebensende heranreichenden Kampf um seine Pension führen mußte.

---

35 Gedenkrede Franz Schlegelberger; Schreiben des Verlags Franz Vahlen vom 10.11.1949 und von Hartwig Schlegelberger vom 18.11.1949 an Dr.Behling, Nachlaß Dr.Kubuschok

36 Gedenkrede Franz Schlegelberger

37 Schlegelberger: Rationalisierung S.7

38 Schlegelberger: Rationalisierung S.14

39 Schlegelberger: Rationalisierung S.13

40 Heintzeler S.58

Durch Festsetzung des Reichsministers der Justiz erhielt Franz Schlegelberger seit dem 1.Dezember 1942 Versorgungsbezüge in Höhe von 22.112,20 RM jährlich[41]. Mit dem Zusammenbruch 1945 waren diese Zahlungen eingestellt worden. Nach seiner Haftentlassung erhielt Schlegelberger auf seinen Antrag seit dem 1. April 1951 die Versorgungsbezüge nach dem Gesetz zu Artikel 131 Grundgesetz, dem sogenannten "G 131"[42]. Sie berechneten sich nach der Besoldungsgruppe B 2 der Reichsbesoldungsordnung von 1927 und betrugen 1960 monatlich 2.894,08 DM brutto[43]. 1957 wurde das Gesetz geändert. Die neueingefügte Ziffer 3a des Paragraphen 3 sah vor, daß Rechte nach diesem Gesetz solche Personen nicht haben,

> "die durch ihr Verhalten während der Herrschaft des Nationalsozialismus gegen die Grundsätze der Menschlichkeit oder Rechtsstaatlichkeit verstoßen haben"[44]

Nach dieser Änderung gab es im Bundestag Initiativen gegen Schlegelberger. Die SPD - Bundestagsfraktion stellte mehrere Anfragen[45]. Sie wollte unter anderem wissen, ob und in welcher Höhe Schlegelberger Ruhegehalt beziehe und inwieweit wegen Schlegelbergers Nürnberger Verurteilung dienstrechtliche Folgerungen gezogen würden. Weiter interessierte sie, ob staatsanwaltschaftliche Ermittlungen gegen Schlegelberger eingeleitet worden seien[46]. Der Bundesminister der Justiz beantwortete die Anfrage unter Nennung der Nettobezüge Schlegelbergers und teilte ferner mit, gegen Schlegelberger sei ein Ermittlungsverfahren durch den Oberstaatsanwalt in Flensburg wegen des Verdachts der rechtswidrigen Tötung von Markus Luftglas eingeleitet worden[47]. Auf eine weitere Anfrage vom 5.Mai 1959 der SPD-Fraktion teilte das Bundesjustizministerium darüberhinaus mit, daß die gemäß § 60 G 131 zuständige oberste Landesbehörde prüfe, ob Schlegelberger Versorgungsbezüge nach diesem Gesetz noch zustünden[48].

---

41 PA Schl. Bd. Sch.14 Bl.18, BAK

42 BGBl.I, 1951, 307

43 Vergl. Urteil des VG Schleswig v. 8.11.1960, Az.: 5 K - 198/59

44 2.Gesetz zur Änderung des G 131 vom 11.9.1957, BGBl.I, 1957, 1275

45 BT-Drucksachen 951, 1085, 1156, 3. Wahlperiode, Drs.Bd.61,62

46 BT-Drucksache 951, 3. Wahlperiode, Drs.Bd.61

47 Bt-Drucksache 1022, 3. Wahlperiode, Drs.Bd.61

48 Bt-Drucksache 1085, 1133, 3. Wahlperiode, Drs.Bd.62

Diese Prüfungen wurden auch durch die Arbeit Hubert Schorns zur Lage der Richter im Dritten Reich in Gang gesetzt. Schorn warf dem aus "der altbewährten Richtergeneration stammenden Staatssekretär Dr.Schlegelberger" vor[49], "schwere Verletzungen an Recht und Gerechtigkeit" begangen zu haben, weil er eine "zu Kompromissen neigende Person" war[50]. Nach Ansicht von Schlegelbergers Anwalt Dr.Kurt Morath aus Hamburg gaben die Vorwürfe Schorns den Anlaß dazu, Schlegelberger die Versorgungsbezüge abzuerkennen. Morath schrieb unter anderem[51]:

> "Aufgrund dieser Veröffentlichung gab es Proteste im Bundestag gegen die Versorgung des Klägers nach G 131, und aufgrund entsprechender Zeitungsnotizen hat dann der Beklagte unverzüglich, ohne die Vorwürfe jenes Buches näher nachzuprüfen (welches Buch er szt. möglicherweise überhaupt nicht kannte) und ohne die persönliche Verteidigung des Klägers dazu anzuerkennen, seine Versorgungsbezüge gesperrt."

Am 3.September 1959 stellte der Finanzminister des Landes Schleswig-Holstein nach Anhörung Schlegelbergers und unter Bezugnahme auf § 3 Ziffer 3a des G 131 fest, daß dem Staatssekretär a.D. Versorgungsbezüge nicht zustünden, weil er durch sein Verhalten während der Herrschaft des Nationalsozialismus gegen die Grundsätze der Rechtsstaatlichkeit verstoßen habe[52]. Der Minister warf Schlegelberger vor, sich gegenüber Hitler für eine feste Einordnung aller Zweige der Justiz in den nationalsozialistischen Staat eingesetzt zu haben. Zudem habe er den Juden Luftglas der Gestapo zur Exekution überstellt und mit der von ihm entworfenen und am 4. Dezember 1941 in Kraft getretenen Verordnung über die Strafrechtspflege gegen Polen und Juden in den eingegliederten Ostgebieten ein unerträgliches Sonderstrafrecht geschaffen. Schließlich habe er für schwere Fälle der Vorbereitung zum Landesverrat eine Rückwirkung der Strafvorschriften vorgeschlagen. Auch wenn Schlegelberger immer bemüht gewesen sei, den Gedanken des Rechtsstaats nach Möglichkeit aufrechtzuerhalten, stelle sein Verhalten doch einen Verstoß gegen die Grundsätze der Rechtsstaatlichkeit dar.

---

49 Schorn S.15

50 Schorn S.95

51 Schreiben vom 23.3.1960 an das Verwaltungsgericht in Schleswig, VG Schleswig, Az.: 5 K - 198/59, Bl.68

52 VG Schleswig, Az.: 5 K - 198/59, Bl.5

Als Fritz von Hippel, Professor der Rechte der Universität Freiburg i.Br. hiervon erfuhr, verwendete er sich beim Finanzminister in einem persönlichen Schreiben für Franz Schlegelberger[53]. Hippel, in den Jahren 1924-1927 Hilfsarbeiter des Reichsjustizministeriums, führte unter anderem aus, daß man als Jurist zu Zeiten des Dritten Reiches glücklich gewesen sei, wenn man gewußt habe, daß jemand zwar "mit den Wölfen heulte", aber selber kein "Wolf" war und sich in einer furchtbaren Zeit dazu entschlossen habe, nach Kräften "noch Schlimmeres zu verhindern".

Für den nun 83jährigen Schlegelberger begann eine Zeit der öffentlichen Auseinandersetzungen und Prozesse. Im Bundestag wurden weitere Anfragen gestellt. Der Abgeordnete Dr.Dr.h.c. Friedensburg von der CDU/CSU- Fraktion fragte unter anderem[54]:

> "Hält es die Bundesregierung zur Wahrung der sittlichen Grundgedanken unserer Rechtsordnung nicht für geboten, mit gesetzgeberischen Maßnahmen zuverlässig sicherzustellen, daß die für unser Unglück und unsere Schande maßgebend mitverantwortlichen Personen - wie unter vielen anderen der frühere Staatssekretär Schlegelberger - vom deutschen Volke nicht Unterhaltsbeträge erhalten, deren unverhältnismäßige Höhe sie lediglich ihrer Beförderung auf Grund ihrer Mitwirkung an verbrecherischem Unrecht verdanken, Unterhaltsbeträge, die vielfach das Zehn- und Zwanzigfache der Hilfe für die unschuldigen Opfer dieses Unrechts erreichen?"

Der damalige Staatssekretär Dr.Anders beantwortete die Anfrage am 7.Dezember 1960[55]:

> "Gesetzgeberische Maßnahmen zum Ausschluß des in Ihrer Anfrage angesprochenen Personenkreises von Versorgungszahlungen sind bereits getroffen. Durch die 2.Novelle zum Gesetz zu Art.131 ist 1957 § 3 Satz 1 Nr.3a in das Gesetz eingefügt worden. Danach haben diejenigen Personen keine Rechte, die durch ihr Verhalten während der Herrschaft des Nationalsozialismus gegen die Grundsätze der Menschlichkeit und Rechtsstaatlichkeit verstoßen haben. Auf Grund dieser Vorschrift hat nach Benehmen mit meinem Hause der Herr Finanzminister des Landes Schleswig-Holstein als zuständige oberste Dienstbehörde festgestellt, daß dem ehemaligen, 1931 ernannten Staatssekretär Dr.Schlegelberger Rechte nach Kapitel I des erwähnten Gesetzes nicht zustehen. Gegen das diesen Bescheid aufhebende erstinstanzliche Urteil des Verwaltungsgerichts Kiel hat der Herr Finanzminister gemäß Absprache mit meinem Hause Berufung eingelegt und die

---

53 VG Schleswig, Az.: 5 K - 198/59, Bl.11

54 BT-Drucksache 2266, 3. Wahlperiode, Drs.Bd.71

55 Stenographische Berichte des Deutschen Bundestages, 3. Wahlperiode, 134. Sitzung, Bd.47 S.7618

Aufhebung der vorläufigen Vollstreckbarkeit des Urteils beantragt. Der Ausgang des gerichtlichen Verfahrens dürfte abzuwarten sein."

Dr. Anders irrte: es war nicht das Verwaltungsgericht Kiel, sondern das Verwaltungsgericht Schleswig, welches den Bescheid des Finanzministers in der Sitzung vom 8. November 1960 aufgehoben hatte.

In dem Urteil stellte das Gericht den Fall Luftglas tatbestandsmäßig in den Mittelpunkt seiner Entscheidung. Das Verhalten des Klägers in dieser Sache sei im "Nürnberger Juristenprozeß" wie auch in der Öffentlichkeit und in den Gründen der angefochtenen Bescheide selbst am schwerwiegendsten empfunden worden[56]. Die Schleswiger Richter stellten fest, daß die Vorschrift des § 3 Nr. 3a des G 131 ein Verschulden und damit das Bewußtsein einer Pflichtwidrigkeit voraussetze[57]. Sie entnahmen dies einerseits dem Wortlaut des Gesetzes, der von einem "Verstoßen" gegen die Grundsätze von Menschlichkeit und Rechtsstaatlichkeit ausgehe sowie entsprechenden beamtenrechtlichen Vorschriften. Sie sähen den Verlust der Versorgungsbezüge nach Ansicht der Kommentatoren nur bei einem schuldhaften Verhalten vor. Ein solches habe bei dem Kläger nicht vorgelegen. Schlegelberger habe das Bewußtsein pflichtwidrigen Handelns gefehlt[58]. Zum Fall Luftglas führte das Gericht aus[59]:

> "Er hat in der Überzeugung gehandelt, daß ein anderer an seiner Stelle entweder überhaupt willfährig dem Unrecht schlechthin seinen Lauf gelassen, jedenfalls anders als der Kläger selbst nicht hätte handeln können. Die Absicht, damit pflichtgemäß zu handeln, erklärt sich nicht zuletzt überzeugend aus der Gesamtpersönlichkeit und dem Berufsbild des Klägers. Er hat bereits vor der Jahrhundertwende den Beruf eines Staatsdieners ergriffen und ist schon weit vor der sog. Machtübernahme durch Hitler in das Amt eines Staatssekretärs gelangt. Eine Förderung im Amt hat er unter Hitler nicht erfahren. In tatsächlicher Hinsicht stimmt überdies das Gericht mit dem Urteil des Militärgerichtshofes überein. Es kommt ausdrücklich zum Ergebnis, der Kläger habe < Schlimmeres verhüten wollen >, und bescheinigt ihm an anderer Stelle, er habe sich < unter Feuer zurückgezogen >."

Abschließend gingen die Richter auf die Darstellung Schorns ein. Sie hielten ihm vor, daß er einerseits Richter in Schutz nehme, die gegen das Gesetz gehandelt hätten, um

---

56 VG Schleswig, Az.: 5 K - 198/59, Bl. 107 RS

57 VG Schleswig, Az.: 5 K - 198/59, Bl. 108 RS

58 VG Schleswig, Az.: 5 K - 198/59, Bl. 109

59 VG Schleswig, Az.: 5 K - 198/59, Bl. 109 RS f.

Schlimmeres zu verhüten, andererseits Schlegelberger aber bei gleicher Sachlage verurteile[60]. Diese rechtliche Wertung entbehre der notwendigen Konsequenz[61]. Da Schlegelberger sich keiner Pflichtwidrigkeit bewußt gewesen sei, könnten auch die außer den Fall Luftglas genannten Vorwürfe nicht zu einem Rechtsverlust der Versorgung führen.

Das Urteil wurde nicht rechtskräftig. Das beklagte Land, nunmehr vertreten durch den Innenminister[62], legte dagegen beim Oberverwaltungsgericht in Lüneburg Berufung ein und erweiterte seinen Vortrag[63]. Es warf Schlegelberger vor, in weitem Umfang die Rechtspflege gesteuert zu haben. Besprechungen im Reichsjustizministerium mit den Oberlandesgerichtspräsidenten und Generalstaatsanwälten hätten den Staatssekretär zur Beeinflussung der Rechtssprechung durch formell illegale Maßnahmen gedient. Er habe in schwebende oder abgeschlossene Verfahren eingegriffen, wie die Fälle Luftglas, Schlitt und Klinzmann bewiesen. Schließlich wurden auch die Vorwürfe der Nürnberger Anklage wiederholt. So führte das Land an an, Schlegelberger sei unter anderem an der "Endlösung der Judenfrage", an der Rechtsmittelbeschränkung für Juden und an dem "Nacht- und Nebel - Erlaß" beteiligt gewesen. Die beigeladene Bundesrepublik Deutschland schloß sich diesen Ausführungen an[64].

Schlegelberger nahm zu den Behauptungen in gleicher Weise wie in Nürnberg Stellung. Zum Teil gelang es ihm sogar, den Ablauf des Geschehens noch präziser darzustellen, als dies vor dem Amerikanischen Militärgericht der Fall gewesen war[65].

---

60 Tatsächlich nimmt Schorn (a.a.O.) die Richter in Schutz und bescheinigt den meisten, auch als Parteimitglieder ihre Unabhängigkeit gewahrt und sogar in ihrer Rechtssprechung passiven Widerstand geleistet zu haben (S.40). Die Worte Schorns "Nicht jeder ist zum Märtyrer geboren" (S.41) gelten scheinbar nicht für Schlegelberger, an dem sich "dieselbe allmähliche Abstumpfung, der durch Hitlers abgefeimte Taktik große Teile des deutschen Volkes anheimfielen", vollzog (S.96).

61 VG Schleswig, Az.: 5 K - 198/59, Bl.110

62 Bekanntmachung des Ministerpräsidenten vom 1.11.1961, Amtsblatt Schleswig-Holstein S.637

63 OVG Lüneburg, Az.: V A 144/60, Bl.712ff.

64 OVG Lüneburg, Az.: V A 144/60, Bl.730

65 Zum Beispiel die Besprechungen mit Meissner im Fall Luftglas, OVG Lüneburg, Az.: V A 144/60, Bl.716f.

Das Berufungsgericht entschied am 3. Dezember 1962 dennoch gegen ihn[66]. Die Richter beurteilten die festgestellten Eingriffe in die Rechtspflege als Verstoß gegen den fundamentalen rechtsstaatlichen Grundsatz der sachlichen und persönlichen Unabhängigkeit der Richter und ihre ausschließliche Unterworfenheit unter das Gesetz[67]. Dieser Grundsatz sei als Kernbestand des Rechtsstaatsprinzips auch während der Herrschaft des Nationalsozialismus als überpositives Recht verbindlich gewesen. Erschwerend kam nach Ansicht der Richter hinzu, daß Schlegelberger in Ausübung eines Amtes gehandelt hatte, das ihm auf die Aufrechterhaltung oder den Verfall der überkommenen Rechtsordnung einen beherrschenden Einfluß gegeben habe[68]:

> "Die Rechtsstaatswidrigkeit des festgestellten Verhaltens wird nicht dadurch ausgeschlossen, daß sich der Kläger möglicherweise zwei im Widerstreit zueinander stehenden Pflichten gegenüber gestellt sah: nämlich den Pflichten, die ihm aus den Grundsätzen der Rechtsstaatlichkeit erwuchsen und zum andernmal den Pflichten aus Anordnungen Hitlers als des Staatsoberhauptes. Diese Pflichtenkreise waren nicht von gleichem Rang. Dem Rechtsstaatsprinzip waren auch die nationalsozialistischen Machthaber rechtlich unterworfen. Daher stand die Pflicht, ihren Anordnungen zu folgen, im Range unter den Pflichten, die sich aus Grundsätzen der Rechtsstaatlichkeit ergaben. Ein Verstoß gegen diese kann daher nicht dadurch gerechtfertigt werden, daß der Verstoß vom Staatsoberhaupt angeordnet worden war oder dessen Richtlinien entsprochen hatte.
> Die festgestellten Handlungen könnten auch dann nicht als gerechtfertigt angesehen werden, wenn der Kläger, wie er vorbringt, gegen einzelne Grundsätze jeweils nur deswegen verstoßen hat, um das Rechtsstaatsprinzip als solches nach Möglichkeit aufrechtzuerhalten. Der Grundsatz der richterlichen Unabhängigkeit und der Freiheit der Person wie alle weiteren Grundsätze, gegen die der Kläger verstoßen hat, sind unantastbare Bestandteile des Rechtsstaatsprinzips als eines Ganzen. Der Verstoß des Klägers gegen einen dieser Grundsätze, auch einen Grundsatz rein formellen Inhalts, dessen Funktion es ist, den materiellen Gehalt des Rechtsstaatsprinzips zu sichern, bedeutete daher zugleich einen Verstoß gegen das Rechtsstaatsprinzip selbst.
> Auch wenn der Kläger, wie er vorträgt, ihm angesonnene rechtsstaatswidrige Handlungen nur deshalb begangen hat, um vermöge seines Amtes in anderen Fällen Unrecht abzuwenden und Schlimmeres verhüten zu können, wäre dadurch sein Verhalten nicht gerechtfertigt. Die vorliegend festgestellten Verstöße wiegen so schwer, daß sie zur Erreichung eines höheren rechtsstaatsmäßigen Zwecks unverhält-

---

66 Das Urteil ist auszugsweise abgedruckt in der Amtlichen Sammlung der Entscheidungen der Oberverwaltungsgerichte für das Land Nordrhein-Westfalen in Münster und die Länder Niedersachsen und Schleswig Holstein in Lüneburg (OVGE 18, S.446ff.) sowie in der Zeitschrift für Beamtenrecht (ZBR 1964, S.56f.).

67 OVG Lüneburg, Az.: V A 144/60, Bl.741ff.

68 OVG Lüneburg, Az.: V A 144/60, Bl.745

nismäßig und unangemessen waren und deshalb das Verhalten des Klägers nicht rechtfertigen können."

Die Richter räumten Schlegelberger allerdings ein, unbewußt rechtswidrig gehandelt zu haben. Zu seiner Entlastung reiche dies jedoch nicht. Von der Schuld könne ihn das mangelnde Unrechtsbewußtsein nicht befreien. Schlegelberger hätte aufgrund seiner Ausbildung und seiner Ämter das Bewußtsein haben können und müssen, daß er auch unter den Verhältnissen des Dritten Reiches an die Grundsätze der Rechtsstaatlichkeit gebunden war und pflichtwidrig handelte, wenn er dagegen verstieß[69]. Er habe nicht erkannt, wie sehr die nationalsozialistische Staatsführung von den überkommenen Grundsätzen der Rechtsstaatlichkeit Stück um Stück abgewichen sei bis hin zur vollständigen Unterminierung des Rechts und einer allgemeinen Erschütterung des Rechtsbewußtseins. Er hätte erkennen müssen, daß er zu den von dem Beklagten behaupteten Folgen durch sein Verhalten beitrug. Das Fehlen des Unrechtsbewußtseins sei für ihn vermeidbar gewesen. Der Schuldvorwurf sei im Sinne der Auslegung des § 3 Nr. 3a G 131 daher begründet. Entschuldigungsgründe hielten die Richter für nicht gegeben, insbesondere nicht im Rahmen einer sogenannten Pflichtenkollision. Verstöße gegen die Grundsätze der Rechtsstaatlichkeit könnten nur bei objektiver Geringwertigkeit zum Schutz des höheren Gutes hingenommen werden. Schlegelbergers Verstöße seien aber von einem weitaus größeren Gewicht gewesen. Ein Verhalten schließlich, das ihm zubillige, er habe aktiv Schlimmeres verhindern wollen, könne man nicht feststellen[70]:

> "Denn die Verstöße des Klägers stehen zu dem von ihm angegebenen Zweck seines Handelns in einem so unangemessenen Verhältnis, daß die Lauterkeit seiner Beweggründe und Absichten, die ihn zu seinem Handeln bestimmt haben mögen, den Kläger nicht zu entschuldigen vermag, selbst wenn insoweit dem Grundsatz nach eine Abwägung zu seinen Gunsten zulässig wäre....Gewiss ist es als eine unglückliche Fügung des Schicksals anzusehen, daß der Kläger am Ende einer tadelfreien und bedeutenden Laufbahn in Verhältnisse geraten war, in denen sogar die Inhaber der höchsten Staatsämter die Beseitigung der Rechtsstaatlichkeit betrieben und das Unrecht vielfätig förderten.... Sein Verhalten wird indessen auch hierdurch nicht entschuldigt. Die Tatsache allein, daß er durch das Schicksal in ungewöhnliche Verhältnisse gestellt war, denen er sich zuletzt nicht gewachsen gezeigt hat, räumt unter den in seinem Fall gegebenen, im einzelnen dargelegten Umständen seine persönliche Verantwortlichkeit für die von ihm begangenen Verstöße gegen Grundsätze der Rechtsstaatlichkeit nicht aus. Als ein nicht vertretbarer Versuch, mit Hilfe des Unrechts das Recht zu wahren, bleiben die

---

69 OVG Lüneburg, Az.: V A 144/60, Bl.747

70 OVG Lüneburg, Az.: V A 144/60, Bl.753f.

Handlungen des Klägers ein im Rahmen des § 3 Nr. 3a zurechenbares und vorwerfbares Verhalten."

Schlegelberger habe daher seit dem Inkrafttreten der Vorschrift des § 3 Nr. 3a keine Rechte nach dem Gesetz zu Art. 131 GG mehr. Ein Anspruch auf Zahlung der Versorgungsbezüge stehe ihm also von diesem Zeitpunkt an nicht zu.

Schlegelberger und seine beiden Anwälte Dr.Kubuschok und Dr.Morath gaben sich mit dieser Entscheidung nicht zufrieden. Am 6.Dezember 1962 ging bei dem Oberverwaltungsgericht in Lüneburg die Revision gegen das Urteil ein[71]. Schlegelberger, nunmehr 86-jährig, mußte weitere vier Jahre prozessieren, bis eine Entscheidung zustandekam. Diese bestand nicht in einem Urteil, sondern in einem Vergleich. Am 17.Oktober 1966 schlug laut Protokoll sein Prozeßbevollmächtigter vor Eintritt in die mündliche Verhandlung folgenden Vergleich vor[72]:

> " - Der Kläger verzichtet auf die beamtenrechtliche Versorgung aus dem Gesetz zu Art. 131 GG
> - Der Kläger erhält ab 1.Dezember 1966 als Unterhaltszahlung die Rente aus der Angestelltenversicherung unter Berücksichtigung der Nachversicherung gem. § 72 G 131 zuzüglich eines Zuschlages von 25 v.H. dieser Rente
> - Die Gerichtskosten trägt der Kläger, die außergerichtlichen Kosten jede Partei selbst."

Das beklagte Land nahm sich vier Tage Zeit zur Prüfung des Vergleichsangebotes. Am 21. Oktober 1966 erklärte es vor Gericht die Annahme des Vergleiches. Sieben Jahre hatte es gedauert, Schlegelbergers eine Versorgung zu sichern, auf die das G 131 keine Anwendung fand. Für Schlegelberger kam dieser Vergleich trotz der damit gesicherten Versorgung ideell einer Niederlage gleich: die Freisprechung von dem Vorwurf, gegen die Grundsätze der Rechtsstaatlichkeit verstoßen zu haben, enthielt der Vergleich nicht. Dafür war erreicht, was Professor Fritz von Hippel bereits 1959 dem Finanzminister des Landes Schleswig-Holstein abzuringen versuchte[73]:

> "...Daher möchte ich Sie bitten, soweit die Gesetzeslage Ihnen das ermöglichen sollte, gegenüber einem in Ehre, Ansehen und Selbstgefühl bereits so tief gebeugten Mann nicht auch noch in rein pekuniärer Hinsicht derart vernichtend vorzugehen, sondern nach einem billigeren Ausweg zu suchen."

---

71 Das Verfahren wurde unter dem Az.: BVerwG D 2/61 geführt

72 BVerwG, Az.: D 2/61, Bl.923a RS

73 VG Schleswig, Az.: 5 K - 198/59, Bl.11 RS

Kurz vor Schlegelbergers 90. Geburtstag endete damit der Pensionsprozeß. Dieses Ende war auch dem damaligen schleswig-holsteinischen Ministerpräsidenten Dr.Helmut Lemke zu verdanken, der sich in wiederholten Gesprächen mit Bundesminister Lücke für einen vertretbaren Abschluß des Verfahrens eingesetzt hatte[74].

D. Das Ende

Dieser Prozeß war nicht der einzige, der in Bezug auf den Staatssekretär a.D. Prof.Dr.Dr.h.c. Franz Schlegelberger geführt wurde. So wurden zwischenzeitlich gegen ihn Strafverfahren eingeleitet. Die Staatsanwaltschaft bei dem Landgericht Stuttgart ermittelte gegen ihn wegen Verdachts der Beihilfe zum Mord in Bezug auf die von den Nationalsozialisten durchgeführte "Euthanasie-Aktion". Im Hinblick auf seine Beteiligung am Fall Luftglas ermittelte die Staatsanwaltschaft Flensburg[75]. Keines dieser Verfahren führte zu einer Verurteilung Schlegelbergers. Dennoch belasteten sie ihn sehr, ebenso wie diffamierende Briefe, die er per Post zugestellt erhielt. So bezichtigte ein anonymer Brief sogenannter "demokratischer Bürger" aus Rahlstedt vom 12. Januar 1961 Schlegelberger[76]:

> "...Oder aber haben Sie die Weiterzahlung der Pension ihrem Sohn Dr.Hartwig Schlegelberger zu verdanken, weil er Landtagsabgeordneter der CDU/CSU-Nazi-Atomkriegsverbrecherpartei ist? Es dürfte nur allzugut bekannt sein, daß die CDU/CSU-Nazi-Atomkriegsverbrecherpartei ehemalige Nazimörder stillschweigend deckt und alles gutheißt, da bekanntlich in der Regierung der westdeutschen Adenauerschen Atomrepublik ehem. aktive Nazimörder und Verbrecher sitzen....Und dieser Nachfolgepartei Hitlers, der CDU, gehört Ihr Sohn an. Pfui Teufel nochmal. Sie und Ihr Sohn kommen zur gegebenen Zeit am Tage X vor das Volkstribunal zur Aburteilung.... Sie werden keine ruhige Minute mehr haben."

Nicht zuletzt dem Schutz durch seine Familie hatte es Schlegelberger zu verdanken, daß seine Fragestellung "Nun bin ich doch gespannt, wer länger leben wird, der Prozeß oder ich?" zu seinen Gunsten ausging[77].

---

74 Gedenkrede Franz Schlegelberger

75 VG Schleswig, Az.: 5 K - 198/59, Bl.94

76 OVG Lüneburg, Az.: V A 144/60, Bl.219

77 Gedenkrede Franz Schlegelberger

Die immer wieder gestellte Frage, warum er wegen seiner Kritik an Hitler nicht früher aus dem Amt des Staatssekretärs des Reichsjustizministeriums ausgeschieden sei, beantwortete Schlegelberger in seinen Erinnerungen[78]:

> "Die Frage ist falsch gestellt. Sie geht von der Auffassung aus, daß es in meinem freien Belieben gestanden habe, mich zu einem mir genehmen Zeitpunkt von diesem Amt zu lösen. Das ist nicht richtig. Wie jeder andere Beamte hat auch ein Staatssekretär nur bei Dienstunfähigkeit ein Recht auf Ausscheiden aus dem Dienst. Nur in einem einzigen Fall kann der Staatssekretär von sich aus sein Amt zur Verfügung stellen, das ist der Ministerwechsel. Von dieser Möglichkeit habe ich bei der erstmalig im Sommer 1942 sich bietenden Gelegenheit Gebrauch gemacht...Nicht nach dem Verbleiben im Amt bis 1942, sondern nach der Beibehaltung des Amtes nach der Machtergreifung 1933 hätte man fragen können. Diese Frage beantwortet sich einfach. Damals war Reichsoberhaupt nicht Adolf Hitler, sondern Hindenburg, der durch seine Person jede Garantie für eine saubere und dem Volk nützliche Regierungsführung bot. Damals bestand das Reichskabinett nicht nur aus Parteigenossen sondern zum größten Teil auch aus bürgerlichen Ministern. Genau wie bei Reichsminister Dr. Gürtner, der damals nicht Parteigenosse war, bin ich auch aus der Papen-Regierung übernommen worden. Es bestand nicht das geringste Bedenken, der neuen Reichsregierung in ihrer damaligen Zusammensetzung meinen Dienst zur Verfügung zu stellen."

Einen Tag nach dem 3.Advent 1970, am frühen Morgen des 14. Dezember, verstarb Franz Schlegelberger im Alter von 94 Jahren. Am Abend zuvor war er noch im Kreise seiner Familie mit seinem Sohn Hartwig, dessen Ehefrau und der Enkelin Regine im Flensburger Stadttheater gewesen, um das Weihnachtsmärchen zu sehen[79]. Er starb, wie er es sich gewünscht hatte, im Beisein seiner Schwiegertochter.

---

[78] Zitiert bei Hattenhauer "Vom Reichsjustizamt zum Bundesministerium der Justiz" S.97 m.w.Nw.

[79] Gedenkrede Franz Schlegelberger

Anhang A

Verzeichnis der juristischen Werke Schlegelbergers
(Quelle: Gedenkrede Franz Schlegelberger)

Das Zurückbehaltungsrecht, Jena 1904
Das Landarbeiterrecht in Preußen, Berlin 1907
Gerichtsverfassungsgesetz nebst Einführungsgesetz, Berlin 1910
Die Gesetze über die freiwilligen Angelegenheiten der freiwilligen Gerichtsbarkeit für das Reich und Preußen, Berlin 1914
Kriegsbuch. Die Kriegsgesetze mit der amtlichen Begründung und der gesamten Rechtsprechung, Bd. 1-11, 1915-21
Deutsches Übergangsrecht. Die Gesetzgebung des Reichs und Preußens nach der Beendigung des Krieges, 1920-21
Die Einführungsgesetze zum Friedensvertrag v. 30. August 1919 usw., Berlin 1920
Das Recht der Neuzeit. Ein Führer durch das geltende Recht Deutschlands aus der Zeit von 1914-1921, Berlin 1922 (bis zur 19. Ausgabe 1944 fortgesetzt)
Gesetz über wertbeständige Hypotheken vom 23. Juni 1923, Berlin 1923
Die Aufwertung. Die Vorschriften der 3. Steuernotverordnung vom 14.11.1924 über die Aufwertung von Geldforderungen, Berlin 1924
Die Aufwertung der Ansprüche aus Lebensversicherungsverträgen, Berlin 1924
Die Aufwertung der Pfandbriefe, Berlin 1924
Gesetz über die Aufwertung von Hypotheken, 2. Aufl. Berlin 1925
Durchführungsverordnung zum Aufwertungsgesetz v. 29.11.1925, Berlin 1926
Probleme des Aktienrechts (Schriften der Studiengesellschaft für Währungs- und Finanzreform, Heft 1), Leipzig 1926
Zur Rationalisierung der Gesetzgebung, Berlin 1928
Die Aufwertungsschlußgesetze. Gesetz über die Fälligkeit und Verzinsung der Aufwertungshypotheken. Gesetz über die Bereinigung der Grundbücher nebst den Durchführungsverordnungen des Reichs und der Länder mit Erlassen, Mustern und Formularen, Berlin 1930
Verordnung über Aktienrecht vom 19.9.1931, Berlin 1932
Die Zinssenkung nach der Verordnung des Reichspräsidenten vom 8.12.1931, Berlin 1932

20. Die neue Zinssenkung nach der Verordnung des Reichspräsidenten über die Zinserleichterung für den landwirtschaftlichen Realkredit vom 27.9.1932, Berlin 1932
Wechselrecht, Internationales und Scheckrecht, 1932
Vom Beruf unserer Zeit zur Gesetzgebung, Berlin 1934
Was erwarten das deutsche Volk und der deutsche Jurist von der Vereinheitlichung der deutschen Justiz, Berlin 1934
Verordnung über Goldbilanzen vom 28.12.1923, Berlin 1934
Die Erneuerung des deutschen Aktienrechts, Berlin 1935
Die Grundlagen des neuen Patenrechts, Berlin 1935
Das Wirtschaftsrecht des Dritten Reiches, Berlin 1935
Freiwillige Gerichtsbarkeit, Berlin 1935
28. Ein Volk erlebt sein Recht, Berlin 1936
Abschied vom BGB, Berlin 1937
Der Richter, Berlin 1937
Die Entwicklung des deutschen Rechts im Dritten Reich, Berlin 1938
Der Weg zur Persönlichkeit, Berlin 1938
Das Recht des ländlichen Grundbesitzes in Deutschland, Berlin 1938
Der Weg ins Reich, in: Dienst am Recht, 200 Jahre. Gedenkschrift aus Anlaß des 200jährigen Gründungstages des Preußischen Justizministeriums, S.173-190, 1938
Erläuterungswerk zum Bürgerlichen Gesetzbuch und zum neuen Volksrecht Bd.I Allg.Teil (§§1-240) mit dem Verschollenheitsgesetz vom 4.7.1939, Berlin 1939
Handelsgesetzbuch in der ab 1.10.1937 geltenden Fassung (ohne Seerecht). 5. Auflage (1975) erläutert von Ernst Geßler, Wolfgang Hefermehl, Gustav Herbig u.a., 1.Auflage Berlin 1939
Kriegsrecht der freiwilligen Gerichtsbarkeit, 2.Auflage Berlin 1940
Wege und Ziele des deutschen internationalen, interterritorialen und interpersonalen Familienrechts (Zeitschrift für ausländisches ind internationales Privatrecht, 1942, 14.Jahrg.,Heft 1/2)
Das Recht der Gegenwart. Ein Führer durch das in Deutschland geltende Recht. Berlin/Frankfurt a.M. 1955 (wird fortgesetzt als Loseblattausgabe unter Bearbeitung von Walter J.Friedrich)
Zur Rationalisierung der Gesetzgebung, Berlin/Frankfurt a.M. 1959
Seehandelsrecht. Zugleich Ergänzungsband zum Kommentar zum Handelsgesetzbuch, Berlin/Frankfurt a.M. 1959

Seeversicherungsrecht, Berlin/Frankfurt a.M. 1960
Handwörterbuch, Rechtsvergleichendes, für das Zivil- und Handelsrecht des In- und Auslandes, 1929-1940
Praxis, Soziale, 1938-1942, Jahrg.47-51
Jahrbuch des deutschen Rechts, 1917-42, Jahrg.14-40

Anhang B

(Quelle: Nürnberger Dokumente
Hauptkriegsverbrecherprozeß 090-L,669-PS)

Abschrift:

Geheim!

Der Reichsführer-SS
und Chef der Deutschen Polizei
Hauptamt SS-Gericht

München, den 4. Febr. 1942.

I b 154/1 Tgb.Nr. 70/42 geh.

Geheim!

Betrifft: Verfolgung von Straftaten gegen das Reich oder die Besatzungsmacht.

Verteiler: A, B.

I. Folgende vom Chef des Oberkommandos der Wehrmacht unter dem 12. Dezember 1941 bekanntgemachten Anordnungen werden zur Kenntnis gebracht:

1.) Der Chef des Oberkommandos der Wehrmacht.

Es ist der lange erwogene Wille des Führers...

2.) Der Führer und Oberste Befehlshaber
der Wehrmacht

Richtlinien

für die Verfolgung von Straftaten gegen das Reich oder die Besatzungsmacht in den besetzten Gebieten.

Vom 7. Dezember 1941.

In den besetzten Gebieten haben mit Beginn des russischen Feldzuges kommunistische Elemente und andere deutschfeindliche Kreise ihre Angriffe gegen das Reich und die Besatzungsmacht verstärkt. Der Umfang und die Gefährlichkeit dieser Umtriebe zwingen aus Abschreckungsgründen zu schärfsten Maßnahmen gegen die Täter. Zunächst ist nach folgenden Richtlinien zu verfahren:

I.

In den besetzten Gebieten ist bei Straftaten von nichtdeutschen Zivilpersonen, die sich gegen das Reich oder die Besatzungsmacht richten, und deren Sicherheit oder Schlagfertigkeit gefährden, grundsätzlich die Todesstrafe angebracht.

II.

Die Straftaten des Abschnitts I sind grundsätzlich nur dann in den besetzten Gebieten abzuurteilen, wenn wahrscheinlich ist, daß gegen die Täter, mindestens aber die Haupttäter, Todesurteile ergehen und wenn das Verfahren und die Vollstreckung der Todesurteile schnellstens durchgeführt werden können. Sonst *sind* die Täter, mindestens aber die Haupttäter, nach Deutschland zu bringen.

III.

Täter, die nach Deutschland gebracht werden, sind dort dem Kriegsverfahren nur unterworfen, wenn besondere militärische Belange es fordern. Deutschen und ausländischen Dienststellen ist auf Fragen nach solchen Tätern zu erklären, sie seien festgenommen worden, der Stand des Verfahrens erlaube keine weiteren Mitteilungen.

IV.

Die Befehlshaber in den besetzten Gebieten und die Gerichtsherren sind im Rahmen ihrer Zuständigkeit für die Durchführung dieses Erlasses persönlich verantwortlich.

V.

Der Chef des Oberkommandos der Wehrmacht bestimmt, in welchen besetzten Gebieten dieser Erlass anzuwenden ist. Er ist zu Erläuterungen, zum Anlass von Durchführungsvorschriften und zu Ergänzungen befugt. Der Reichsminister der Justiz erlässt die Durchführungsbestimmungen für seinen Bereich.

I.A.
Der Chef des Oberkommandos
der Wehrmacht
Keitel.

Geheim

Erste Verordnung
zur Durchführung der Richtlinien des Führers und Obersten Befehlshabers der Wehrmacht für die Verfolgung von Straftaten gegen das Reich oder die Besatzungsmacht in den besetzten Gebieten.

—.—.—.—.—.—.—.—.—.—.—

Auf Grund von Abschnitt V der Richtlinien des Führers und Obersten Befehlshabers der Wehrmacht für die Verfolgung von Straftaten gegen das Reich oder die Besatzungsmacht in den besetzten Gebieten vom 7. Dezember 1941 bestimme ich:

I.

Die Voraussetzungen des Abschnitts I der Richtlinien werden in der Regel gegeben sein bei:

1. **Anschlägen gegen Leib und Leben,**
2. **Spionage,**
3. **Sabotage,**
4. **kommunistischen Umtrieben,**
5. **Straftaten, die geeignet sind, Unruhe zu stiften,**
6. Feindbegünstigung, begangen durch:
   a) Menschenschmuggel,
   b) den Versuch, in eine feindliche Wehrmacht einzutreten,
   c) Unterstützung von feindlichen Wehrmachtangehörigen (Fallschirmjägern usw.),
7. unerlaubtem Waffenbesitz.

II.

(1) Die Straftaten des Abschnitts I der Richtlinien sind nur unter folgenden Voraussetzungen in den besetzten Gebieten abzuurteilen:

1. Es muß wahrscheinlich sein, daß gegen die Täter, mindestens aber die Haupttäter, Todesurteile ergehen,
2. Das Verfahren und die Vollstreckung der Todesurteile muß s c h n e l l s t e n s durchgeführt werden können (grundsätzlich innerhalb einer Woche nach Festnahme des Täters).
3. Gegen die sofortige Vollstreckung der Todesurteile dürfen b e s o n d e r e politische Bedenken nicht bestehen.
4. Es darf, abgesehen von Todesurteilen wegen Mordes und Freischärlerei, kein Todesurteil gegen eine Frau zu erwarten sein.

(2) Wird ein nach Abs. 1 ergangenes Urteil aufgehoben, so kann das Verfahren in den besetzten Gebieten weitergeführt werden, wenn die Voraussetzungen des Abs.1 Nr.1,3 und 4 noch gegeben sind.

III.

(1) Bei den Straftaten des Abschnitts I der Richtlinien prüft der Gerichtsherr im Benehmen mit den Abwehrstellen, ob die Voraussetzungen für eine Aburteilung in den besetzten Gebieten gegeben sind. Bejaht er das, so verfügt er den Zusammentritt des Feldkriegsgerichts. Verneint er es, so legt er die Akten seinem übergeordneten Befehlshaber

(§ 89 Abs. 1 KStVO) vor. Dieser kann sich die Entscheidung vorbehalten.

(2) Der übergeordnete Befehlshaber entscheidet endgültig, ob die Voraussetzungen für eine Aburteilung in den besetzten Gebieten gegeben sind. Bejaht er das, so betraut er damit einen Gerichtsherrn seines Befehlsbereichs. Verneint er es, so beauftragt er die Geheime Feldpolizei, den Täter nach Deutschland zu bringen.

IV.

(1) Täter, die nach Deutschland gebracht werden, ::-:: sind dort dem Kriegsverfahren nur unterworfen, ::-:: wenn das Oberkommando der Wehrmacht oder der übergeordnete Befehlshaber bei seiner Entscheidung nach Abschnitt III erklärt, daß besondere militärische Belange die Aburteilung durch ein Wehrmachtgericht fordern. Wird eine solche Erklärung nicht abgegeben, so gilt die Anordnung, der Täter sei nach Deutschland zu bringen, als Abgabe im Sinne des § 3 Abs.2 Satz 2 KStVO.

(2) Macht der übergeordnete Befehlshaber von seiner Befugnis nach Abs.1 Gebrauch, so legt er die Akten auf dem Dienstwege dem Oberkommando der Wehrmacht vor. Die Täter sind der Geheimen Feldpolizei als „Wehrmachtgefangene“ zu bezeichnen.

(3) Das Oberkommando der Wehrmacht bestimmt den Gerichtsstand für Täter, die nach Abs.1 dem Kriegsverfahren unterworfen sind. ::-:: Es kann auf die Zuständigkeit der Wehrmachtgerichte verzichten. ::-:: Es kann ferner das Verfahren auf beliebige Zeit aussetzen.

V.

Die gerichtliche Verhandlung in Deutschland ist wegen Gefährdung der Staatssicherheit unter strengstem Ausschluß der Öffentlichkeit durchzuführen. Ausländische Zeugen dürfen in der Hauptverhandlung nur mit Genehmigung des Oberkommandos der Wehrmacht vernommen werden.

VI.

Die Bestimmungen über das wehrmachtgerichtliche Verfahren in den Erlassen des Chefs des Oberkommandos der Wehrmacht vom 13.September 1941 betreffend Lage in Norwegen (WFSt/Abt.L (IV/Qu)Nr.002034/41 g. Kdos.) und vom 16.September 1941 betreffend kommunistische Aufstandsbewegungen in den besetzten Gebieten (WFSt/Abt.L (IV/Qu)Nr.002060/41 g.Kdos.) werden durch die Richtlinien und diese Durchführungsverordnung ersetzt.

VII.

(1) Die Richtlinien treten drei Wochen nach ihrer Unterzeichnung in Kraft. ::-:: Sie sind bis auf weiteres in allen besetzten Gebieten, ::-:: mit Ausnahme ::-:: von Dänemark, ::-:: anzuwenden.

(2) ::-:: Die Bestimmungen, die für die neubesetzten Ostgebiete ergangen

sind, werden durch die Richtlinien nicht berührt. ::-::

(3) Für anhängige Verfahren gilt Abschnitt I der Richtlinien. Der Gerichtsherr und der übergeordnete Befehlshaber können bei solchen Verfahren Abschnitt III dieser Durchführungsverordnung entsprechend anwenden. Ordnet der übergeordnete Befehlshaber an, daß ein Täter nach Deutschland gebracht wird, so gilt Abschnitt IV. Bei Tätern, die vor dem Inkrafttreten der Richtlinien nach Deutschland gebracht werden, kann das Oberkommando der Wehrmacht nach Abschnitt IV Abs. 3 verfahren.

Der Chef des Oberkommandos der Wehrmacht
Keitel

Verteiler:

Auswärtiges Amt
Reichsminister und Chef der Reichskanzlei
Reichsführer ᛋᛋ und Chef der deutschen Polizei im Reichsministerium des Innern
Oberkommando des Heeres (Chef H Rüst u.Bd.E. — HR) mit 7 N.A.
Oberkommando der Kriegsmarine (MR) mit 1 N.A.
Reichsminister der Luftfahrt und Oberbefehlshaber der Luftwaffe (ZAR) mit 1 N.A.
Präsident des Reichskriegsgerichts
Wehrmachtbefehlshaber Südost mit 4 N.A.
" Norwegen
" Niederlande
" Ostland
" Ukraine
Wehrmachtbevollmächtigter beim Reichsprotektor in Böhmen und Mähren
Waffenstillstandskommission Wiesbaden
Oberkommando der Wehrmacht:
Chef WFSt
Abt.L mit 8 N.A.
W Pr
Amt Ausl/Abw (ZR)
Abt. Ausl
Abw.III
AWA

Anhang C

(Quelle: Nachlaß Dr. Kubuschok)

Die Urteilsbegründung nennt mich am Schlusse der Einzelbetrachtung meines Falles eine " tragische Gestalt ", bei der das Wollen und Handeln auseinanderfallen. Sie meint dabei die Tatsache, dass ich trotz meiner der Ideologie und Praxis des " Dritten Reiches " gegensätzlichen Einstellung bis zum August 1942 in meinem Amte geblieben bin. Die Urteilsbegründung glaubt, dass ich meine Einstellung für ein " politisches Linsengericht " und für die " eitle Hoffnung persönlicher Sicherheit " verkauft hätte. Dass meine persönliche Sicherheit für meinen Entschluss im Amte zu bleiben nicht massgeblich gewesen ist, beweist am besten die Tatsache, dass mein Ausscheiden aus dem Amte im August 1942 dadurch zustande kam, dass ich die Proklamation Hitler's vor dem Reichstag, der sich das Recht bestätigen liess, jeden Richter ohne Ruhegehalt aus eigener Machtvollkommenheit aus dem Amte zu entlassen, ~~mit~~ in einem Brief an Hitler dahin beantwortete, dass ich mich mit meiner Person vor jeden Richter stellen würde, der nach dem Gesetz und seinem Gewissen urteile. Wenn ich zu diesem Zeitpunkt, als ich sah, dass das letzte Bollwerk für eine freie richterliche Tätigkeit, die Unabsetzbarkeit, aufgehoben wurde, so klar dem Diktator entgegentrat und dies zu einem Zeitpunkt, als die Massnahmen gegen jede Widersetzlichkeit bereits auf dem Höhepunkt waren, so habe ich am besten damit bewiesen, dass meine persönliche Sicherheit für meine Entschlüsse nie massgeblich gewesen ist. Wenn die Urteilsbegründung meint, dass ich meine Einstellung für ein"politisches Linsengericht" verkauft hätte, so ist daran richtig, dass ich bis zu meinem Ausscheiden aus dem Amte ~~viele~~ manche Dinge in Kauf nehmen musste, die meiner Einstellung als Mensch und Jurist zuwider liefen. Ich habe dies jedoch nicht getan, um dafür für mich oder für die mir anvertraute Justizverwaltung etwas Unbedeutendes, ein " Linsengericht " einzutauschen. Meine Person spielte hierbei überhaupt keine Rolle. Ich hatte beruflich und wissenschaftlich, nachdem ich bereits im Jahre 1931 zur Zeit der Kanzlerschaft B r ü n i n g s auf Vorschlag des Justizministers Dr. Kurt J o e l zum Staatssekretär ernannt worden war und wissenschaftlich durch eine Unzahl von zivilrechtlichen Veröffentlichungen in Juristenkreisen aller Länder einen Ruf erlangt hatte, alles das erreicht, was ein Jurist sich als Lebensziel setzen kann. Das Amt des Justizministers war mir als Nichtnationalsozialisten von vornherein seit der " Machtübernahme " versperrt. Für mich selbst konnte ich daher durch mein Bleiben im Amte keine Ziele erstreben. Was ich aber erstrebte, war, dass die deutsche Justizverwaltung in ihrem Aufgabenkreis und in ihrem unabhängigen Richtertum erhalten bleiben möge. Dieses Ziel ~~erschien~~ war ~~mir~~ gewiss nicht ~~als~~ etwas Unbedeutendes. Ich will hierbei ganz ausser Acht lassen, dass ich mit meinem ganzen Herzen an der Justiz gehangen habe, der ich seit meiner Ernennung zum Referendar im Jahre 1897 als Richter und seit 1918 als Ministerialbeamter gedient habe. Mir stand immer vor Augen, dass nach meinem Ausscheiden aus dem Amte mein Amt durch

H i t l e r von einer ihm durchaus hörigen Persönlichkeit besetzt werden würde und dass die Bstrebungen H i m m l e r's, mehr oder minder die Aufgaben der Justiz zu übernehmen, dadurch zur Erfüllung kommen würde. Solange ich der Überzeugung sein konnte, dass noch eine Justiz bestand, bei der die überwiegende Mehrzahl der Richter nach ihrem Gewissen urteilte, glaubte ich, dieses letzte Bollwerk in der Zeit der Willkür der Partei und Polizei erhalten zu müssen. Wer die damaligen Verhältnisse erlebt hat, weiss, dass hierbei viele Opfer der eigenen Einstellung gebracht werden mussten. Eine kompromisslose Obstruktion gegen die damaligen Gewalthaber hätte mit einem Federstrich das beseitigt, was erhalten werden musste. Jede meiner einzelnen Handlungen, die das Tribunal zur Grundlage meiner Verurteilung gemacht hat, kann die Probe bestehen, wenn gefragt wird, ob ich nach reiflicher Überlegung besten Gewissens glaubte ein andernfalls mit Sicherheit eintretendes Urteil abwenden zu können. Ich will kurz auf die einzelnen Punkte eingehen, auf Grund deren meine Verurteilung erfolgt ist.

1. Der Fall LUFTGAS:

Wenn Hitler von politischen Erregungen abgelenkt werden sollte, verstand es ein gefälliges Gefolge, ihn auf in der Presse erwähnte Strafentscheidungen aufmerksam zu machen und auf die zu milde Justiz hinzuweisen. Die Folge war, dass Hitler, der für sich die Machtvollkommenheit eines Obersten Gerichtsherrn in Anspruch nahm, sofort der Polizei befahl, den "zu milde Bestraften" aus dem

Justizgefängnis herauszuholen, wobei er sich vorbehielt, selbst über dessen weiteres Schicksal zu entscheiden. Diese Überstellungsbefehle hatten, wie ich aus den Akten feststellte, Dr. Gürtner schwere Sorgen gemacht. Seine nachdrücklichen Vorstellungen hatten das magere Ergebnis gehabt, dass das Reichsjustizministerium wenigstens Nachricht erhielt, sobald ein solcher Überstellungsbefehl an die Polizei ergangen war. Da der Polizei nur eine kurze Frist für die Vollzugsmeldung gestellt war, blieben dem Reichsjustizministerium nur wenige Tage für die Vorbereitung einer Intervention. Dies war der Zustand, den ich bei der Übernahme der Ministergeschäfte vorfand und den zu ändern ausserhalb meiner Macht stand. Alles kam darauf an, die kurze Zeit zur Herbeischaffung der Akten zur Klärung des beanstandeten Urteils, nötigenfalls zur Anrufung einer höheren Gerichtsinstanz zu nutzen. Was in diesen Sachen und in diesen Richtungen der in dem Juristenprozess mitverurteilte Generalstaatsanwalt, frühere Ministerialrat Dr. Joel geleistet hat, kann garnicht hoch genug bewertet werden. Erfolge und Misserfolge unserer Bemühungen hielten sich die Waage. Gelang es nicht, Hitler zur Rücknahme des der Polizei erteilten Befehls zu bewegen - und so lag der Fall Luftgas - so musste die Justiz sich im Notstande fügen. Mit Recht hat der eidlich vernommene Zeuge L a m m e r s bekundet, dass der Reichsjustizminister, falls er die Herausgabe des Verurteilten verweigert hätte, mit einem Feuergefecht zwischen bestens bewaffneter Polizei und nur für den Hausgebrauch bewaffneten Gefängnisbeamten hätte rechnen müssen, bei dem der Sieg der Polizei ausser Zweifel stand.

Bei den Interventionen gegen die Überstellungsbefehle legten wir den nach den Gerichtsakten geklärten Sachverhalt fest und versuchten, einen Widerspruch mit demjenigen Sachverhalt festzustellen, der in der von H itler aufgegriffenen Pressemeldung dargestellt war. Wir legten die besonderen Milderungsgründe dar, die zu dem Strafmass geführt hätten, um Hitler auf diese Weise zu überzeugen, dass im speziellen Fall von der allgemeinen Rechtsprechung nicht abgewichen worden sei. Im Falle Luftgas boten die Gerichtsakten keine derartige Möglichkeit. Luftgas hatte in der Zeit höchster Ernährungsschwierigkeiten als Hamsterer 15.000 Eier verderben lassen und war gemessen an dem auch in Deutschland gegen jedermann üblichen Strafmass, zu der verhältnismässig niedrigen Strafe von 2 1/2 Jahren Gefängnis verurteilt worden. Es bestand daher hier nur die Alternative, entweder dem Befehl Hitler's nachzukommen oder diesem Befehl von der Polizei gewaltsam nachkommen zu lassen. Im letzteren Fall hätten sich die Gefängnisbeamten völlig nutzlos einer Lebensgefahr ausgesetzt. Luftgas wäre auf diese Weise nie zu retten gewesen. Was mit ihm tatsächlich geschehen ist, ist nicht festgestellt worden.

Bei diesem Tatbestand ist die Feststellung des Urteils (Blatt 181 deutsche Urteilsausfertigung), daßich " persönlich die Ermordung des Juden Luftgas auf Verlangen Hitler's angeordnet habe ", unrichtig. Unrichtig ist es auch, dass ich bei dieser Gelegenheit Hitler versichert hätte, dass ich persönlich eingreifen werde, wenn er mir andere Urteile nennen würde, die er missbillige. Insoweit bezieht sich das Gericht auf mein Schreiben vom lo. 3. 1941, das in der deutschen Urteilsausfertigung auf Blatt 79 zitiert ist. Dieses Schreiben, das ein halbes Jahr vor dem Fall Luftgas liegt, bezweckte, Hitler zu veranlassen, Überstellungsbefehle der Justizverwaltung zur Kenntnis zu geben, nachdem er von der bisherigen Übung insoweit abgewichen war. Denn Interventionen konnten ja nur erfolgen, wenn das Ministerium von den erteilten Überstellungsbefehlen in Kenntnis gesetzt wurde.

2. Der Vorschlag der Sterilisierung der Halbjuden.

Vorweg muss ich zweierlei hervorheben:

a) Wer mir Judenfeindschaft vorwirft, kennt mich nicht. Nichts lag mir ferner. Mein ältester, dank meiner Bemühungen noch jetzt lebender Freund, ist Volljude. Rassenunterschiede zu machen widerspricht durchaus meinem christlichen und moralischen Bewusstsein.

b) Amtlich hatte ich mit der Behandlung der Judenfrage nichts zu tun. Symptomatisch ist in dieser Richtung, dass ich von den sogen. Nürnberger Gesetzen erst durch den Rundfunk erfuhr, wie ja auch mein Minister Dr. G ü r t n e r damals vor vollendete Tatsachen gestellt wurde.

Dieses vorangeschickt ist zu diesem Punkt folgendes zu sagen:

An einer Besprechung im Reichsministerium des Innern über die Frage der Halbjuden war das Reichsjustizministerium nicht beteiligt. Ich schickte einen jungen Hilfsarbeiter als Horchposten hin. Als dieser mir berichtete, dass die beteiligten Dienststellen ernsthaft die Verbringung der Halbjuden in polnische Gettos beabsichtigten, war ich entschlossen, diesen Plan auch über meine Zuständigkeit hinaus mit den mir zur Verfügung stehenden Mitteln entgegen zu treten. Nachden mein Versuch, die Reichskanzlei in Bewegung zu setzen, an der Abwesenheit ihres Chefs, Dr. L a m m e r s, gescheitert war, blieb mir nur der Weg unmittelbaren Angehens des Innenministeriums übrig. Ein einfacher empörter Protest wäre bei der Ausrichtung dieses Ministeriums völlig wirkungslos gewesen. Ich musste irgend eine an die bekämpften Bestrebungen anknüpfende positive Anregung geben, um die massgebenden Stellen zu nochmaligem Durchdenken des Problems zu nötigen und Zeit zu gewinnen. Ich verwies deshalb auf die von Halbjuden mir wiederholt geäusserten Bitten, ihnen wenigstens die Möglichkeit zu geben, durch " freiwillige " Sterilisation dem Getto zu entgehen und schrieb, dass man doch zumindest dieser Bitte stattgeben müsse. Man hat es für richtig befunden, den Ausdruck " freiwillige "Sterilisation, die übrigens mit der Kastration nicht verwechselt werden sollte, zu ironisieren. Natürlich handelt es sich nicht um die dem Menschen gegebene freie Willensbestimmung. Frei sollte und konnte nach Lage der Verhältnisse vom Standpunkt des Halbjuden aus immerhin der Wille sein, zwischen zwei Übeln zu wählen. Sehr richtig erkannte die Situation der Präsident des Internationalen Militärgerichtshofes, Mr. LAWRENCE. Als in der Verhandlung vor diesem Gericht derselbe Fragenkomplex zur Sprache kam, fragte mich der Präsident:" Sie hielten also die Sterilisation immerhin nocht nicht für so schlimm als die Verbringung in ein polnisches Getto ?", eine Frage, die ich natürlich bejahte.

Im übrigen steht fest, dass die Frage der Halbjuden tatsächlich bis zum Zusammenbruch des " Dritten Reiches " in der Schwebe geblieben und endgültige Entscheidungen des Innenministeriums nicht getroffen worden sind.

Hätte ich nichts getan, hätte ich meine Empörung unterdrückt, hätte ich die Angelegenheit nicht durch mein Schreiben aufgehalten, bis sie schliesslich durch das Schwergewicht der Zeit gegenstandslos wurde, keine Angeklagebehörde, kein Gericht hätte mich mit dieser Sache in Verbindung bringen können.

3. Die " Nacht und Nebel - Sachen (NN).

Ende 1941 oder anfangs 1942 ordnete Hitler an, dass Mitglieder von Widerstandsbewegungen im besetzten Westen, falls sie nicht an Ort und Stelle zum Tode verurteilt wurden, nach Deutschland zu verbringen seien. Dort habe die Polizei sie unter Verwischung aller Spuren " in Nacht und Nebel " verschwinden zu lassen. Dies bedeutete: Verbringung in ein Konzentrationslager. Betroffen waren hiervon insbesondere diejenigen Fälle von Widerstandskämpfern, deren Vergehen von den Militärgerichten als nicht todeswürdig angesehen worden war. Von dieser Anordnung Hitlers entsetzt, bat das OKW das Reichsjustizministerium um Hilfe. Die Vorenthaltung eines gerichtlichen Verfahrens sei unerträglich. Da der Zweck der Hitler'schen Anordnung gewesen sei, Urteile gegen Widerstandskämpfer, die nicht auf die Todesstrafe lauteten, in den besetzten Gebieten nicht bekannt werden zu lassen, könne vielleicht ein Ausweg darin gefunden werden, dass die Aburteilung in Deutschland durch Gerichte der Justiz erfolge. Diese Bitte stellte mich vor eine schwere Entscheidung. Einerseits widerstrebte es mir natürlich, die Justizgerichte in diese odiöse Sache hineinzuziehen. Andererseits war mir klar, was es bedeutete, wenn tatsächlich diese

Häftlinge der Polizei ausgeliefert würden. Natürlich musste ich die von Hitler angeordnete Geheimhaltung in Kauf nehmen, weil dieser niemals einer Abgabe der Sache an die Justizgerichte zugestimmt hätte. In den von den Justizgerichten nunmehr durchgeführten Verfahren war sichergestellt, dass die Beschuldigten nach dem in ihrer Heimat geltenden Besatzungsrecht abgeurteilt wurden und auch nach einer gerichtlichen Verurteilung niemals in die Hände der Polizei fielen. Diesem letzterem Zweck dienten insoweit ausgerichtete besondere Prozessbestimmungen. Die Staatsanwaltschaft wurde angewiesen, jede Sache vertagen zu lassen, sobald erkennbar wurde, dass das Gericht auf eine Strafe erkennen würde, die nach menschlicher Voraussicht vor Kriegsende verbüsst sein würde. Die Fortdauer der gerichtlichen Untersuchungshaft war hier der notwendige Schutz gegen eine Überstellung an die Polizei.

Nach Aufgabe meines Amtes hat T h i e r a c k alsbald alle NN-Häftlinge der Polizei ausliefern lassen. Hätte ich seinerzeit der Übernahme durch die Justiz nicht zugestimmt, so hätte ich mich selbst mit dem Vorwurf belastet, ein derartiges Schicksal für die Betroffenen nicht verhindert zu haben.

4. Die Polen-und Judenstrafverordnung von 1941.

Himmler verlangte von mir, ich möge mich doch einverstanden erklären, dass die strafbaren Handlungen von Polen und Juden in den besetzten Ostgebieten nicht von der Justiz sondern von der Polizei geahndet würden. Ich lehnte das ab, musste mir aber sagen, dass Himmler bei Hitler ein offenes Ohr finden würde, wenn die Justiz nicht von sich aus Sondermassnahmen auf diesem Gebiete träfe, zumal die Partei durch den " Stellvertreter des Führers " H e s s hierauf drängte. Ich liess deshalb eine Verordnung entwerfen, die das deutsche Strafrecht einschliesslich der Zuständigkeit und des Verfahrens der deutschen Gerichte mit einigen durch die Lage gebotenen Verschärfungen in den besetzten Ostgebieten einführte. Dieser Entwurf wurde von dem Ministerrat für die Reichsverteidigung gebilligt und von ihm als Verordnung herausgegeben.

Ich will an dieser Stelle nicht dasjenige wiederholen, was bezüglich der völkerrechtlichen Seite in Bezug auf diese Verordnung zu meiner Verteidigung gesagt worden ist. Wichtig erscheint mir lediglich, dass ich auch hier für die Justiz die Verpflichtung fühlte, die Betroffenen nicht der Gewalt einer Himmler'schen Polizei zu überlassen. Die dem Gericht vorgelegt Statistik hat ergaben, dass innerhalb eines Jahres in 6ooo abgeurteilten Fällen 55oo mittlere und kleine Freiheits-oder Geldstrafen und 5oo Todesstrafen verhängt worden sind. Hierbei ist zu berücksichtigen, dass sich die Zahlen auf ein sehr unruhiges Etappengebiet bezogen, in dem von Anfang an eine erhebliche Widerstandsbewegung bestand.

Die Verordnung ist auch im IMT-Verfahren erörtert und beurteilt worden. Das IMT hat Rudolf Hess, den Initiator dieser Verordnung, in diesem Punkte freigesprochen. Es hat demgegenüber den Angeklagten Martin B o r m a n n verurteilt, weil er dieses Gesetz aufgehoben und die Verfolgung der Betroffenen der Polizei überlassen hat.

5. Der Fall K l i n z m a n n

Klinzmann war Polizist in einer Stadt, die von einer Bande junger Burschen durch Gewalttaten terrorisiert wurde. Klinzmann gelang es, einen davon der Brandstiftung zu überführen. Da Klinzmann diesem renitenten Häftling eine Ohrfeige und ein anderes Mal einen Schlag mit dem Gummiknüppel gegeben hatte, wurde er wegen Vergehens im Amte zu einer Gefängnisstrafe verurteilt. In dem Urteil stellte das Gericht dem Klinzmann wegen seiner dienstlichen Tüchtigkeit das beste Zeugnis aus, da er die Stadt von der Bande befreit hätte. Das Urteil gegen Klinzmann war nach dem Buchstaben des Gesetzes nicht zu beanstanden. Ich hielt es jedoch nicht für vertretbar, dass dem sonst tüchtigen Beamten wegen der einmaligen Entgleisung Amt und Einkommen genommen werden sollten. Von der Auffassung geleitet, dass die Ausübung des Gnadenrechts nicht nur ein Recht, sondern, wenn die Voraussetzungen gegeben sind, auch eine Pflicht ist, ordnete ich in einem prozessualen, nicht zu beanstanden den Verfahren die Niederschlagung des Verfahrens gegen Klinzmann, also seine Begnadigung, an.

Das Tribunal hat offenbar den Fall deswegen erörtert, weil Himmler als höchster Vorgesetzter dem Klinzmann auch von sich aus die Begnadigung verlangt hat. Das Tribunal scheint angenommen zu haben, dass ich nur diesem Verlangen habe genügen wollen. Was Himmler verlangte, war für meine Entschliessung jedoch völlig gleichgültig. Im übrigen glaube ich, dass mein Verhältnis zur Polizei und speziell zu Himmler schon genügend durch die vorstehenden Darlegungen klargestellt ist.

Ähnlich wie im Falle Klinzmann zielen die Ausführungen des Urteils an mehreren Stellen dahin, eine enge Verbindung zu Hitler und der Partei, zumindest meine Hörigkeit ihnen gegenüber zu belegen. Der Hohen Gnadenkommission dürfte es ein leichtes sein, durch Befragen aller im heutigen öffentlichen Leben stehenden Deutschen, die mich persönlich kannten, insbesondere der Juristen, das Gegenteil hiervon zu hören. Ich bin der NSDAP nicht beigetreten, ebenso wenig wie meine Frau und mein Sohn. Dass Hitler meine Eintragung in die Mitgliederliste anordnete, konnte ich nicht verhindern. Ich habe Hitler dreimal, Hess zweimal, Himmler und Bormann je einmal in meinem Leben gesprochen. Hitler hat mir - mit Recht - politisch niemals getraut. Er hat mir als einzigem Staatssekretär das " Goldene Parteiabzeichen " nicht verliehen, die Verleihung sogar, wie ich später erfahren habe, ausdrücklich abgelehnt. Mir ist auch nie ein Rang in der SA oder SS verliehen worden. Als ich im August 1942 mit der selten hohen Zahl von 45 Dienstjahren verabschiedet wurde, wäre nach der in Deutschland geltenden Übung eine besondere Ehrung naheliegend gewesen. Gerade damals kargte man mit politischen Ehrungen nicht. Hitler sah auch jetzt von einer solchen ab und blieb ihm nur eine Gelddotation übrig, die aber viel niedriger war, als es in den anderen bekannten Fällen üblich war.

Wenn ich nach einem langen Leben, das nur der Arbeit und meiner Familie gewidmet war, die letzten Tage dieses Lebens in Unehre hinter Gefängnismauern verbringen muss, so trifft mich dies deswegen besonders schwer, weil ich in allen meinen Handlungen nur das Beste gewollt habe. Dieses Los ist für mich umso bitterer, wenn ich an meine Familie denke, die hilflos zusehen muss, wie ich unter schwer sten körperlichen Leiden in der Gefangenschaft zugrunde gehe.

Anhang D

(Quelle: Nachlaß Dr. Kubuschok)

90

Gesetz und Recht

Das Verhältnis von Gesetz und Recht hat die Rechtsphilosophie seit langer Zeit beschäftigt. Heute wissen wir, dass das Gesetz eine, aber nicht die einzige Quelle des Rechts ist. Das Recht als Massstab für die Lebenshaltung eines Volkes ist seinem Wesen nach nicht eine Schöpfung menschlichen Geistes sondern eine elementare Urkraft. Wie eine riesige Opferflamme steigt es hervor aus den Lebensfundamenten des Volkes. Die geographische und politische Lage des Landes, Armut oder Reichtum an Bodenschätzen, die soziale Schichtung und nicht zuletzt die Geschichte des Volkes bestimmen Nahrung und Glut der Flamme. Die Stürme, die über das Land gehen, sind für die Kraft ihres Loderns schicksalhaft. – Sein Recht ist dem Volke ein Heiligtum. Wer das Recht der einzelnen Völker kennt, weiss, wie zögernd man daran geht, diese erdgeborene Flamme so zu sagen in künstlichen Kaminen einzufangen. Man lässt ihr bewusst den Mangel an Klarheit, man erhält ihr Farbenspiel, wissend, dass die Volksgenossen sich diesem Recht beugen werden, mag die Flamme dem Einen mehr rot, dem Anderen mehr bläulich oder gelb erscheinen. – Aber einmal kann der Augenblick kommen, in dem es angezeigt erscheint, diesem in Freiheit entwickelten Recht feste Formen zu geben. Hierfür den richtigen Zeitpunkt und das richtige Mass zu finden, ist die höchste und wahre Kunst des Gesetzgebers. Er „setzt" das Recht. So, wie er es formt, soll es fortan gelten. Das bisher geduldete Funkeln und Schillern hat sein Ende erreicht. Dem im Gesetz geformten Recht schuldet der Bürger Achtung und Gehorsam.

Daneben spielt mit dem Fortschreiten der Zivilisation das nicht aus dem Volk geborene sondern vom Gesetzgeber

frei

frei geschaffene sog. konstruktive Recht, das neu aufgetretenen Bedürfnissen wirtschaftlicher, sozialer oder kultureller Art Rechnung tragen soll, eine immer mehr an Bedeutung zunehmende Rolle.

So verschieden der Ursprung dieser beiden Arten von Gesetzen ist, in einem kardinalen Punkt stimmen sie miteinander überein. Es gibt kein Gesetz, das nicht in der Pflicht zum Gehorsam mündet. Ein Gesetz ohne Gehorsamsanspruch ist ein Widerspruch in sich selbst, und ein Staat, der von solchen Gesetzen regiert wird, dem Untergang verfallen.

Dieser jetzt oft leichtfertig preisgegebene Grundsatz des Rechtspositivismus wird geschützt durch die Lehre vom Rechtsmissbrauch, die ihn vor Übertreibungen behütet. Offensichtliches Unrecht wird nicht dadurch Recht, dass es in die Form eines Gesetzes gekleidet wird. Kein politisches System kann behaupten, gegen Rechtsmissbrauch gefeit zu sein. Die Parlamentsmehrheit eines demokratischen Staats kann ebenso einen Rechtsmissbrauch begehen, wie ein Diktator, und waren es gestern die Besiegten, denen man Rechtsmissbrauch zum Vorwurf machen konnte, so sind es heute die Sieger. Oder ist es kein Rechtsmissbrauch, wenn man Machtsprüche als Rechtssprüche verkündet oder willkürliche Verfahren als Rechtsverfahren tarnt? Vielleicht ist die gegenwärtige Zeit die seelenloseste und unerleuchtetste seit vielen, vielen Jahren und deshalb einem Rechtsmissbrauch besonders leicht zugänglich. – Bei der Feststellung, ob ein solcher Missbrauch des Rechts vorliegt, ist ein strenger Maßstab anzulegen, damit wird die Schutz

Klausel

Klausel die Wohltat des Rechtspositivismus aus den Angeln hebt. Ein Rechtsmissbrauch liegt weder in den Nürnberger Gesetzen noch hätte er in einem Euthanasiegesetz gelegen, wie es das Justizministerium dauernd verlangt hat. Dagegen läge ein Rechtsmissbrauch zweifellos vor, wenn etwa ein Gesetz die Verbrennung der Juden anordnen würde. –

Auch das Kontrollratsgesetz X nimmt hierzu im Zusammenhang mit der Behandlung der Menschlichkeitsverbrechen (M.V.) Stellung. Es will sagen, dass wer ein M.V. begeht, sich zur Entschuldigung nicht auf ein „nationales" Gesetz berufen kann, das die Begehung solcher Verbrechen befiehlt oder duldet. Statt dessen ist dem Gesetz (Art II 1 c) eine Fassung gegeben, die bereits deutlich die missachtende allgemeine Abwertung deutschen Rechts gegenüber dem – zum Teil von den Siegern ad hoc geschaffenen – Völkerrecht zum Ausdruck bringt: „... ohne Rücksicht darauf, ob sie das nationale Recht des Landes, in dem die Handlungen begangen sind, verletzen". Wenn man sich aber auch von dieser, ich möchte sagen, politischen Fassung löst und in der Vorschrift nur den an sich gesunden Gedanken des Rechtsmissbrauchs sehen will, führt sie zu schweren Gefahren, weil der Begriff des M.V., zu dem die Rechtsform missbraucht sein soll, jede Ausdehnung möglich macht. – Wir wollen nicht vergessen, dass die Sieger, während sie für deutsche Missetäter den Schutz der „nationalen Gesetze" oder auch der Führerbefehle beiseite schieben, selbst M.V. unter dem Schutz des Völkerrechts ungehemmt begehen. Wo ein

Gesetz

4

92

Gesetz gegebenen Beispiele von M.V. „Zwangsverschleppung, Versklavung" haben durch die Vorgänge nach der totalen Kapitulation ein besonders starkes Kolorit erhalten, und gibt es „unmenschlichere Handlungen" als die Prozeduren in Dachau?

Dafür, dass auf dem Wege über die erwähnte Bestimmung des Kontrollratsgesetzes die Rechtsordnung in Deutschland in beängstigender Weise gefährdet ist, tragen die Rechtsprechung deutscher Gerichte und die deutsche Wissenschaft leider ein erhebliches Mass an Mitverantwortung. In dem Prozess gegen die Denunziantin Goerdelers hat ein deutsches Gericht für richtig befunden, dem M.V. folgende Begriffsbestimmung zu geben: „Ein V. gegen die M. ist jede Handlung, die vom Standpunkte der modernen Zivilisation aus und der sittlichen Anschauung billig und gerecht denkender Menschen unvereinbar ist und von ihnen als verwerflich verurteilt wird". Das ist eine Begriffsbestimmung, die mir ebenso verfehlt wie unverantwortlich erscheint. Deutsche Gelehrte aber, die in sehr verdienstvoller Weise das Wesen des Rechtspositivismus geklärt und in Deutschland heimisch gemacht hatten, haben unter dem Druck des neuen „Völkerrechts" die Stellung geräumt und ihre bisher überzeugend begründete Auffassung aufgegeben. Wenn sie jetzt — anscheinend wieder auf Grund neuer Erfahrungen — zu ihrem alten Standpunkt zurückzukehren scheinen, so kann das den Verlust, den unsere Rechtsbehauptung durch dieses Schwanken erlitten hat, nicht mehr ausgleichen.

Folgt

Folgte man der mitgeteilten uferlosen deutschen Begriffsbestimmung, so wäre es keineswegs ausgeschlossen, dass demnächst ein Gericht den Begriff AV auch auf sog. wirtschaftliche oder soziale Benachteiligung Rechter, etwa wie sie in dem Rückwirkungstermin des Aufwertungsgesetzes oder in der rechtlichen Behandlung der Kleinaktionäre gefunden werden könnte, ausdehnt. Fährt dann noch der Rechtsrichtung des Rechtspositivismus fort, so würden wir ein Chaos erleben, von dem sich der deutsche Rechtserneuerer wohl nichts hätte träumen lassen. Man denke schon jetzt an den Lastenausgleich!

Mit einem geordneten Staatsleben ist es unvereinbar, es der Auffassung des einzelnen Bürgers zu überlassen, ob er ein Gesetz für gerecht hält und sich ihm deshalb beugen will. Möglich ist es natürlich, einem Staats- oder Verwaltungsgerichtshof aufzutragen, Gesetze unter einem bestimmten Gesichtspunkt nochmals nachzuprüfen. Solange aber ein Gesetz besteht, ist es verbindlich für jedermann und ebenso für jedes Gericht.

Der Staat muss die Kraft aufbringen, den Gehorsam seiner Angehörigen gegenüber seinen Gesetzen zu erzwingen. Man sollte glauben, dass es hierüber keine Meinungsverschiedenheit geben kann. Wenn jedoch andere Staaten Deutschland mit klaren Worten geradezu in den Arm fallen und Deutsche zu Strafe verurteilen, weil sie einem deutschen Gesetz nicht ungehorsam gewesen sind, ist dort wohl der Gipfel der gewiss nicht seltenen Überraschungen.

Das

6

Das amerikanische Gericht in Nürnberg hat im Juristenprozess ausdrücklich allgemein – und nicht etwa für einen Fall des Rechtsmissbrauchs – erklärt, der Deutsche sei strafbar, wenn sein Verhalten zwar einem deutschen Gesetz, nicht aber dem Völkerrecht entspreche. Das ist die klare Aufforderung zum Ungehorsam, strafrechtlich ausgedrückt, zum Widerstand gegen die Staatsgewalt, das ist die Torpedierung des Staates überhaupt von innen heraus. Ich brauche nicht näher weiter darauf einzugehen, dass Völkerrecht heute von den Siegerstaaten gemacht wird und dass kein Rechtsgebiet so unklar und umstritten ist, wie das Völkerrecht, so dass selbst amerikanische Gerichte irren können (Im Flick-Prozess ist ein Angeklagter nur deswegen verurteilt worden, weil er Kriegsgefangene in einer Waggonfabrik beschäftigt habe. Das Internationale Rote Kreuz hat diese Beschäftigungsweise – verspätet – für einwandfrei erklärt.)

Ich habe den mir anvertrauten Jungjuristen (Studenten und jungen Richtern) immer wieder eingeprägt, dass selten ein Urteil sich in der Erledigung des juristischen Streitstoffes erschöpfe und dass sie deshalb auch an die Fernwirkungen denken müssten. Ebenso bekannt wie für die Auslegung hier einschlägig ist das Wort von Theodor Storm:

Der eine fragt, was kommt danach,
Der andre fragt nur, was ist recht.
Und also unterscheidet sich
Der Freie von dem Knecht.

Ki

7

Die Lösung gibt der Vielen von uns von der Schule her bekannte Satz: „Quidquid agis, prudenter agas et respice finem". Der Richter darf nicht in der Enge des Einzelfalls verweilen, gar an dem Wortlaut des Gesetzes oder gar eines Lehr- oder Handbuches kleben, sondern er muss fragen: was kommt danach? Das „respice finem" ist ein sehr ernstes Gebot für den Richter, den Gesetzgeber, den Politiker. Dass sie sich dieses Gebotes nicht erinnert haben, werden sie alle vielleicht einst bedauern. Die im Kontrollratsgesetz X und in verschiedenen amerikanischen Urteilen vertretene Auffassung über die Unerheblichkeit des militärischen oder zivilen Befehles und die Einbrüche in die Lehre vom Rechtspositivismus können im stürmischen Verlauf der Weltgeschichte auch für die gegenwärtigen Sieger ungeahnte Folgen haben.

Aber man löse sich einen Augenblick von der grossen Politik, man denke an die kleinen Zellen, aus denen – nicht nur bei uns – eine geordnete Welt wieder erstehen soll. Wenn heute hohe ausländische Gerichte und daran anschliessend nur zu eilfertig bereite inländische Gelehrte den Ungehorsam gegen den Staat propagieren, wenn dann die Gemeinde die Armenunterstützung oder der Bürger seine Steuern nicht zahlt, weil die Gesetze ungerecht seien, wenn

[illegible]

Besserwissen statt Gehorsam gilt, wenn das Kind die vom Vater bestimmte Sonntagsschule nicht gehen will, weil sie ungesetzlich sei, wenn der Staatsbürger sich weigert die Militärpflicht auszutragen, weil sie einem Angriffskrieg dienen solle, dann werden wir schneller als geahnt ein geeintes Deutschland haben, aber eine Einigung, die uns mit Grauen erfüllt, denn dann reichen sich östliches und westliches Chaos die Hände.

Ich bedaure, dass ich diese Ausführungen nicht auch vor unseren Gastgebern habe machen können. Ich hoffe jedoch, dass diese ernste Mahnung an unsere deutschen Gerichte und Wissenschaftler an die richtige Adresse gelangen wird.

Wir hier, die zur Vertiefung vorgesehenen Gedanken die nötige Ruhe und Abgeschiedenheit haben, sollten uns jedenfalls darüber klar sein, dass jede Hoffnung auf sittliche Gesundung unseres Volkes ohne Erziehung zum Gehorsam und jede Hoffnung auf Wiederaufbau unseres Staates ohne Achtung vor dem Gesetz eitel ist.

5/4 49

[illegible]

Literatur- und Quellenverzeichnis

Buchheit	Gert Buchheit: Richter in roter Robe, Freisler - Präsident des Volksgerichtshofes, München 1968
Der Nürnberger Prozess	Der Prozess gegen die Hauptkriegsverbrecher vor dem Internationalen Militärgerichtshof, Gesamtausgabe in 24 Bänden, München/Zürich 1984
Document	Records of the United States Nuernberg War Crimes Trial United States of America v. Josef Altstoetter et al. (Case III), National Archives Microfilm Publications M889
Dölling	Dieter Dölling: Kriminologie im "Dritten Reich", in: Recht und Justiz im "Dritten Reich", S,194-225, herausgegeben von Ralf Dreier und Wolfgang Sellert, Frankfurt a.M. 1989
Festschrift Schlegelberger	Festschrift für Franz Schlegelberger zum 60. Geburstag: Beiträge zum Recht des neuen Deutschland, herausgegeben von Erwin Bumke u.a., Berlin 1936
Frank	Hans Frank: Im Angesicht des Galgens, München-Gräfelfing 1953
Freund	Michael Freund: Deutsche Geschichte, München 1979
Friedrich	Jörg Friedrich: Freispruch für die Nazi-Justiz, Reinbeck 1983
Gedenkrede	Gedenkrede zur Erinnerung an den 100. Geburstag seines Vaters Professor Dr. Dr.h.c. Franz Schlegelberger Staatssekretär a.D., gehalten in einem Kreis von Verwandten und Freunden der Familie von Hartwig Schlegelberger am 23.10.1976, Privatbesitz

Godau-Schüttke — Klaus-Detlev Godau-Schüttke: Rechtsverwalter des Reiches Staatssekretär Dr. Curt Joel, Frankfurt a.M. 1981

Graf Thun-Hohenstein — Romedio Galeazzo Graf von Thun-Hohenstein: Der Verschwörer, dtv-Ausgabe München 1984

Gruchmann — Lothar Gruchmann: Justiz im Dritten Reich 1933-1940, München 1988

Hattenhauer — Hans Hattenhauer: Vom Reichsjustizamt zum Bundesministerium der Justiz, S.9-118, herausgegeben vom Bundesministerium der Justiz, Köln 1977

Hans Hattenhauer: Das NS - Volksgesetzbuch, in: Festschrift für Rudolf Gmür, S.255-280, herausgegeben von Arno Buschmann, Bielefeld 1983

Hans Hattenhauer: Die Akademie für Deutsches Recht (1933-1944), in: Juristische Schulung 1986, S. 680 - 684

Hans Hattenhauer: Juristenausbildung - Geschichte und Probleme, in: Juristische Schulung 1989, S.513 - 520

Heintzeler — Wolfgang Heintzeler: Im Jahrhundert extremer Turbulenz, Herford 1988

Heydecker/Leeb — Joe J. Heydecker und Johannes Leeb: Der Nürnberger Prozess, Neuausgabe Köln 1979

Höhne — Heinz Höhne: Canaris - Patriot im Zwielicht, München 1976

Johe — Werner Johe: Die gleichgeschaltete Justiz, Frankfurt a.M. 1967

Katalog — Im Namen des Deutschen Volkes - Justiz und Nationalsozialismus, Katalog zur Ausstellung des Bundesministers der Justiz, Köln 1989

Koch	Hannsjoachim W. Koch: Volksgerichtshof - Politische Justiz im 3.Reich, München 1988
Majer	Diemut Majer: Justiz zwischen Anpassung und Konflikt, in: Justiz und Nationalsozialismus, S.118-137, herausgegeben von Julius H. Schoeps und Horst Hillermann, Bonn 1987
Maser	Werner Maser: Nürnberg - Tribunal der Sieger, Düsseldorf 1977
Müller	Ingo Müller: Furchtbare Juristen, München 1987
Nachlaß Dr.Kubuschok	Persönlicher Nachlaß des Rechtsanwalts Dr.Kubuschok, im Besitz der Rechtsanwältin R. Kubuschok, Bad Honnef
Nathans	Eli Nathans: Franz Schlegelberger, in: Der Unrechts-Staat: Recht und Justiz im Nationalsozialismus; Sonderheft der Kritischen Justiz Bd.3 Baden-Baden 1990
Ostendorf/ter Veen	Heribert Ostendorf und Heino ter Veen: Das Nürnberger Juristenurteil - Eine kommentierte Dokumentation, Frankfurt a.M./New York 1985
Picker	Henry Picker (Hrsg.): Hitlers Tischgespräche, Bonn 1951
Protokoll	Akten der Nürnberger Kriegsverbrecherprozesse, Hauptabteilung XVI: Akten des Juristenprozesses, Stenographische Protokolle (Deutsch), Institut für Zeitgeschichte München
Reitlinger	Gerald Reitlinger: Die Endlösung, 5. Auflage Berlin 1979
Reitter	Eckehard Reitter: Franz Gürtner, Politische Biographie eines deutschen Juristen 1881-1941, Berlin 1976

Roxin — Claus Roxin: Strafverfahrensrecht, 21. Auflage München 1989

Rüping — Hinrich Rüping: Zur Praxis der Strafjustiz im "Dritten Reich", in: Recht und Justiz im "Dritten Reich", S.180-193, herausgegeben von Ralf Dreier und Wolfgang Sellert, Frankfurt a.M. 1989

Sauer — Franz Sauer: Das Reichsjustizministerium, in: Schriften der Hochschule der Politik, Heft 36/37, Berlin 1939

Schlegelberger — Franz Schlegelberger: Ein Volk erlebt sein Recht, Berlin 1936
Franz Schlegelberger: Zur Rationalisierung der Gesetzgebung, Berlin/ Frankfurt a.M. 1959

Schorn — Hubert Schorn: Der Richter im Dritten Reich - Geschichte und Dokumente, Frankfurt a.M. 1959

Schubert/Hommelhoff — Werner Schubert und Peter Hommelhoff: Die Aktienrechtsreform am Ende der Weimarer Republik, Berlin 1987

Taylor — Telford Taylor: Die Nürnberger Prozesse - Kriegsverbrechen und Völkerrecht, Ergänzte Sonderausgabe Zürich 1959

von Lang — Jochen von Lang: Martin Bormann - Hitlers Sekretär, in: Die braune Elite, S.1-14, herausgeben von Ronald Smelser und Rainer Zitelmann, Darmstadt 1989

von Münch — Ingo von Münch: Dokumente des geteilten Deutschland, herausgegeben von Ingo von Münch, 2.Auflage Stuttgart 1976

Weinkauff	Hermann Weinkauff: Die deutsche Justiz und der Nationalsozialismus - Ein Überblick, in: Quellen und Darstellungen zur Zeitgeschichte Bd.16/I, Stuttgart 1968
Willms	Günther Willms: Strafgesetzbuch Leipziger Kommentar, herausgegeben von Hans-Heinrich Jeschek, Wolfgang Ruß, Günther Willms, Bd.4 §§ 80-184c, 10. Auflage Berlin/New York 1988
Zeiß	Friedrich Zeiß: Das Aktiengesetz, Stuttgart, Berlin, Köln, Mainz 1966

RECHTSHISTORISCHE REIHE

Band 1 Studien zu den germanischen Volksrechten. Gedächtnisschrift für Wilhelm Ebel. Vorträge gehalten auf dem Fest-Symposion anläßlich des 70. Geburtstages von Wilhelm Ebel am 16. Juni 1978 in Göttingen. Götz Landwehr (Hrsg.) 1982.

Band 2 Hans Poeschel: Die Statuten der Banken, Sparkassen und Kreditgenossenschaften in Hamburg und Altona von 1710 bis 1889. 1978.

Band 3 Thomas Kolbeck: Juristenschwemmen, Untersuchungen über den juristischen Arbeitsmarkt im 19. und 20. Jahrhundert. 1978.

Band 4 Norbert Hempel: Richterleitbilder in der Weimarer Republik. 1978.

Band 5 Rolf Stratmann: Die Scheinbußen im mittelalterlichen Recht. 1978.

Band 6 Martin C. Lockert: Die niedersächsischen Stadtrechte zwischen Aller und Weser. Vorkommen und Verflechtungen. Eine Bestandsaufnahme. 1979.

Band 7 Joachim Rückert/Wolfgang Friedrich: Betriebliche Arbeiterausschüsse in Deutschland, Großbritannien und Frankreich im späten 19. und frühen 20. Jahrhundert. Eine vergleichende Studie zur Entwicklung des kollektiven Arbeitsrechts. 1979.

Band 8 Peter Bender: Die Rezeption des römischen Rechts im Urteil der deutschen Rechtswissenschaft. 1979.

Band 9 Friedrich Karl Alsdorf: Untersuchungen zur Rechtsgestalt und Teilung deutscher Ganerbenburgen. 1980.

Band 10 Dietmar Willoweit/Winfried Schich (Hrsg.): Studien zur Geschichte des sächsisch-magdeburgischen Rechts in Deutschland und Polen (Sammelband). 1980.

Band 11 Brigitte Hempel: Der Entwurf einer Polizeiordnung für das Herzogtum Sachsen-Lauenburg aus dem Jahre 1591. 1980.

Band 12 Klaus-Detlev Godau-Schüttke: Rechtsverwalter des Reiches. Staatssekretär Dr. Curt Joël. 1981.

Band 13 Rainer Polley: Anton Friedrich Justus Thibaut (AD 1772-1840) in seinen Selbstzeugnissen und Briefen. Teil 1: Abhandlung. Teil 2: Briefwechsel. Teil 3: Register zum Briefwechsel. 1982.

Band 14 Michael Wettengel: Der Streit um die Vogtei Kelkheim 1275-1276. Ein kanonischer Prozeß.1981.

Band 15 Otto Wilhelm Krause: Naturrechtler des sechzehnten Jahrhunderts. Ihre Bedeutung für die Entwicklung eines natürlichen Privatrechts. 1982.

Band 16 Helga Spindler: Von der Genossenschaft zur Betriebsgemeinschaft. Kritische Darstellung der Sozialrechtslehre Otto von Gierkes. 1982.

Band 17 Holger Otte: Gustav Radbruchs Kieler Jahre 1919 - 1926. 1982.

Band 18 Rüdiger Teuner: Die fuldische Ritterschaft 1510 - 1656. 1982.

Band 19 Gerhard Dilcher/Rudolf Hoke/Gian Savino Pene Vidari/Hans Winterberg (Hrsg.): Grundrechte im 19. Jahrhundert. 1982.

Band 20 Karl-Hans Schloßstein: Die westfälischen Fabrikengerichtsdeputationen - Vorbilder, Werdegang und Scheitern. 1982.

Band 21 Birger Schulz: Der Republikanische Richterbund (1921-1933). 1982.

Band 22 Engelbert Krause: Die gegenseitigen Unterhaltsansprüche zwischen Eltern und Kindern in der deutschen Privatrechtsgeschichte. 1982.

Band 23 Meent W. Francksen: Staatsrat und Gesetzgebung im Großherzogtum Berg (1806-1813). 1982.

Band 24 Gerd von Sonnleithner: Bearbeitung des Handelsrechts durch Ignaz von Sonnleithner in seinem "Leitfaden über das österreichische Handels- und Wechselrecht". 1982.

Band 25 Rudolf Palme: Rechts-, Wirtschafts- und Sozialgeschichte der inneralpinen Salzwerke bis zu deren Monopolisierung. 1983.

Band 26 Helen Bosshard: Pestalozzis Staats- und Rechtsverständnis und seine Stellung in der Aufklärung. 1983.

Band 27 Jens Jessen: Die Selbstzeugnisse der deutschen Juristen. Erinnerungen, Tagebücher und Briefe. Eine Bibliographie. 1983.

Band 28 Günter Martin Jensen: Das Domanium Waldeck. Die rechtliche Zuordnung eines Fürstenvermögens. 1984.

Band 29 Johann Heinrich Kumpf: Petitionsrecht und öffentliche Meinung im Entstehungsprozeß der Paulskirchenverfassung 1848/49. 1983.

Band 30 Sabine Frey: Rechtsschutz der Juden gegen Ausweisungen im 16. Jahrhundert. 1983.

Band 31 Dietrich Joswig: Die germanische Grundstücksübertragung. 1984.

Band 32 Andreas Baryli: Konzessionssystem contra Gewerbefreiheit. Zur Diskussion der österreichischen Gewerberechtsreform 1835 bis 1860. 1984.

Band 33 Gerhard Oberkofler: Studien zur Geschichte der österreichischen Rechtswissenschaft. 1984.

Band 34 Rudolf Lauda: Kaufmännische Gewohnheit und Burgrecht bei Notker dem Deutschen. Zum Verhältnis von literarischer Tradition und zeitgenössischer Realität in der frühmittelalterlichen Rhetorik. 1984.

Band 35 Jens Jensen: Die Ehescheidung des Bischofs Hans von Lübeck von Prinzessin Julia Felicitas von Württemberg-Weiltingen AD 1648-1653. Ein Beitrag zum protestantischen Ehescheidungsrecht im Zeitalter des beginnenden Absolutismus. 1984.

Band 36 Horst Schröder: Friedrich Karl von Savigny. Geschichte und Rechtsdenken beim Übergang vom Feudalismus zum Kapitalismus in Deutschland. 1984.

Band 37 Andreas Hatzung: Dogmengeschichtliche Grundlagen und Entstehung des zivilrechtlichen Notstands. 1984.

Band 38 Matthias Klasen: Das Billwerder Landrecht. Landrecht und Landgericht in den Hamburger Elbmarschen. 1985.

Band 39 Rainer Jamin: Aufbau, Tätigkeit und Verfahren der Auseinandersetzungsbehörden bei der Durchführung der preußischen Agrarreformen. 1985.

Band 40 Henry Winter: Teilschuld, Gesamtschuld und unechte Gesamtschuld. Zur Konzeption der §§ 420 ff. BGB - Ein Beitrag zur Entstehungsgeschichte des BGB. 1985.

Band 41 Hermann Eichler: Verfassungsbewegung in Amerika und Europa. 1985.

Band 42 Dagmar Bandemer: Heinrich Albert Zachariae. Rechtsdenken zwischen Restauration und Reformation. 1985.

Band 43 Eva-Christine Frentz: Das Hamburgische Admiralitätsgericht (1623-1811). Prozeß und Rechtsprechung. 1985.

Band 44 Karl Lillig: Rechtsetzung im Herzogtum Pfalz-Zweibrücken während des 18. Jahrhunderts. Ein Beitrag zur Geschichte der territorialen Rechtsbildung. 1985.

Band 45 Walter Weber: Die Entwicklung der Sparkassen zu selbständigen Anstalten des öffentlichen Rechts. Ein Beitrag zur Entwicklung des Anstaltsbegriffs im 19. Jahrhundert. 1985.

Band 46 Bärbel Baum: Der Stabreim im Recht. Vorkommen und Bedeutung des Stabreims in Antike und Mittelalter. 1986.

Band 47 Hans Popp: Die nationalsozialistische Sicht einiger Institute des Zivilprozeß- und Gerichtsverfassungsrechts. 1986.

Band 48 John Karl-Heinz Montag: Die Lehrdarstellung des Handelsrechts von Georg Friedrich von Martens bis Meno Pöhls. Die Wissenschaft des Handelsrechts im ersten Drittel des 19. Jahrhunderts. 1986.

Band 49 Volker D. Anhäusser: Das internationale Obligationenrecht in der höchstrichterlichen Rechtsprechung des 19. Jahrhunderts. 1986.

Band 50 Udo Beer: Die Juden, das Recht und die Republik. Verbandswesen und Rechtsschutz 1919-1933. 1986.

Band 51 Herbert Grziwotz: Der moderne Verfassungsbegriff und die "Römische Verfassung" in der deutschen Forschung des 19. und 20. Jahrhunderts. 1986.

Band 52 Ralf Conradi: Karl Friedrich Eichhorn als Staatsrechtslehrer. Seine Göttinger Vorlesung über "Das Staatsrecht der deutschen Bundesstaaten" nach einer Kollegmitschrift aus dem Wintersemester 1821/22. 1987.

Band 53 Dieter Dannreuther: Der Zivilprozeß als Gegenstand der Rechtspolitik im Deutschen Reich 1871 - 1945. Ein Beitrag zur Geschichte des Zivilprozeßrechts in Deutschland. 1987.

Band 54 Stephan Felix Pauly: Organisation, Geschichte und Praxis der Gesetzesauslegung des (Königlich) Preußischen Oberverwaltungsgerichtes 1875 - 1933. 1987.

Band 55 Rüdiger Schulz: Die Entstehung des Seerechts des Allgemeinen Deutschen Handelsgesetzbuches unter besonderer Berücksichtigung der Bestimmungen über die Reederei, den Schiffer und die Schiffsmannschaft. 1987.

Band 56 Reinhold Reis: Deutsches Privatrecht in den Weistümern der Zenten Schriesheim und Kirchheim. 1987.

Band 57 Jürgen Christoph: Die politischen Reichsamnestien 1918 - 1933. 1987.

Band 58 Gerhard Oberkofler/Eduard Rabofsky: Hans Kelsen im Kriegseinsatz der k.u.k.-Wehrmacht. Eine kritische Würdigung seiner militärtheoretischen Angebote. 1988.

Band 59 Arne Wulff: Staatssekretär Prof. Dr. Dr. h.c. Franz Schlegelberger. 1876-1970. 1991.

Band 60 Gerhard Köbler (Hrsg.): Wege europäischer Rechtsgeschichte. Karl Kroeschell zum 60. Geburtstag. 1987.

Band 61 Rüdiger Hütte: Der Gemeinschaftsgedanke in den Erbrechtsreformen des Dritten Reichs. 1988.

Band 62 Markus Göldner: Politische Symbole der europäischen Integration. Fahne, Hymne, Hauptstadt, Paß, Briefmarke, Auszeichnungen. 1988.

Band 63 Wolfgang Kröner: Freiheitsstrafe und Strafvollzug in den Herzogtümern Schleswig, Holstein und Lauenburg von 1700 bis 1864. 1988.

Band 64 Werner Gaile: Die Norder Theelacht. 1988.

Band 65 Karl v. Kempis: Andreas Gaill (1526 - 1587). Zum Leben und Werk eines Juristen der frühen Neuzeit. 1988.

Band 66 Wolf-Rüdiger Osburg: Die Verwaltung Hamburgs in der Franzosenzeit. 1811-1814. 1988.

Band 67 Christian Schudnagies: Hans Frank. Aufstieg und Fall des NS-Juristen und Generalgouverneurs. 1988.

Band 68 Otmar Jung: Senatspräsident Freymuth. Richter, Sozialdemokrat und Pazifist in der Weimarer Republik. Eine politische Biographie. 1989.

Band 69 Joachim Lohner: Das landeshauptmannschaftliche Gericht in Oberösterreich zu Beginn der Neuzeit. Eine Darstellung des oberösterreichischen Prozeßrechts am obersten Territorialgericht des Landes anhand der oberösterreichischen Landtafel.1989.

Band 70 Bernd Klemann: Rudolf von Jhering und die Historische Rechtsschule. 1989.

Band 71 Adalbert Langer: Männer um die österreichische Zivilprozeßordnung 1895. Zusammenspiel / Soziales Ziel. 1990.

Band 72 Robert-Dieter Klee: Die Landessuperintendentur Lauenburg. Ursprung und Entwicklung sowie Ende der Sonderstellung des Kirchenkreises Herzogtum Lauenburg durch die nordelbische Kirchenvereinigung. 1989.

Band 73 Heinrich Herrmann: Die Gehöferschaften im Bezirk Trier. 1989.

Band 74 Wilhelm Brauneder, Franz Baltzarek (Hrsg.): Modell einer neuen Wirtschaftsordnung. Wirtschaftsverwaltung in Österreich 1914 - 1918. 1991.

Band 75 Thomas Dreyer: Die "Assecuranz- und Haverey-Ordnung" der Freien und Hansestadt Hamburg von 1731. 1990.

Band 76 Bernhard Sendler: Die Rechtssprache in den süddeutschen Stadtrechtsreformationen. 1990.

Band 77 Brigitte Lehmann: Ehevereinbarungen im 19. und 20. Jahrhundert. 1990.

Band 78 Michael Sunnus: Der NS-Rechtswahrerbund (1928-1945). Zur Geschichte der nationalsozialistischen Juristenorganisation. 1990.

Band 79 Stefan Schulz: Die historische Entwicklung des Rechts an Bienen. (§§ 961 - 964 BGB). 1990.

Band 80 Gerhard Lingelbach, Heiner Lück (Hrsg.): Deutsches Recht zwischen Sachsenspiegel und Aufklärung. Rolf Lieberwirth zum 70. Geburtstag dargebracht von Schülern, Freunden und Kollegen, herausgegeben von Gerhard Lingelbach und Heiner Lück. 1991.

Band 81 Manfred Krohn: Die deutsche Justiz im Urteil der Nationalsozialisten 1920 - 1933. 1991.

Band 82 Angelika Kühn: Privilegierung nationaler Minderheiten im Wahlrecht der Bundesrepublik Deutschland und Schleswig-Holsteins. 1991.

Band 83 Georg Brun: Leben und Werk des Rechtshistorikers Heinrich Mitteis unter besonderer Berücksichtigung seines Verhältnisses zum Nationalsozialismus. 1991.

Band 84 Wolfgang Simon: Claudius Freiherr von Schwerin. Rechtshistoriker während dreier Epochen deutscher Geschichte. 1991.

Band 85 Friedrich-Carl Wachs: Das Verordnungswerk des Reichsdemobilmachungsamtes. Stabilisierender Faktor zu Beginn der Weimarer Republik. 1991.

Band 86 Jens-Uwe Petersen: Die Vorgeschichte und die Entstehung des Mieterschutzgesetzes von 1923 nebst der Anordnung für das Verfahren vor dem Mieteinigungsamt und der Beschwerdestelle. 1991.

Band 87 Ulrike Haibach: Familienrecht in der Rechtssprache. Die historische Entwicklung zentraler Ausdrücke des geltenden Familienrechts. 1991.

Band 88 Joern Christian Nissen: Die Beratungen des Seeversicherungsausschusses der Akademie für Deutsches Recht zu einem neuen Seeversicherungsgesetz (1934-1939). Ein Beitrag zur Entwicklung der allgemeinen Lehren des Seeversicherungsrechts unter besonderer Berücksichtigung des Handelsgesetzbuchs und der Allgemeinen Deutschen Seeversicherungs-Bedingungen 1919. 1991.

Band 89 Diethard Bühler: Die Entstehung der allgemeinen Vertragsschluß-Vorschriften im Allgemeinen Deutschen Handelsgesetzbuch (ADHGB) von 1861. Ein Beitrag zur Kodifikationsgeschichte des Privatrechts im 19. Jahrhundert. 1991.

Band 90 Gerhard Oberkofler: Die Vertreter des Römischen Rechts mit deutscher Unterrichtssprache an der Karls-Universität in Prag. Vom Vormärz bis 1945. 1991.

Band 91 Ulrich Andermann: Ritterliche Gewalt und bürgerliche Selbstbehauptung. Untersuchungen zur Kriminalisierung und Bekämpfung des spätmittelalterlichen Raubrittertums am Beispiel norddeutscher Hansestädte. 1991.

Band 92 Heinz Marcus Hanke: Luftkrieg und Zivilbevölkerung. Der kriegsvölkerrechtliche Schutz der Zivilbevölkerung gegen Luftbombardements von den Anfängen bis zum Ausbruch des Zweiten Weltkrieges. 1991.

Band 93 Kirsten Kraglund: Familien- und Erbrecht. Materielles Recht und Methoden der Rechtsanwendung in der Rechtsprechung des Oberappellationsgerichts der vier Freien Städte Deutschlands zu Lübeck. 1991.

Band 94 Reinhard Lorenz: Die politische und rechtliche Stellung des Proletariats in Preußen in der Zeit zwischen den Reformen und der Revolution 1848/49. 1991.

Band 95 Eric Hilgendorf: Die Entwicklungsgeschichte der parlamentarischen Redefreiheit in Deutschland. 1991.